最高人民法院 2022 年度司法研究重大课题

案例指导制度实证研究

—— 以指导性案例为视角

主编 ◎ 傅信平　吴汉东

人民法院出版社

图书在版编目（CIP）数据

案例指导制度实证研究 ：以指导性案例为视角 / 傅信平，吴汉东主编. -- 北京 ：人民法院出版社，2024.9. -- ISBN 978-7-5109-4218-1

Ⅰ. D926

中国国家版本馆CIP数据核字第2024BH6260号

案例指导制度实证研究——以指导性案例为视角

傅信平　吴汉东　主编

策划编辑	李安尼
责任编辑	张　艺
执行编辑	沈洁雯
封面设计	王子莹
出版发行	人民法院出版社
地　　址	北京市东城区东交民巷 27 号（100745）
电　　话	（010）67550667（责任编辑）　67550558（发行部查询） 65223677（读者服务部）
客 服 QQ	2092078039
网　　址	http://www.courtbook.com.cn
E－mail	courtpress@sohu.com
印　　刷	天津嘉恒印务有限公司
经　　销	新华书店

开　　本	787 毫米×1092 毫米　1/16
字　　数	230 千字
印　　张	13.75
版　　次	2024 年 9 月第 1 版　2024 年 12 月第 3 次印刷
书　　号	ISBN 978-7-5109-4218-1
定　　价	50.00 元

序

案例是连接理论与实践、问题与规则的桥梁，对于发展理论和指导实践具有重要意义。"例以辅律，非以破律"。中国历来重视案例，从秦代的"廷行事"、汉代的"决事比"、唐宋的"法例"与"断例"，到明清时期的"律例并存"，再到北洋政府时期大理院创制的"先例"与南京国民政府对"例"法律渊源效力的认可等，均可视为对"以例断案"的传承与发展。

中华人民共和国成立初期，由于刑法、民法等基本法律尚未制定，案例成为司法机关指导审判工作的重要形式。1956 年，全国司法审判工作会议提出，人民法院应当注重编纂典型案例，发给各级法院比照援用。1985 年，最高人民法院创办《中华人民共和国最高人民法院公报》，登载改革开放中法律适用难度较大的案例，指导地方法院审判工作。1999 年，《人民法院五年改革纲要》对案例指导工作进行了具体部署。2005 年，《人民法院第二个五年改革纲要》强调要建立和完善案例指导制度。经过几十年的案例工作实践，案例指导制度已成为中国特色社会主义司法制度的重要组成部分，在统一裁判尺度、完善法律制度、维护司法公正、提升司法公信力等方面都发挥了重要作用。

指导性案例是案例指导制度最重要、最直接的载体和成果体现。自 2011 年最高人民法院发布第一批指导性案例以来，社会各界高度关注，但指导性案例实际应用效果却不尽如人意。为此，最高人民法院将"案例指导制度实证研究"作为 2022 年度司法研究的重大课题，在全国范围内公开招标。江西省高级人民法院与中南财经政法大学联合申报并成功中标。本课题组充分利用"院校合作"的优势，遵循"以理论引领实证，以实证反哺理论"的总体思路，运用问题导向的思维模式围绕"四个逻辑"开展研究。

本书的主要内容包括"理论研究""实证分析""比较考察""对策建议"四个部分。

第一部分围绕案例指导制度的理论逻辑，阐述制度的规范构造与价值功能。我国案例指导制度经历了从探索到发展、到逐渐走向规范的"三步走"历程。2010年11月，《最高人民法院关于案例指导工作的规定》的出台标志着案例指导制度正式确立。2018年，修改后的《人民法院组织法》首次从法律上确立了案例指导制度。近年来，最高人民法院又陆续出台了案例指导工作实施细则、指导性案例体例样式等系列文件，案例指导制度日渐完善。指导性案例经最高人民法院审判委员会讨论发布，法官在审理类似案件时应当参照适用，故而与典型案例、参考性案例等有着本质区别。根据指导性案例的功能、特点，可将其划分为"补充法律型""解释法律型""裁判指导型""新型案件型""新法示范型""典例指导型""宣传教育型"等类型。

第二部分围绕案例指导制度的现实逻辑，系统开展本土性实证观察。课题组运用中国裁判文书网进行生效判决的检索，以具体文书为佐证，结合实地座谈、书面调研和2280份电子调查问卷等情况，全面、客观呈现指导性案例应用情况。在司法实践中，指导性案例呈现应用数据微量化、援引方式欠规范、援引案例集中化、应用分布差异化、应用形式多样化等特点。一些法官、当事人、律师等适用主体对指导性案例的效力存在困惑，加上指导性案例数量供给不足、未完全契合司法需求、检索不便以及适用技术匮乏等原因，导致应用指导性案例的积极性不够高。找到痼疾之本，方能对症下药。经过深刻剖析，课题组认为上述问题的根源主要为以下三个方面：一是推荐主体单一化、遴选程序行政化和审核权利集中化，社会推荐程序适用率较低，公众参与度不高；二是案例应用能力不足，法官、律师、当事人等适用主体对指导性案例的重要性认识不足，法官多习惯于演绎推理而类比推理思维欠缺；三是配套机制不健全，如指导性案例适用监督机制缺失、激励机制落实不力以及退出机制不明确等。

第三部分围绕案例指导制度的比较逻辑，强化制度构建的经验支撑。古今中外在案例指导方面曾进行过无数的探讨和尝试，积累了丰富的经验和有益的做法，值得借鉴。通过分析我国传统语境下的案例制度和英美法系的判例法制度、大陆法系的判例制度不同的内在机理和生成语境，我们得出以下启示：中西方制度模式具有多样性，我国案例指导制度的发展完善不能脱离中国特色社会主义法治实际，要服务法治中国和社会主义现代化建设总体目标；要处理好案例指导制度与成文法的关系，二者要相互配合、形成合力；要建立健全案例指导配套制度，加强案例的编撰建设和学理研究等。

第四部分围绕案例指导制度的制度逻辑，提出完善方案与具体路径。结合人民法院深化司法体制综合配套改革的大背景，聚焦于如何将案例指导制度嵌入现有的各项司法制度，以释放指导性案例"活力"为核心，提出短期内可优化完善的具体举措，并对健全中国特色案例指导制度设计了远景规划。近期目标是树立指导性案例"事实上的效力"，主要措施包括以下几个方面：一是增强指导性案例的供给能力，如细化案例遴选标准、完善案例推荐机制、改进案例审核机制、改善案例发布机制以及加强案例队伍建设等。二是健全指导性案例应用机制，可从完善学习培训机制、细化指导性案例的审判应用程序、规范文书应用格式等方面改进。三是构建案例适用配套机制，如建立背离报告制度、搭建类案智能推送系统，并将指导性案例适用情况纳入案件评查和法官绩效考核范围等。远期目标则是从制度、观念以及理论等不同层面，构建更加凸显"中国特色"的案例指导制度。一是完善案例指导制度与类案检索、专业法官会议等机制的衔接。二是从观念层面夯实指导性案例的共识基础，包括丰富完善指导性案例的论证内容，强化指导性案例事实说服力，发动法律共同体参与案例汇编，扩大指导性案例的社会影响力等。三是理论层面发展指导性案例应用理论与技术，包括加强类案识别的经验总结、完善指导性案例评估机制以及创新和发展案例教学法等。

在本课题调研过程中，江西法院形成《江西省高级人民法院关于进一步加强和规范指导性案例学习应用培育工作的意见》等多项规范性意见作为实践成果，总结提炼了一些行之有效的实践做法。此外，还提出《关于进一步加强和规范指导性案例工作的意见（建议稿）》，以期进一步推进我国案例指导制度走深走实。

本书由我和中南财经政法大学原校长吴汉东教授共同主编，中南财经政法大学和江西法院相关人员共同参与。我们期待，本书可以进一步提高法律职业共同体对指导性案例的重视程度，激发大家加强案例研究，推动法律发展的活力。我们希望，透过本书，广大群众可以看到人民法院通过构建案例指导制度，积极回应人民群众对司法工作新要求新期待，注重中国法律文化的传统与实际，为坚持中国特色社会主义法治道路作出的努力和追求。

尽管全体人员十分努力，但限于课题组成员调研能力及研究时间的影响，可能仍存在一些不足与问题，敬请读者批评指正，以供我们进一步修改完善。

是为序。

江西省高级人民法院党组书记、院长　傅信平

2024 年 9 月

目　录

第一章 理论厘定：案例指导制度概述

案例指导制度作为中国特色社会主义司法制度的重要组成部分，是人民法院工作高质量发展的重要支撑，对统一裁判尺度、完善法律制度、维护司法公正、提升司法公信力等，都具有重要意义。

第一节 案例指导制度运行回顾

案例指导制度是最高司法机关运用案例形式，解释法律规则的准确含义、指导司法机关正确适用法律的工作机制。构建案例指导制度，是我国统一法律适用、保障司法公正、深入推进司法改革的战略性举措。在党中央领导下，我国案例指导制度经历了从探索到发展，再到逐渐走向规范成熟的"三步走"历程。

一、案例指导制度的探索

我国的案例制度是随着国家法治建设的进程而逐步建立和发展起来的，最高人民法院早在中华人民共和国成立初期，即通过收集、整理和研究案例，总结办案经验，运用案例指导审判工作。为了规范审判工作、提高审判质量，最高人民法院积极开展审判经验总结活动，通过收集、整理和研究大量案件提炼先进经验，奸淫幼女案件总结正是该活动的代表性成果之一。1953 年，为了打击频发的奸淫幼女犯罪、保护幼女身心健康，最高人民法院收集各地审判的奸淫幼女的典型案例并进行分析总结，于次年发布了《最高人民法院关于处理奸淫幼女案件的经验总结和对奸淫幼女罪犯的处刑意见》。该意见实施两年后，最高人民法院继续结合新发生的典型案例对其进行充实完善，形成了《最高人民法院1955年以来奸淫幼女案件检查总结》。① 该文件对指导奸淫幼女案件的刑事审判工作起到了重要作用，为统一该类案件的量刑标准，纠正重罪轻判的现象提供了重要指引。

1956年，全国司法审判工作会议提出，人民法院应当注重编纂典型案例，发给各级法院比照援用。1962年，最高人民法院制定了《关于人民法院工作若干问题的规定》，对案例的选择作了具体规定。除公开发布经验总结性文件外，最高人民法院也曾通过内部下发案例的方式，指导全国的审判工作。1978年12月，党的十一届三中全会作出了把全党工作的着重点转移到社会主义现代化建设上来的战略决策，提出了健全社会主义民主和加强社会主义法制的任务。

在党的十一届三中全会精神的指引下，《刑法》《刑事诉讼法》《民事诉讼法》等法律相继颁布施行，我国社会主义法治建设进入了新的发展阶段。最高人民法院针对审判实践中存在的法律适用问题，一方面积极出台司法解释，一方面内部下发典型案例，指导各级法院开展审判工作。1988年《最高人民法院工作报告》指出，1983年至1988年，"最高人民法院正式发布了293个案例，主要是对一些重大复杂的刑事案件统一量刑标准；为一些新出现的刑事案件的定罪量刑问题提供范例；为一些在改革开放中新出现的民事、经济案件提供范例"②。纵览该阶段最高人民法院内部下发的案例，可以发现：其一，相关文件具有法院"红头文件"的正式外观，表明对于案例指导工作的重视；其二，下发案例编辑体例和发布流程较为随意，具有规范性程度不够，公开性不强的特征；其三，从案例类型看，下发案例中刑事案件较多、民商事案件较少；其四，下发案例通常就法律适用问题提出相应意见，具有较强的针对性。

根据党的十三大提出的"提高领导机关的开放程度，重大情况让人民知道，重大问题经人民讨论"的精神，最高人民法院决定创办《最高人民法院公报》（以下简称《公报》），并于1985年起正式发行。《公报》是最高人民

---

① 参见周道鸾主编：《中华人民共和国最高人民法院司法解释全集》，人民法院出版社1994年版，第494页。

② 参见《中华人民共和国最高人民法院公报》1988年合订本第2期。

法院公开介绍我国审判工作和司法制度的重要官方文献，是最高人民法院对外公布司法解释、司法文件、典型案例和其他有关司法信息资料的法定刊物。《公报》登载的案例主要反映了改革开放中法律适用的新问题和适用难度较大的问题，以典型性与正确性为具体要求，经过严格的遴选发布程序，用以指导地方各级人民法院的审判工作。《公报》正式发行后，最高人民法院不再以内部文件形式下发案例，实现了案例指导工作的全面公开化，增强了典型案例的公开性与透明度。另外，《公报》定期发布典型案例，使读者可以充分掌握典型案例的获取渠道与获取时间，提升了案例指导工作的规范程度。《公报》时期，案例的遴选发布程序较之以往更为严格规范，进一步提高了典型案例的质量，深受广大法官和人民群众的欢迎。

此外，最高人民法院有关部门与各地方法院也开展了案例选编与发布的相关实践。例如，国家法官学院与中国人民大学法学院联合编辑出版的《中国审判案例要览》、最高人民法院中国应用法学研究所编辑出版的《人民法院案例选》、北京市高级人民法院发布的《参阅案例》等。虽然上述资料及文件的效力尚未明确，但这些案例对各地法院的审判工作具有一定借鉴价值。

在探索起步阶段，最高人民法院制作案件总结、下发内部案例、发布典型案例等案例指导工作试验，不仅为案例指导制度的理论研究提供了关键素材，也为案例指导机制的制度构建奠定了坚实基础，推动案例指导工作正式迈入繁荣发展时期。

二、案例指导制度的确立

1999 年，最高人民法院发布《人民法院五年改革纲要》（以下简称《一五纲要》），对案例指导工作进行具体部署。《一五纲要》提出："2000 年起，经最高人民法院审判委员会讨论、决定的适用法律问题的典型案例予以公布，供下级法院审判类似案件时参考。"《一五纲要》将"典型案例"作为专有名词使用，沿用了《公报》中"典型案例"的称谓；以最高人民法院审判委员会讨论决定为必要流程，强调了典型案例编选工作的规范性；以法律适用问题作为典型案例的选取标准，明确了典型案例所要解决的是法律适用问题；以"参考"概念对"借鉴"价值进行拓展，但仍以典型案例不具有法律拘束力为底线，缓和了典型案例的效力难题。

2005 年，最高人民法院颁布了《人民法院第二个五年改革纲要（2004—2008）》（以下简称《二五纲要》），以权威性文件形式对构建案例指导制度提出重点要求。《二五纲要》第 13 项改革措施着重强调："建立和完善案例指导制度，重视指导性案例在统一法律适用标准、指导下级法院审判工作、丰富和发展法学理论等方面的作用。"《二五纲要》首次在官方公布的政策性文件中以"案例指导制度"与"指导性案例"的术语，概括最高人民法院先前开展的用案例解释法律的工作，揭示案例指导制度"统一适用法律标准，指导下级法院审判"的价值。

与此同时，学界对案例指导制度的理论基础与制度构造也开展了深入的探索。有学者认为，案例指导制度的建立将指导性案例事实上的影响力转化为规范上的影响力，① 明确其合理性源于宪法赋予最高司法者的解释权。② 换言之，下级法院遵循指导性案例，遵循的是案例中倡导的司法方法，是最高司法者对法律应用问题基于典型案例解释设定的明晰边界。这表明，案例指导制度并非"法官造法"，也有别于司法解释，而是一种司法补充机制。③ 在具体适用上，指导性案例可以在判决中援引，但不能将其作为"法律"进行援引。④ 指导性案例的价值在于就如何适用法律的问题进行说理与论证，供下级法院开展审判工作时借鉴、参考。其他裁判可以引用指导性案例中的说理部分，但不能以"根据某某案例"的形式将指导性案例作为法律依据援引。⑤

《二五纲要》的出台引发了学界与实务界的广泛关注和热烈讨论，但案例指导制度的具体构建仍然存在一些问题。在理论层面，学者过多关注案例指导制度的合理性问题，缺乏对案例指导制度定位和细节建构的深入思考。在实践层面，由于缺乏统一、详尽的指导规则，各级人民法院开展的部分探索

---

① 参见刘作翔、徐景和：《案例指导制度的理论基础》，载《法学研究》2006 年第 3 期。

② 参见陈灿平：《从司法方法性管理视角发展案例指导制度》，载《人民法院报》2006 年 11 月 9 日，第 5 版。

③ 参见刘铮：《建立我国案例指导制度的追问与辨析》，载《人民法院报》2007 年 12 月 20 日，第 5 版。

④ 参见刘作翔：《我国为什么要实行案例指导制度》，载《法律适用》2006 年第 8 期。

⑤ 参见张亚东：《关于案例指导制度的再思考》，载《法律适用》2008 年第 8 期。

在某种程度上仍然不够规范。对此，不少学者与实务工作者呼吁最高人民法院尽快制定关于案例指导制度的规范性指导意见，对案例指导制度的定位、指导性案例的选取、发布、编纂、废止等程序加以明确。

为了回应上述问题，最高人民法院于 2010 年 11 月 26 日出台了《最高人民法院关于案例指导工作的规定》（以下简称《案例指导规定》），标志着具有中国特色的案例指导制度正式建成。具体而言，《案例指导规定》的主要贡献在于以下几方面：一是明确了指导性案例的发布主体，即最高人民法院。二是列举了指导性案例的选取范围，即裁判已经发生法律效力，并符合以下条件之一的案例：（1）社会广泛关注的；（2）法律规定比较原则的；（3）具有典型性的；（4）疑难复杂或者新类型的；（5）具有其他指导作用的案例。三是设立了指导性案例的工作机构，即最高人民法院案例指导工作办公室，负责指导性案例的组织、审查、编纂工作。四是厘清了案例指导制度的工作程序，包括推荐、审查、报审、讨论和发布等流程。五是规范了指导性案例的效力问题，即各级人民法院在审理类似案件时应当参照最高人民法院发布的指导性案例。六是释明了此前发布的指导性案例的清理和公布问题，即对于最高人民法院此前发布的指导性案例，符合《案例指导规定》所规定的指导性案例条件的，应当重新公布，没有在重新公布之列的，不再视为指导性案例。

该《案例指导规定》的出台，弥补了此前案例指导制度规范程度不高、可实施性不足的缺陷，也为学界关于完善案例指导制度的探讨提供了关键的文献资料。学者重点围绕案例指导制度"应当参照"效力的正当性等具体问题展开了积极讨论。从主流观点来看，《案例指导规定》中"应当参照"的用语表达获得了普遍认可。"参照"一词，一方面揭示了最高人民法院对于指导性案例法源性质的否定态度，[1] 另一方面也承认了指导性案例在事实上的拘束力。[2] 因此，在法律规定不够明晰时法官必须接受指导性案例的"指导"，

---

[1] 参见王利明：《我国案例指导制度若干问题研究》，载《法学》2012 年第 1 期。

[2] 参见北京市高级人民法院课题组：《关于完善案例指导制度的调研报告》，载《人民司法》2007 年第 19 期。

如不接受则应充分说明理由，[1] 但指导性案例不得直接作为裁判依据，法官只能将其以判决理由的形式援引。

《一五纲要》发布以来，案例指导制度在理论构建与制度构造上经历了飞速发展的黄金时期。经过 5 年的探索实践，案例指导制度的"骨架"已经初步建成，只等在实践中经受检验，并通过实践不断丰满自身的"血肉"。

三、案例指导制度的发展

党的十八大以来，以习近平同志为核心的党中央高度重视案例指导工作，作出了一系列明确部署。2014 年 10 月，党的十八届四中全会提出了"加强和规范司法解释和案例指导，统一法律适用标准"的明确要求，体现了党中央对案例指导制度的高度重视。为此，最高人民法院于 2015 年发布《〈最高人民法院关于案例指导工作的规定〉实施细则》（以下简称《案例指导规定实施细则》），对上述要求进行部署落实，进一步完善案例指导制度、规范案例指导工作。

《案例指导规定实施细则》一方面对《案例指导规定》中模糊之处予以细化，另一方面对《案例指导规定》尚未提及之处予以明确。其核心内容在于：一是对指导性案例的体例予以明确。指导性案例必须包含标题、关键词、裁判要点、相关法条、基本案情、裁判结果、裁判理由以及包括生效裁判审判人员姓名的附注等具体内容。二是对指导性案例的可在文书中参照的内容予以细化。《案例指导规定实施细则》第 9 条在《案例指导规定》第 7 条的基础上，将可在文书中参照的内容确定为指导性案例的裁判要点，而非指导性案例全文。三是对指导性案例的引用方式予以细化。根据《案例指导规定实施细则》第 10 条的规定，各级人民法院审理类似案件参照指导性案例的，应当将指导性案例作为裁判理由引述，但不作为裁判根据引述。从这一点来看，《案例指导规定实施细则》明确否认了指导性案例的法源地位，仅允许法官在裁判理由中进行引用参考。四是对后续案件承办人员适用指导性案例的流程予以明确。在办理案件时，法官不仅需要检索是否存在类似指导性案例，如

---

[1]　参见江勇、陈增宝：《指导性案例的效力问题》，载《法治研究》2008 年第 9 期。

进行了引述应在裁判理由中注明案号和裁判要点，还需要针对是否参照适用控（诉）辩理由中提及的指导性案例的问题作出回应并说明理由。

《案例指导规定实施细则》不仅进一步巩固了案例指导制度的理论基础，回应了案例指导制度的效力问题，还制定了详尽的案例指导工作流程，大大提高了案例指导制度的可操作性。自《案例指导规定实施细则》发布至 2023 年 12 月，最高人民法院已经正式公布了 39 批 224 个指导性案例，涉及民事、刑事、商事等各个领域。指导性案例的司法引用率实现了显著增长。随着案例指导制度日趋完善、制度价值日益凸显，2018 年《人民法院组织法》第三次修订，以法律形式对案例指导制度正式予以确认。

为了进一步贯彻落实相关工作部署，最高人民法院又陆续出台了《指导性案例体例样式》《最高人民法院案例指导工作专家委员会工作规则》等系列配套文件。2020 年 7 月，最高人民法院印发的《最高人民法院关于统一法律适用加强类案检索的指导意见（试行）》（以下简称《类案检索指导意见》），对案例指导工作方法论进行深入探索，形成了案例指导工作的基本制度体系。与此同时，学界关于案例指导制度的研究重点也从理论基础和制度完善逐步转向部门法领域内指导性案例的适用①、案例指导制度适用实效的实证考察②、指导性案例具体适用方法的探讨③等具体问题。可以说，案例指导制度发展至今已日渐成熟规范。

综上所述，在传统判例文化影响下，通过不断探索尝试，我国以统一法律适用、维护司法公正为价值依归，以最高人民法院为制定主体，按照规定程序在全国各级法院的生效判决中选取编发并在今后裁判中具有应当参照效力的案例，形成了具有中国特色的案例指导制度。

---

① 参见罗丽、张莹：《环境公益诉讼案例指导制度的司法适用困境与完善》，载《法律适用》2022 年第 12 期；钱宁：《刑事案例指导制度：困境与优化进路》，载《合肥工业大学学报（社会科学版）》2021 年第 1 期。

② 参见马燕：《论我国一元多层级案例指导制度的构建——基于指导性案例司法应用困境的反思》，载《法学》2019 年第 1 期；练彬彬：《金融案例指导制度的运行现状及完善——基于 98 件有效应用案例的实证分析》，载《人民司法》2021 年第 19 期。

③ 参见孙海波：《案例指导制度下的类案参照方法论》，载《现代法学》2020 年第 5 期。

第二节　案例指导制度的价值与功能

习近平总书记指出，司法体制改革是政治体制改革的重要组成部分，对推进国家治理体系和治理能力现代化具有十分重要的意义。① 司法体制改革以"加快建设公正高效权威的社会主义司法制度"为核心，旨在"努力让人民群众在每一个司法案件中感受到公平正义"②。作为中国特色社会主义司法制度的重要组成部分，案例指导制度是我国深入推进司法体制改革的创造性举措，深刻影响我国法治建设的各个环节，有利于全面塑造我国的法治格局。

一、案例指导制度的价值

案例指导制度能够为司法办案提供客观具体的法律适用参照标准，以司法个案的形式把法律精神、价值判断、秩序规则更直观地展示出来，具有弥补立法缺陷、维护司法公正的核心目标与提升司法效率、塑造守法观念等重要价值。

（一）总结审判经验

案例指导制度有助于总结审判经验。根据《宪法》的规定，全国人民代表大会及其常务委员会是唯一有权制定、修改和废除法律的国家机关。由此衍生出的禁止司法造法的理念，也为我国社会所普遍认同。禁止司法造法的关键内涵在于禁止司法机关像立法机关那样主动立法、抽象立法，并不反对司法机关在具体纠纷处理过程中能动适用法律，总结审判经验。

随着经济社会的不断发展与进步，必然出现许多新的问题，而法律的权威性和制定法律程序的严格性使得法律不可能朝令夕改。作为制定法国家，我国的制定法具有一般制定法的滞后性、缺乏具体性、缺乏应变性等特征。

---

① 《习近平出席中央政法工作会议并发表重要讲话》，载《人民日报》2014 年 1 月 9 日，第 1 版。

② 《中共中央关于全面推进依法治国若干重大问题的决定》，载《求是》2014 年第 21 期。

司法者作为社会公平正义、公民自由权利以及国家民主法治之卫士，在立法语不及义或义不及旨的情况下，不能以法之疏漏为由无所作为，而应探寻立法之宏旨并在现实中予以宣示；在法律存在漏洞之处，不能因多惹麻烦之顾虑躲避绕行，而应有效运用司法方法，充分发挥主观能动性，能动适用法律，总结审判经验。

案例指导制度以指导性案例为载体，有利于法官总结审判经验，提炼裁判规则。根据《案例指导规定实施细则》的规定，指导性案例形成的裁判观点，具有针对司法实践中出现的疑难问题或新生问题提供司法对策的职能。

以经济适用住房项目行政事业性收费问题为例，《人民防空法》第22条规定："城市新建民用建筑，按照国家有关规定修建战时可用于防空的地下室。"《人民防空工程建设管理规定》第48条第1款规定："按照规定应修建防空地下室的民用建筑，因地质、地形等原因不宜修建的，或者规定应建面积小于民用建筑地面首层建筑面积的，经人民防空主管部门批准，可以不修建，但必须按照应修建防空地下室面积所需造价缴纳易地建设费，由人民防空主管部门统一就近易地修建。"而《国务院关于解决城市低收入家庭住房困难的若干意见》第16条则规定："……廉租住房和经济适用住房建设、棚户区改造、旧住宅区整治一律免收城市基础设施配套费等各种行政事业性收费和政府性基金……"《经济适用住房管理办法》第8条规定："经济适用住房建设项目免收城市基础设施配套费等各种行政事业性收费和政府性基金……"由此产生了一个问题，即经济适用房建设项目免收之各种行政事业性收费，是否包括《人民防空建设工程管理规定》中规定的"易地建设费"。换言之，如果经济适用住房建设项目应建而未建地下防空室，并根据《经济适用住房管理办法》的规定也不予缴纳易地建设费，这种行为是否合法？现行法律法规事实上并未对此作出规定。

为此，指导性案例21号指出："建设单位违反《人民防空法》及有关规定，应当建设防空地下室而不建的，属于不履行法定义务的违法行为。建设单位应当依法缴纳防空地下室易地建设费的，不适用廉租住房和经济适用住房等保障性住房建设项目关于'免收城市基础设施配套费等各种行政事业性收费'的规定。"① 在这个问题上,最高人民法院通过发布指导性案例提炼了法律规则,体现了案例指导制度的价值。

(二) 维护司法公正

案例指导制度有助于实现"类案同判",维护司法公正。公正是人类生活中至关重要的社会秩序,亚里士多德将其定义为同样的情况同样对待,平等的应该平等对待,不平等的应该不平等对待。② 具体到司法语境下,公正主要表现为"类案同判",即案件事实的法律特性相同的,应当作出相同的法律处置,包括相同的法律认定以及相应的肯定或否定的法律后果。③ 为了实现"类案同判"的司法理念,案例指导制度以统一裁判尺度为目标,一方面,细化具体裁判规则,限缩法官自由裁量空间;另一方面,规范司法审判活动,约束法官自由裁量权。

具体而言,案例指导制度通过制定严格的案例遴选标准,确立正确清晰的裁判规则。由于法律存在部分原则性、抽象性的规定,法官需要结合案件情况对法律规则或者条文进行具体阐释,自由裁量权较大,容易导致"类案不同判"现象。为了解决上述问题,最高人民法院在《案例指导规定实施细则》中规定,指导性案例应当是裁判已经发生法律效力、认定事实清楚、适用法律正确、裁判说理充分、法律效果和社会效果良好、对审理类似案件具有普遍指导意义的案例。这意味着,指导性案例树立的裁判规则极具针对性且正确清晰,具有较高的指导价值,能够为统一裁判尺度提供明确指引。

以指导性案例 24 号为例,在其出台以前,各地法院关于确定交通肇事案件赔偿额度时是否需要考虑受害者自身疾患影响的问题,没有统一的裁判标准。有的法院考虑了受害者自身疾患的参与度,有的法院则没有,因此,裁判结果存在差异。指导性案例出台后,案例裁判要点指出"原告个人体质状况对损害后果的发生具有一定的影响,但这不是《侵权责任法》等法律规定

---

① 最高人民法院案例指导办公室:《〈内蒙古秋某房地产开发有限责任公司诉某市人民防空办公室人行政征收案〉的理解与参照》,载《人民司法》2014 年第 6 期。

② 参见 [古希腊] 亚里士多德:《政治学》,吴寿鹏译,商务印书馆 1965 年版,第 169 页。

③ 参见张志铭:《中国法院案例指导制度价值功能之认知》,载《学习与探索》2012 年第 3 期。

的过错，不应因个人体质状况对交通事故导致的伤残存在一定影响而自负相应责任"。基于这一标准，法官在后续案件审判中不再进行个人体质状况参与度的鉴定，有利于解决"类案不同判"问题。

另外，案例指导制度依靠指导性案例的权威性与拘束力，规范法官的司法裁判活动。司法是法官针对案件争议，运用证据认定案件事实，解释适用法律并作出纠纷处理决定的活动。据此，法官是审判开展的关键，是认定事实、解释法律并作出处理决定等司法环节的核心。法官本人的个性与知识背景在个案裁判中有较大影响。在此背景下，法官个体间的差异很可能导致"类案不同判"的不利后果，有必要予以规范。为此，案例指导制度一方面设置了严格的指导性案例推荐、选取、确认流程，要求备选指导性案例须由案例指导办公室按照程序报送审核，经最高人民法院审判委员会讨论通过的指导性案例，印发各高级人民法院，并在《公报》《人民法院报》和最高人民法院网站上公布，以增强指导性案例的权威性，引导法官主动学习其中先进的司法理念与司法方法；另一方面，赋予了指导性案例事实上的拘束力，要求法官在审理类似案件时应当参照指导性案例的裁判观点，不予参照时也应当充分说明理由，以实现指导性案例事实上的拘束力，约束法官的自由裁量行为。[①] 通过上述设计，案例指导制度在主观层面与客观层面实现了对法官自由裁量权的规范。

总体来说，案例指导制度形成了具有针对性且正确清晰的裁判规则，以统一裁判尺度；约束了司法工作人员的自由裁量权，以规范审判实践，从而贯彻了"类案同判"的司法理念，有利于维护司法公正。

（三）提升司法效率

案例指导制度有助于节约司法资源，提高司法效率。高效率通常是指在给定投入和技术等条件下，最有效地使用资源以满足设定的愿望和达成目标。司法活动中，效率意味着采用更少的司法资源，实现司法公正的本质目标。换言之，在目标给定的情况下，司法效率的内在要求在于司法资源的节约与

---

① 参见《案例指导规定实施细则》第 4~9 条、第 11 条。

有效利用。① 无论是国家还是公民个人，在司法活动中都需投入一定资源。故而，司法效率具有两个层面的内涵，一是国家司法成本的节约，二是个人司法成本的节约。②

一方面，案例指导制度要求法官援引指导性案例，简化法律适用过程，以节约法院审理成本。具言之，为了规范法官的审判活动，在司法三段论的框架之下，法律适用的过程主要包括小前提的确定、大前提的寻找、大小前提的连接三个具体环节。在各个环节中，法官必须遵循一定的步骤和规则以保证裁判的公正性。但这些步骤和方法在理论和实践层面还没有形成共识，导致司法方法论在审判实践中始终难以得到普遍适用。在存在指导性案例的情况下，法官只需确定待决案件与指导性案例在基本案情与法律适用方面具有一致性，就应当在裁判理由中援引指导性案例的裁判观点进行判决。③ 虽然在上述过程中认定案件事实与寻找可供适用的法律规定的步骤都无法省略，但援引指导性案例简化了大小前提的连接过程，缩短了审判周期，从而节约了司法资源。郑州市中原区人民法院在案例指导制度前的"先例判决"实验中仅用20分钟就完成了案件审判工作的例子，也切实证明了案例指导制度具有简化审判流程的积极效用。

另一方面，发布典型指导性案例，可以引导当事人理性诉讼，避免诉讼资源浪费。诉讼纠纷解决机制的开启，很大程度上取决于当事人自身的意志。原告的起诉是法院启动审判程序的先决条件。因此，向民众普及法律知识，帮助民众合理预测诉讼结果，有利于引导民众选取适当的纠纷解决机制，规避滥诉等浪费司法资源现象的发生。最高人民法院经过层层推荐遴选程序，选取认定事实清楚、适用法律正确的案件作为指导性案例，在《公报》《人民法院报》和最高人民法院网站等公开渠道发布，有助于民众准确掌握最高人民法院的审判理念，正确理解法律条文的内涵，形成对诉讼前景的理性期待，进而采取理性的诉讼行为。防止当事人因缺乏法律知识或不了解司法政策，错判诉讼形势，浪费诉讼资源，使个人利益受损。

---

① 参见钱弘道：《论司法效率》，载《中国法学》2002 年第 4 期。
② 参见姚莉：《司法效率：理论分析与制度构建》，载《法商研究》2006 年第 3 期。
③ 参见《案例指导规定实施细则》第 9 条、第 11 条。

案例指导制度公开发布指导性案例并要求法官进行援引，一是简化法律适用过程，降低了司法机关审理成本，二是引导当事人作出理性诉讼行为，节约了当事人诉讼成本。在二者的共同作用下，案例指导制度得以实现节约司法资源，提升司法效率的价值目标。

（四）塑造守法观念

案例指导制度有助于提供法律适用范例，塑造守法意识。亚里士多德指出，"已成立的法律获得普遍的服从"是法治的本质内涵。[①] 而守法意识既是守法社会建设的主观面向，也是形成守法动机的基础条件。[②] 守法意识的塑造包括法律认同感的形成和遵守法律道德义务感的培养两个维度。认同感伴随着实践中法律合理性不断被确认和信服而形成；遵守法律的道德义务感的培养则应当关注生活的向度和大众的向度。

案例指导制度全面展示正确适用法律的过程，是树立法治信仰的可靠途径。近年来，"彭某案""药某鑫案""许某案"等重大案件对人民群众法律认同感的影响极大。"彭某案"引发了国人关于法律与道德之间关系的激烈讨论。民众对法律的了解仍处于"只知其然，却不知其所以然"的层面。换言之，民众只了解法律规定的文本，但如何正确理解法律，仍需以法律原理等未明文呈现的知识要素为依托。因此，向民众展示司法论证说理过程，是塑造民众守法意识的关键环节。

案例指导制度从实质内容与形式体例两个层面，保证了民众可以从指导性案例中详细了解基本案情、法律依据、裁判理由等具体信息。而且，指导性案例案情认定的清晰性、法律适用的正确性、说理论证的充分性都得到最高人民法院审判委员会的背书，不仅有助于形成人民群众对法律的认同感，更有利于帮助人民群众树立正确的法律信仰。案例指导制度普法方式契合大众价值观，是培养遵守法律道德义务感的关键途径。虽说法律规定、司法解释等作为公开的法律文本也具有普及法律知识的作用，但二者都属于"自上

---

① ［古希腊］亚里士多德：《政治学》，吴寿鹏译，商务印书馆 1965 年版，第 199 页。

② 参见李娜：《守法社会的建设：内涵、机理与路径探讨》，载《法学家》2018 年第 5 期。

而下"的规则生成机制，缺少大众化、生活化因素的参与。① 有学者对中国 30 年的普法经验进行了系统性总结，指出现有普法活动充分展示出知识与事实的二律背反：普法者的价值观与受众的价值观在认知上可能存在矛盾。普法活动既对受众需要照顾不够，又对法治精神解释不足，导致普法实效大打折扣。②

案例指导制度的规则提供模式，涉及诸多大众化、生活化因素。具体而言，一方面，指导性案例的选取范围包括所有已经生效的裁判，并不对审理机关作出限制；另一方面，关心人民法院审判、执行工作的社会各界人士都有权参与指导性案例的推荐活动，使案例指导工作呈现大众化与生活化的倾向，更加贴合人民群众对"良法善治"的朴素认知，有助于增强民众遵守法律的道德义务感。

二、案例指导制度的功能

坚持与完善中国特色社会主义司法制度，是司法体制改革的核心环节。协调司法解释制度与案例指导制度之间的关系，是坚持与完善中国特色社会主义司法制度的内在要求。厘清案例指导制度指导、规范、示范、预测、教育功能的具体内涵，有助于明确划分案例指导制度与司法解释制度之间的边界，构建和谐统一的社会主义司法制度体系。

（一）指导功能

案例指导制度指导功能的内涵在于指导法官审判实践。具体而言，案例指导制度赋予指导性案例"应当参照"的效力，要求裁判者在审理与最高人民法院发布的指导性案例在基本案情与法律适用方面类似的案例时，应当参照指导性案例的裁判要点作出裁判。如若不然，裁判者有必要在裁判理由中对为何不参照指导性案例进行充分说明。③ 例如，最高人民法院发布的第 4 号指导性案例为刑事裁判中"限制减刑"程序提供了参照适用的样本。《刑法修

---

① 参见陈兴良：《案例指导制度的法理考察》，载《法制与社会发展》2012 年第 3 期。

② 参见赵大宝：《中国普法三十年（1986—2016）的困顿与超越》，载《环球法律评论》2017 年第 4 期。

③ 参见《案例指导规定实施细则》第 9 条、第 11 条。

正案（八）》确立了死缓犯的限制减刑制度：根据刑法罪刑相适用的原则，应当严格限制对某些判处死缓的罪行严重的罪犯的减刑，延长其实际服刑期。但对如何适用限制减刑制度，《刑法修正案（八）》却没有提供具体的操作程序。为此，指导性案例4号指出，"人民法院根据案件性质、犯罪情节、危害后果和被告人的主观恶性及人身危险性，可以依法判处被告人死刑，缓刑二年执行，同时决定限制减刑，以有效化解社会矛盾，促进社会和谐"。

案例指导制度的指导功能具有弱强制性与具象性的特征：首先，与西方判例法制度相比，案例指导制度的拘束力较弱。从形成条件上看，指导性案例需要经过最高人民法院的确认与发布才具有指导功能，而不像西方国家的判例一经宣判就自然形成。从效力内容上看，指导性案例对下级法院审判活动的指导是一种事实上的约束，而不像西方判例一样对法院审判具有普遍约束力。从性质特征上看，指导性案例并不具有严格意义上的法源地位。各级法院适用指导性案例时，应作为裁判理由引述，但不得作为裁判依据引用。[①]因此，案例指导制度指导功能的强制性较弱，偏重指引、引导，而不具有判例法的约束性。

其次，与司法解释制度相比，案例指导制度的指导方向更为具体。从表现形式上看，指导性案例是全国各级人民法院审判案件中的先进代表，而司法解释是将典型案例中普遍性突出问题及时加以总结、提炼，形成的法律适用规则。换言之，案例指导制度主要通过具体案例引导法官裁判，以案例形式发挥指导功能；而司法解释制度则通过生成规则引导法官裁判，以规范形式实现指导功能。可以说，案例指导制度对法官的指导较为具体，更具针对性。

（二）规范功能

案例指导制度规范功能的内涵在于规范法官自由裁量权。由于法律规定具有抽象性与一般性的特征，将其用于评价人们行为时，通常需要具有完备法律知识体系的法官参与主导。法官或审判组织因此享有根据自己的认识、经验、态度、价值观以及对法律规范的理解而选择司法行为和对案件作出裁

---

① 参见《案例指导规定实施细则》第10条。

判的权力，即司法自由裁量权。① 指导性案例的存在，一方面为司法工作人员提供了制定法以外的辅助标尺，用以约束规范自身的司法行为，避免在司法工作中任性专断；另一方面，案件当事人、律师和社会公众也可以根据其法律知识，借助指导性案例，以衡量判断司法人员的司法行为是否合法公正。

案例指导制度的规范功能具有弱规范性与针对性的特征。西方判例法与我国司法解释制度都属于规则提供机制，相应地都具有规范功能。正如前文所述，由于指导性案例不像判例法或司法解释一样具有普遍约束力而仅具有"应当参照"的事实上的约束力，案例指导制度对司法工作人员自由裁量权的规范程度低于判例法或司法解释对其的规范程度。但相较于司法解释而言，指导性案例更加明晰具体，留给司法工作人员的自由裁量空间更小。可以说，案例指导制度的规范功能更具针对性，与法律规定和司法解释相结合，可以更好地规范法官自由裁量权，实现司法公正的最终价值。

（三）示范功能

案例指导制度示范功能的内涵在于为裁判活动提供参照样本。对于类似案件，案例指导制度的示范功能体现为指导性案例作为裁判标准之示范样本的示范功能；对于不相类似的案件，案例指导制度的示范功能体现为指导性案例在裁判方法、法律思维、司法理念方面的一般性示范功能。② 根据《案例指导规定》提出的"总结审判经验、提高审判质量"制度目标，与《案例指导规定实施细则》"认定事实清楚、适用法律正确、裁判说理充分"的案件遴选标准，指导性案例作为先进审判经验的载体，为后续类似案件的审理活动提供了正确清晰的裁判规则予以参照，为其他案件的审理活动提供了逻辑规范的裁判方法进行学习，有助于充分发挥其示范作用。

示范功能是案例指导制度独有的制度功能。具言之，根据《最高人民法院关于司法解释工作的规定》第6条的规定，司法解释可以分为"解释""规定""规则""批复""决定"五类，都以抽象的规则形式呈现。部分解释虽以"案例批复"命名，如《最高人民法院关于掘获的白银应归埋藏人所有一

---

① 参见江必新：《论司法自由裁量权》，载《法律适用》2006 年第 11 期。
② 参见陈兴良：《中国案例指导制度研究》，北京大学出版社 2014 年版，第 41 页。

案的批复》等，但其不具有案例外观，通常仅包括案情概况、处理意见、参照要求等具体内容。此类解释虽名为案例，但案件事实的认定、法律规定的适用等论证过程均被省略。从某种程度上来说，司法解释制度仅具有作为裁判标准示例范本的示范功能，而不具有指导性案例在裁判方法、法律思维、司法理念方面的一般性示范功能。"将优秀的指导性案例公布出来，让广大法官学习、分享指导性案例裁判的司法智慧、说理的缜密思考和程序的正当把握，在法官之间和法院之间形成相互学习借鉴的氛围，更有助于培养和提高广大法官依照法律、参照案例进行公正司法的能力，推动各级人民法院和法官队伍整体司法能力建设。"①

（四）预测功能

案例指导制度预测功能的内涵在于帮助民众预测自身行为后果。预测功能及教育功能与前三项功能不同，其对象主要是人民群众而非司法工作人员。在我国，法律规定、司法解释与指导性案例都属于广义上法的表现形式。② 根据法理学的阐释，法具有预测功能，人们可以据此预先知晓或估计人们相互间将如何行为，特别是国家机关及其工作人员将如何对待人们的行为，进而根据这种预知来作出行动安排和计划。③ 案例指导制度的预测功能体现为最高人民法院通过《公报》《人民法院报》和最高人民法院网站等公开渠道发布指导性案例，人民群众可以根据公开的案例信息了解法律鼓励何种行为、禁止何种行为，从而对自身行为后果作出理性预测，并以此为依据为或者不为一定的行为。

案例指导制度的预测功能具有明确性与对应性的特征。根据《案例指导规定实施细则》的规定，指导性案例包括裁判要点、相关法条、基本案情、裁判结果、裁判理由等具体内容。与司法解释的抽象规范相比，指导性案例的文本内容更加丰富全面。对于没有受过系统法学教育的群众而言，内容明

---

① 张军：《充分发挥案例指导作用 促进公正高效权威的社会主义司法制度建设——在全国法律案例工作会议上的讲话》，载胡云腾主编：《中国案例指导》（总第 1 辑），法律出版社 2015 年版，第288 页。

② 参见薛波：《后民法典时代司法解释与案例指导制度功能调适论》，载《河北法学》2021 年第2 期。

③ 参见张文显主编：《法理学》，北京大学出版社 1999 年版，第 202 页。

确具体的指导性案例显然比含义较为模糊、以法言法语形式呈现的解释条文更容易理解。此外，与司法解释不同，指导性案例还充分展示了司法活动将事实行为提炼为可被法律评价之行为的全过程，有助于人民群众将自身行为与法律规定进行一一对应，对自身行为合法性进行准确评价并作出理性选择。

（五）教育功能

案例指导制度教育功能的内涵在于树立民众遵法守法的法律观念。案例指导制度的教育功能还表现为通过发布指导性案例对人民群众的行为产生影响，以提高公民的法律意识、权利意识、义务观念、责任感、遵守法律和纪律的自觉性。例如，指导性案例对违法者的制裁可以告示人民群众，同样或类似的行为将会受到法律的惩罚；而指导性案例对合法行为的鼓励、保护可以起到示范与促进作用，教育人民群众遵法守法、信法用法。

案例指导制度的教育功能具有充分性的特征。相较于司法解释制度而言，指导性案例的表现形式决定了案例指导制度更有助于塑造民众遵法守法意识。一方面，就教育对象学习兴趣而言，指导性案例中包含有案件的具体案情、说理分析等情节性因素，更具故事性，可以吸引民众的注意力，激发其学习法律知识的动力。另一方面，就教育对象认知能力而言，案件事实清晰，法律依据明确，推理过程详细的指导性案例相比于高度凝练的司法解释条文来说，更便于没有受过法学教育的民众学习吸收。因此，在法律知识的传播和法律意识的塑造过程中，案例指导制度具有更加积极、充分的影响。

第三节　指导性案例的性质定位

目前，我国已形成包括指导性案例、典型案例、公报案例、参考性案例等内容的案例指导制度体系。指导性案例是案例指导制度最重要、最直接的载体和成果体现。经过十余年探索，我国已初步形成指导性案例遴选、编制、发布等运作机制，并在优化法学教育、推进案例法治等方面发挥重要作用。[①]

---

① 胡云腾：《从规范法治到案例法治——论法治建设的路径选择》，载《法治现代化研究》2020年第5期。

在此期间，理论界和实务界对指导性案例的合理性、功能、规范等问题进行了较为充分的探讨，为建设和完善案例指导制度建言献策。尽管如此，现有理论成果对指导性案例这一基本范畴的界定、性质等基础问题的认知尚存在不小分歧，在一定程度上影响了案例指导制度作用的充分发挥。因此，有必要作简要梳理和澄清。

一、指导性案例的定义

《论语》有云，名不正，言不顺；言不顺，事不成。为了对现实世界的事物进行分析和研究，人类赋予其概念和名称，并在此基础上建立知识网络。对案例的命名和分类是认识司法性质及其规律的一个重要方法，人类社会在不同历史阶段对案例的命名和分类各有不同，但都体现了特定时代的司法状况。[①]"指导性案例"这一概念本身并不存在于大陆法系和普通法系之中，亦不是中国传统法律文化中的词汇，而是具有中国特色的概念创造。[②]

2005 年，最高人民法院制定的《二五纲要》中明确提出"指导性案例"。2012 年《人民法院组织法》修订，将其写入法律中，使之成为正式的法律名词。然而，一段时间内，"指导性案例"经常被表述为"指导案例"，从第 1 号案例至第 178 号案例，指导案例一度被表述为"指导案例×号"，而非"指导性案例×号"，存在表述上的混乱。对法定概念的使用应符合一致性的要求，我国已经形成了由指导性案例、典型案例、参考性案例和一般案例等要素组成的司法案例结构，"指导性案例"已成为一种规范表述。"指导性案例"已具有专属含义，"指导案例"和"指导性案例"虽仅一字之差，却不能混用。

自 2005 年"指导性案例"首次出现以来，学界对于指导性案例的定义主要存在两种观点。

1. 主体说。"主体说"认为，应当从主体角度界定指导性案例。持这一观点的学者认为指导性案例区别于其他案例的特殊之处在于其发布主体的高

---

① 贺海仁：《规范与理由：我国指导性案例的文本价值与功能重构》，载《北方法学》2022 年第 4 期。

② 胡云腾、于同志：《案例指导制度若干重大疑难争议问题研究》，载《法学研究》2008 年第 6 期。

权威性。指导性案例的创制主体只能是特定的高级别法院，未达到相应级别的法院即使发布了具有参考意义的案例也不是指导性案例。例如，有学者认为："指导性案例，是指由最高人民法院依审判管理职能确立的、经适当程序确立并经适当形式公开发布的、具有典型监督和指导意义、已经发生法律效力的裁判案件。"①

2. 效力说。"效力说"认为应当从效力角度界定指导性案例，指导性案例区别于其他案例的关键在于其具有的"应当参照"的效力。因指导性案例制度已进入规范化发展轨道，其原本的学习参考、示范借鉴功能已转变为指导效力，具有与其他案例不同的效力。② 有学者认为，指导性案例，是指审判机关所选择出来的含有问题或疑难情境的，用以引导、启发下级审判机关或本机关未来审判工作的典型案例。③ 另有学者进一步指出指导性案例具有指导事实认定、法律适用等方面的效力。

以上代表性观点从不同角度对"指导性案例"进行界定，"主体说"侧重于指导性案例的创制和发布主体，强调指导性案例的程序性要求。"效力说"主张从指导性案例应当具备的实体性要素进行界定，侧重对指导性案例的内部条件考察。程序和实体都是指导性案例制度的重要内容，都应在定义中得到体现，因此上述两种观点具有一定的片面性。

关于指导性案例的效力，具有代表性的官方文件是最高人民法院2010年制定的《案例指导规定》和2015年制定的《案例指导规定实施细则》。《案例指导规定》第7条明确：最高人民法院发布的指导性案例，各级人民法院应当参照。《案例指导规定实施细则》对如何参照指导性案例进行了更为细致的规定，其第9条规定："各级人民法院正在审理的案件，在基本案情和法律适用方面，与最高人民法院发布的指导性案例相类似的，应当参照相关指导性案例的裁判要点作出裁判。"这明确了指导性案例的效力，意味着法官在审理与指导性案例类似的案件时，对指导性案例负有特定的义务，这种义务包

① 陈灿平：《案例指导制度中操作性难点问题探讨》，载《法学杂志》2006年第3期。
② 江勇、陈增宝：《指导性案例的效力问题探讨》，载《法治研究》2008年第9期。
③ 李瑰华：《指导性案例的概念之辨》，载《西北大学学报（哲学社会科学版）》2010年第3期。

括参照适用义务和论证说理义务。

根据最高人民法院制定的《案例指导规定》，指导性案例须具备效力条件、程序条件和实质性条件：（1）效力条件。指导性案例必须是已经发生法律效力的案件。所谓发生法律效力，是指法院已经作出生效裁判并符合执行的条件。（2）实质性条件。指导性案例必须具有指导作用，属于《案例指导规定》列举的某一种具有指导意义的类型，即能够为实践中的疑难复杂、新型等案件的审理提供实质意义上的指导，这种指导还应当具有普遍适用的典型性特征。[①]（3）程序性条件，并非所有符合上述要件的案例都属于指导性案例，根据《案例指导规定》，符合上述要求的案件还应当由案例指导工作办公室进行遴选、审查和报送，最终由最高人民法院审判委员会讨论决定，由最高人民法院发布。

综上，可以得出以下定义：指导性案例特指在案件事实认定清楚、适用法律正确的基础上，能为后续疑难复杂、新类型等同类案件处理提供实质性指导，经最高人民法院审判委员会讨论通过后公开发布，法官在审理类似案件时应当参照适用的生效案例。

二、指导性案例的分类

随着数量的日益增长和种类的逐渐丰富，指导性案例的类型化问题逐渐得到关注。有学者按照裁判要点的内容，将指导性案例划分为法律适用解释型、法条诠释型、裁判规则型和价值判断（司法理念解读）型四种类型。[②]也有学者按照裁判要点的功能作用，将指导性案例划分为规则创制型、政策宣示型和工作指导型三大类型。[③]还有学者以指导性案例编选标准为指引，从指导性案例的功能、特色，以及裁判要点撰写的技术角度，将已发布的指导性案例大致细分为十大类型，具体包括补充法律型、细化法律型、扩展法律

[①] 《最高人民法院关于案例指导工作的规定》第2条规定："本规定所称指导性案例，是指裁判已经发生法律效力，并符合以下条件的案件：（一）社会广泛关注的；（二）法律规定比较原则的；（三）具有典型性的；（四）疑难复杂或者新类型的；（五）其他具有指导作用的案件。"

[②] 石东洋：《裁判要旨的类型化比较适用》，载《上海政法学院学报（法治论丛）》2013年第2期。

[③] 陈兴良：《案例指导制度的规范考察》，载《法学评论》2012年第3期。

型、概念解释型、澄清误用型、适法选择型、新型案件型、新法示范型、裁判方法型、政策宣导型。① 除此之外，还有其他的分类方法②。

《案例指导规定》第 2 条对指导性案例进行了原则性的规定，可以此为依据进行分类：（1）社会广泛关注的——社会广泛关注类；（2）法律规定比较原则的——原则规定类；（3）具有典型性的——典型类；（4）疑难复杂或者新类型的——疑难复杂类和新类型；（5）其他具有指导作用的案例——其他类。其中，"社会广泛关注的"案件实际具有普法宣传功能，属于"宣传教育型"。"法律规定较为原则"的案件表现为某领域缺乏具体的规定，因此需要利用案例加以补充和解释，可将"原则规定类"细分为"补充法律型""解释法律型"。"疑难复杂类"的案件往往在事实认定和法律适用方面存在难点，因此需要以案例方式进行裁判方法上的指引，可将其命名为"裁判指导型"。新类型案例可以细分为"新型案件型"和"新法示范型"。"典型类"确定为"典例指导型"。"其他具有指导作用的"是较为笼统的概念，无法对分类的确定提供指引。

因此，本文将指导性案例划分为七大类型：（1）补充法律型；（2）解释法律型；（3）裁判指导型；（4）新型案件型；（5）新法示范型；（6）典例指导型；（7）宣传教育型。当然，这种分类只是理论上的分类，存在类别交叉、重合的可能，一些案件可能从不同角度考察，兼属多种类型。该分类的作用主要是帮助理解指导性案例，为指导性案例在司法实践中的应用提供参考。

（一）补充法律型

所谓补充法律型，是指通过案例细化法律适用的指导性案例。法律规定存在原则性、滞后性特征，产生这些特征的原因既有立法者的主观局限性，也有社会变迁等客观因素。如何有效细化法律适用是法治国家需要关注的重点内容。尤其在司法裁判中，法官既无法以没有法律依据为由拒绝裁判，又

---

① 石磊：《指导性案例的选编标准与裁判要点类型分析》，载《法律适用》2019 年第 18 期。
② 邓志伟、陈健：《指导性案例裁判要旨的价值及其实现——以最高人民法院公报案例为研究对象》，载《法律适用》2009 年第 6 期。

不可将责任转移至立法机关。纠纷解决具有时效性，需要法官及时进行裁判，因此细化法律适用成为司法实践的重要课题。从我国现有司法实践看，发布和适用指导性案例已成为我国细化法律适用的重要手段。

例如，在指导性案例 95 号"中国工商银行股份有限公司某支行诉某贸易有限公司、某置业有限公司等金融借款合同纠纷案"中，原《物权法》第203 条虽规定最高额抵押权设立前已经存在的债权，经当事人同意，可以转入最高额抵押担保的债权范围，但未规定债权担保范围变化后，当事人是否有义务办理变更登记手续。指导性案例通过裁判指导的形式，运用目的解释等法律解释方法对该原则性规定进行细化适用。指导性案例 95 号的裁判要点明确，最高额抵押关系中的双方当事人，根据其意思自治，可以另行达成协议将最高额抵押权设立前已经存在的债权转入该最高额抵押担保的债权范围，只要转入的债权数额仍在该最高额抵押担保的最高债权额限度内，即为有效，是否办理变更登记不影响转入的债权行为的效力。

又如指导性案例 15 号"徐某集团工程机械股份有限公司诉成都某交工贸有限责任公司等买卖合同纠纷案"补充了关联公司发生人格混同时的处理规则，其裁判要点指出：关联公司的人员、业务、财务等方面交叉或混同，导致各自财产无法区分，丧失独立人格的，构成人格混同。根据《公司法》的规定：公司股东滥用公司法人独立地位和股东有限责任，逃避债务，严重损害公司债权人利益的，应当对公司债务承担连带责任。该规定涉及股东滥用公司独立人格地位的处理，未规定关联公司发生混同的情况。指导性案例 15 号根据《公司法》相关规定，依据法人制度的立法目的，展开分析论证，最终得出"本案中的三个公司之间发生了高度混同，应当承担连带责任"的裁判结论。指导性案例细化法人人格混同的处理规则，对完善我国公司法人人格否认制度具有重要意义。

（二）解释法律型

法律解释是法律适用的重要前提。"法官审判案件、正确地理解法律并把它展现于裁判文书的过程，实际上就是一个法律解释的过程。"[①] 基于能力差

---

① 刘青峰：《论审判解释》，载《中国法学》2003 年第 6 期。

异的主观因素和解释方法的多样性的客观原因，实践中存在不同法官运用不同解释方法对同一规范进行差异化解读和适用的情况，指导性案例对指导法官正确运用解释方法、规范法官合理行使自由裁量权、细化规范性司法解释的适用具有重要意义。① 指导性案例中，存在大量法律解释的内容。指导性案例以裁判规则的形式对法律中的概念、条款等内容进行解释。条款解释以细化具体法律、兜底性条款解释为主要内容。

1. 法律概念解释：指导性案例以裁判要点的形式对条文中的某些概念的含义进行解释，通过"……，是指""……可以（应当）认定为……"等表述方式对法律条文中的概念进行界定和归属解释。例如，指导性案例以案例的形式对工伤认定的规定进行了解释和细化。指导性案例 94 号将《工伤保险条例》第 15 条第 2 款规定的"维护国家利益、公共利益活动"解释为包括职工为制止违法犯罪行为而受到伤害的见义勇为的行为。指导性案例 40 号的裁判要点解释《工伤保险条例》中的"因工作原因""工作场所"的概念含义：即《工伤保险条例》第 14 条第 1 项规定的"因工作原因"，是指职工受伤与其从事本职工作之间存在关联关系；《工伤保险条例》第 14 条第 1 项规定的"工作场所"，是指与职工工作职责相关的场所，有多个工作场所的，还包括工作时间内职工来往于多个工作场所之间的合理区域。这些指导性案例生动诠释了保护劳动者合法权益的立法目的。

又如在指导性案例 8 号"林某清诉常熟市凯某实业有限公司、戴某明公司解散纠纷案"中，法官在裁判要点中指出，公司虽处于盈利状态，但其股东会机制长期失灵，内部管理有严重障碍，已陷入僵局状态，可以认定为《公司法》规定的"公司经营管理发生严重困难"。

2. 条文细化解释：指导性案例通过案例的形式对法律的相关规定进行细化，提出更加具体、细致的裁判标准、规则，提高法律适用的可操作性。例如，指导性案例 184 号"马某楠诉北京搜狐某信息技术有限公司竞业限制纠纷案"裁判要点指出，因履行竞业限制条款发生争议申请仲裁和提起诉讼的期间不计入竞业限制期限的，属于《劳动合同法》第 26 条第 1 款第 2 项规定

---

① 姚辉：《民事指导性案例的方法论功能》，载《国家检察官学院学报》2012 年第 1 期。

的"用人单位免除自己的法定责任、排除劳动者权利"的情形，对这一情形进行了进一步细化解释。指导性案例74号"中国某财产保险股份有限公司江苏分公司诉江苏镇江某集团有限公司保险人代位求偿权纠纷案"裁判要点明确：因第三者的违约行为给被保险人的保险标的造成损害的，可以认定为《保险法》第60条第1款规定的"第三者对保险标的的损害"的情形。

3. 兜底条款解释："法律文本是补足立法者和立法原意不可或缺的桥梁，但是无法做到毫无遗漏地涵盖当下和今后时代变化的所有内容。"[1] 囿于立法技术的时代局限和立法者有限的认知能力，在社会生活多变复杂的情况下，立法者无法准确无误地预测今后可能发生的各种情况，因此法条通常采取"列举＋概括"的立法技巧，即在列举具体的情形后，使用"等""其他"等条款对未列举的内容进行兜底规定。法官在处理案件时，有时需要对这些兜底条款进行说理释明。实践中，兜底条款在发挥积极作用的同时，也存在适用不统一、解释不规范、说理不明确等问题。最高人民法院以指导性案例的形式对兜底性条款进行解释，有利于进一步规范对兜底性条款的理解与适用，推进法律的与时俱进，服务社会主义法治建设。

例如，2007年修正的《民事诉讼法》第140条第1款规定了适用裁定的11种具体情形，其中第11项〔现对应《民事诉讼法》（2023年修正）第157条第1款第11项〕规定"其他需要裁定解决的事项"，属于兜底性条款。指导性案例7号"牡丹江市某建筑安装有限责任公司诉牡丹江市某房地产开发有限责任公司、张某增建设工程施工合同纠纷案"中，在最高人民法院提审期间，双方当事人达成了和解协议，申诉人向法院申请撤诉，最高人民法院经审查后认为撤诉请求合法，且不损害国家利益、社会公共利益或第三人利益，遂裁定准予撤诉，此时的裁定属于第11项规定的"其他需要裁定解决的事项"的兜底情形。又如，指导性案例70号"北京某生物技术开发有限公司、习某有等生产、销售有毒、有害食品案"的裁判要点指出，行为人在食品中添加的物质虽然不属于《保健食品中可能非法添加的物质名单》《食品中可能违法添加的非食用物质名单》上的物质，但其对人体的危害程度与其相

---

① 余文唐：《法律文本：标点、但书及同类规则》，载《法律适用》2017年第17期。

当，应当认定为《刑法》规定的"有毒、有害的非食品原料"。该案在裁判理由中明确，涉案物质属于《最高人民法院、最高人民检察院关于办理危害食品安全刑事案件适用法律若干问题的解释》（已废止）第20条第4款规定的"有毒、有害的非食品原料"。该指导性案例属于对司法解释中兜底性条款的解释。

（三）裁判指导型

通过指导性案例的裁判规则示范，可以为案件的裁判方法、裁判标准提供更加明确的指导。"裁判指导性"旨在通过裁判要点的总结，为后续法院处理同类型案件提供更加明确的事实认定、审判方法上的指引。

在事实认定方法上，指导性案例总结处理一些类型案件的举证责任、事实认定规则和方法。例如，指导性案例87号"郭某升、郭某锋、孙某标假冒注册商标案"的裁判要点指出，假冒注册商标犯罪的非法经营数额、违法所得数额，应当综合被告人供述、证人证言、被害人陈述、网络销售电子数据、被告人银行账户往来记录、送货单、快递公司电脑系统记录、被告人等记账数据等证据认定。除此之外，还有指导性案例100号"山东某先锋种业有限公司诉陕西农某种业有限责任公司、山西大某种业有限公司侵害植物新品种权纠纷案"、指导性案例31号"江苏某航运股份有限公司诉米拉达某公司船舶碰撞损害赔偿纠纷案"等。

在刑事案件中，这种案例的指导性更加明显。例如，指导性案例62号"王某明合同诈骗案"的裁判要点确定了量刑的规则，明确在数额犯中，犯罪既遂部分与未遂部分分别对应不同法定刑幅度的，应当先决定对未遂部分是否减轻处罚，确定未遂部分对应的法定刑幅度，再与既遂部分对应的法定刑幅度进行比较，选择适用处罚较重的法定刑幅度，并酌情从重处罚；二者在同一量刑幅度的，以犯罪既遂酌情从重处罚。此为对数额犯量刑方法的指引。如指导性案例84号"礼某公司诉常州某制药有限公司侵害发明专利权纠纷案"明确了案件事实认定的具体方法，其裁判要点指出：对于被诉侵权药品制备工艺等复杂的技术事实，可以综合运用技术调查官、专家辅助人、司法鉴定以及科技专家咨询等多种途径进行查明。

（四）新型案件型

随着社会经济的飞速发展，实践中不断出现新情况、新问题，需要法律与时俱进，及时进行回应。新型案件就是在这种背景下产生的，最高人民法院通过将新类型的案件选取为指导性案例，为各级法院正确适用法律，处理新情况、新问题提供裁判指引。

例如，在互联网技术发展的背景下，互联网领域不正当竞争新情况层出不穷，指导性案例 45 号"北京某网讯科技有限公司诉青岛某网络技术有限公司等不正当竞争纠纷案"的裁判要点指出，"从事互联网服务的经营者，在其他经营者网站的搜索结果页面强行弹出广告的行为"属于《反不正当竞争法》第 2 条原则性规定的不正当竞争行为，拓展了《反不正当竞争法》在互联网新领域的适用。除此之外，指导性案例 78 号"北京某科技有限公司诉某科技（深圳）有限公司、深圳市某计算机系统有限公司滥用市场支配地位纠纷案"对互联网领域的"相关市场""支配地位"等新的认定标准进行总结。在刑事领域，指导性案例 27 号"臧某泉等盗窃、诈骗案"，对利用信息网络从事诈骗、盗窃等行为进行了界定，分析了这些传统犯罪在新技术条件下的新形态。

另外，指导性案例第 102～106 号为网络犯罪专题指导性案例，内含网上开设赌场罪、破坏计算机信息系统等多种网络犯罪，都属于新类型案例。

（五）新法示范型

新法示范型数量较少，其主要存在于指导性案例制度发展初期。在新的法律、司法解释颁布后，为帮助法官进一步理解新法的内容，通过指导性案例提供参考，以确保裁判的统一性。

例如，在《刑法修正案（八）》规定"禁止令"后，河南省平顶山市新华区人民法院在审理董某某、宋某某两位未成年人抢劫案中适用了禁止令，最高人民法院审判委员会认为其具有指导意义，遂根据相关规定，将其确定为指导性案例。其裁判要点指出，对判处管制或者宣告缓刑的未成年被告人，可以根据其犯罪的具体情况以及禁止事项与所犯罪行的关联程度，对其适用"禁止令"。"对于未成年人因上网诱发犯罪的，可以禁止其在一定期限内进入网吧等特定场所。"除此之外，指导性案例 23 号"孙某山诉南京某超市有限公司江宁店买卖合同纠纷案"等案例皆属此类。

（六）典例指导型

所谓典例指导型，是指长期以来，理论和实务界对于某些问题争论不休，最高人民法院以指导性案例的形式明确裁判规则，表明裁判立场，统一裁判规则。

例如，《民法典》未生效前，针对销售汽车存在的欺诈行为，究竟是适用《合同法》（已废止，下同）的规定还是《消费者权益保护法》的规定，实务界一直存在不同观点。指导性案例 17 号"张某诉北京某汽车服务有限公司买卖合同纠纷案"的裁判要点指出，为家庭生活消费需要购买汽车，发生欺诈纠纷的，可以适用《消费者权益保护法》处理。"汽车销售者承诺向消费者出售没有使用或维修过的新车，消费者购买后发现系使用或维修过的汽车，销售者不能证明已履行告知义务且得到消费者认可的，构成销售欺诈，消费者要求销售者按照《消费者权益保护法》赔偿损失的，人民法院应予支持。"该案裁判要点明确了当事人若为家庭生活消费需要购买汽车，构成欺诈的，人民法院可以适用《消费者权益保护法》支持原告惩罚性赔偿的诉讼请求。诚然，该案实际也属于"解释法律型"，即通过裁判规则解释了"消费者"的概念。

指导性案例 67 号"汤某龙诉周某海股权转让纠纷案"明确了有限责任公司的股权分期转让支付中，股权转让人要求解除双方签订的股权转让合同的，不适用《合同法》第 167 条①关于分期付款买卖的规定。又如，对于被害人体质是否影响侵权责任的承担问题，长期以来一直存在争议。指导性案例 24 号"荣某英诉王某、某财产保险股份有限公司江阴支公司机动车交通事故责任纠纷案"的裁判要点指出：交通事故的受害人没有过错，其体质状况对损害后果的影响不属于可以减轻侵权人责任的法定情形。该案明确了被害人体质不属于减轻侵权人责任的法定情形，进一步统一了处理此类案件的裁判规则。指导性案例 38 号"田某诉某大学拒绝颁发毕业证、学位证案"明确高校在行

---

① 对应《民法典》第 634 条。

使特定职权时，可以作为行政诉讼的被告，回应了长期以来高校能否作为行政诉讼中被告的争论。

（七）宣传教育型

《案例指导规定》第2条第1项规定，社会广泛关注的案例可以作为指导性案例。将社会普遍关心的案例作为指导性案例，有利于发挥案例的普法宣传功能。以案例诠释法治精神，回应人民群众的期待和关注，有利于扩大法治理念影响，让人民群众在案件中获得潜移默化的法治教育。① 在中国古代，一份优秀的判词总能够成为传统文化的重要组成部分。② 在一些指导性案例的判决书中，法与德、道与理等相互交融，在潜移默化中倡导和弘扬社会主义核心价值观。

例如，指导性案例93号"于某故意伤害案"，曾引起社会广泛关注，其裁判要点指出，防卫过当案件，如系因被害人实施严重贬损他人人格尊严或者亵渎人伦的不法侵害引发的，量刑时对此应予充分考虑，以确保司法裁判既经得起法律检验，也符合社会公平正义观念。这看似是对案件裁判规则的总结，实则是用案例诠释社会公平正义的含义。

除此之外，指导性案例89号"'北某云依'诉某派出所公安行政登记案"是对公民姓氏选取的法治教育，指导性案例90号"贝某丰诉某公安局交通警察大队道路交通管理行政处罚案"是对机动车礼让行人的法治宣传。指导性案例99号"葛某生诉洪某快名誉权、荣誉权纠纷案"（又名"狼牙山五壮士案"）则彰显了司法维护英烈名誉、荣誉，维护公共精神利益的功能，弘扬了社会主义核心价值观。

三、指导性案例与相关概念

（一）指导性案例与公报案例

《公报》是最高人民法院公开介绍我国审判工作和司法制度的官方文献，由最高人民法院办公厅主办，是最高人民法院对外公布司法解释、司法文件、

---

① 陈思明：《指导性案例的法治宣传教育作用研究》，载《中国司法》2016年第12期。
② 杨兴培：《中国古代判词的法学与文学价值》，载《北方法学》2013年第5期。

裁判文书、典型案例及其他有关司法信息资料的法定刊物。其中典型案例栏目主要是刊登各级人民法院推荐的、由最高人民法院正式选编的适用法律和司法解释审理各类案件的典型裁判范例。公报案例从《公报》创刊一直到1998 年，均是需要最高人民法院审判委员会讨论通过的，后来由于工作调整，才改变了最高人民法院审判委员会讨论确定案例的做法。将确定公报案例的方式调整为由《公报》编辑部提出初步意见，然后送最高人民法院有关业务庭征求意见，有关业务庭同意后，再送主管院长审查同意后发布。

尽管没有文件明确规定公报案例的指导效力，但是从遴选程序看，指导性案例与公报案例基本相同，在指导性案例制度化之前，公报案例实际上发挥着类似指导性案例的作用。① 2023 年，最高人民法院对案例进行统筹管理。

（二）指导性案例与参考性案例

参考性案例，是指高级人民法院发布的，对辖区法院审判执行工作进行业务指导的案例。根据《关于规范上下级人民法院审判业务关系的若干意见》第 9 条②之规定，高级人民法院可以发布参考性案例，对辖区内各级人民法院和专门人民法院的审判业务工作进行指导。为进一步规范参考性案例的发布等工作，最高人民法院于 2020 年 12 月印发《关于规范高级人民法院制定审判业务文件编发参考性案例工作的通知》；于 2021 年 4 月印发《人民法院审判业务文件、参考性案例备案工作办法》；于 2021 年 12 月印发《关于推进案例指导工作高质量发展的若干意见》，强调"高级人民法院应当依据有关规定编发参考性案例，对辖区内各级人民法院和专门人民法院的审判执行工作进行指导"。

参考性案例与指导性案例的差异主要体现在发布主体和效力范围上。一是指导性案例在全国范围内具有"应当参照"的效力，而参考性案例仅在发

---

① 参见石磊：《人民法院司法案例体系与类型》，载《法律适用》2018 年第 6 期。
② 《关于规范上下级人民法院审判业务关系的若干意见》第 9 条规定：高级人民法院通过审理案件、制定审判业务文件、发布参考性案例、召开审判业务会议、组织法官培训等形式，对辖区内各级人民法院和专门人民法院的审判业务工作进行指导。高级人民法院制定审判业务文件，应当经审判委员会讨论通过。最高人民法院发现高级人民法院制定的审判业务文件与现行法律、司法解释相抵触的，应当责令其纠正。

布参考性案例的高级人民法院辖区内供办案人员参考，且不具有"应当参照"的效力。二是指导性案例通过层层遴选，最终由最高人民法院审判委员会讨论通过后发布，而参考性案例由各高级人民法院审判委员会讨论通过后发布。

参考性案例可以转化为指导性案例。江西省高级人民法院发布的 2 批 10 个参考性案例，就有 2 个转化为指导性案例，即 2021 年 11 月发布的参考性案例第 1 号"九江市人民政府诉江西正某环保科技有限公司、杭州连某建材有限公司、张某良、李某、舒某峰等生态环境损害赔偿责任纠纷案"和 2022 年 8 月发布的第二批参考性案例第 6 号"江西省上饶市人民检察院诉张某明、毛某明、张某生态破坏民事公益诉讼案"就于 2022 年 12 月入选最高人民法院发布的第 37 批指导性案例 210 号和 208 号。

（三）指导性案例与研讨性案例

研讨性案例，主要是指最高人民法院主管、主办的各类刊物、丛书上刊登的案例，以及举办的各种案例评选活动中的案例。例如，《人民法院报》《人民司法·案例》《法律适用》《中国审判》等报纸、杂志上刊登的案例，还有《人民法院案例选》《刑事审判参考》等连续性出版物上刊登的案例，以及在全国法院系统年度优秀案例分析评选活动中获奖的案例，等等。

（四）指导性案例与典型案例

所谓"典型案例"并非一个严谨规范的概念或名称，主要是长时期工作中大家普遍使用的一个惯用语。① 从广义上说，指导性案例源于典型案例，亦可视为典型案例。但是狭义上的典型案例指新闻部门、业务部门经评选产生并发布的典型案例、法院工作报告案例、普法案例等，本文所称的典型案例是狭义的典型案例。

典型案例注重的是工作经验的宣传和社会教化、普法宣传。如为指导各级人民法院审理好相关案件，最高人民法院精选出 3 件"人民法院妥善化解涉汛矛盾纠纷典型案例"，于 2023 年 8 月 30 日发布。发布该批次典型案例主要是为了宣传工作经验。又如为了保护民营企业健康发展，2023 年 7 月 31

---

① 石磊：《中国特色的案例指导制度及发展完善》，载《江西法院案例选》2023 年第 1 期。

日，最高人民法院发布"人民法院依法保护民营企业产权和企业家权益典型案例"，旨在宣传如何依法保护民营企业合法权益。相应地，每年江西省高级人民法院也会发布"适用社会主义核心价值观典型案例"，弘扬社会主义核心价值观。

典型案例与指导性案例相比，在发布主体、程序、内容、效力等方面都存在不同之处。从发布主体来看，指导性案例只能以最高人民法院的名义发布。典型案例除最高人民法院外，其他地级市以上法院也可以发布，如各高级人民法院也会根据国家中心工作的需要，对应发布典型案例，如知识产权典型案例、保护儿童权利典型案例等。从产生程序来看，指导性案例必须经过层层审核，最终由最高人民法院审委会审核通过而产生；典型案例的制发没有明确规定，一般来说。典型案例由各级法院分管领导同意签发即可。从案例内容来看，指导性案例涉及事实认定、证据运用、法律适用、政策把握、办法方法等方面，典型案例则只有基本案情、裁判结果、典型意义。从效力上来看，指导性案例具有"应当参照"的效力，而典型案例没有该效力，只是在办案中作为一种参考和借鉴。综上，通俗地说，指导性案例主要是给司法人员看的，典型案例主要是给一般民众看的。事实上，典型案例中的判决在法律适用上存在值得商榷之处、瑕疵之处的也并不罕见。

（五）指导性案例与参考案例

2023 年 7 月 26 日，最高人民法院党组召开会议，专门研究部署案例统筹管理和人民法院案例库建设工作。会议指出，案例在指导司法审判、统一法律适用、加强法治宣传、推动理论研究等方面发挥了积极作用，但由于统筹管理、分类管理不到位，一定程度上影响了案例作用的发挥。针对这些问题，结合学习贯彻习近平新时代中国特色社会主义思想主题教育检视整改工作，会议决定对案例进行统筹管理并建设人民法院案例库。

为建好用好人民法院案例库，最高人民法院于 2023 年 8 月 30 日印发了关于建设人民法院案例库的两个通知，为全国各级法院协同推进人民法院案例库建设，作出了顶层设计，提供了根本遵循，指明了工作方向。

第一，目标定位。人民法院案例库是用于查询、检索类案的案例资源库，可以辅助司法审判、统一裁判尺度、防止"类案不同判"；可以通过对案例的收集、筛选，及时发现和纠正审判工作中的问题，落实加强监督指导的要求。人民法院案例库是用于普法的教材库，方便人民群众通过案例来学习法律规定，掌握法律知识，明确行为规则。

第二，服务对象。人民法院案例库先是对内供各级法院、广大法官免费使用，为其依法办理案件提供精准、高效、权威的类案检索系统。在运行一段时间后，再向律师群体开放。后期以适当方式向社会公众开放。

第三，建设原则。一是坚持政治引领。深入学习贯彻习近平新时代中国特色社会主义思想，认真贯彻落实习近平法治思想，严格落实习近平总书记关于案例的系列重要论述，确保案例工作正确方向。二是坚持问题导向，确保入库案例能够解决司法实践中的突出问题。三是坚持全面、客观、准确原则，确保权威性和指导性。四是坚持统筹兼顾，协同推进人民法院案例库建设。

第四，入库标准。入库案例的相应裁判应当已经发生法律效力，符合宪法、法律规定和立法精神，符合社会主义核心价值观，对审判执行工作具有参考示范作用。比如，针对法律适用中的疑难复杂问题、空白领域、新类型案件等明确裁判规则，注重"三个效果"统一，且不得与法律法规、司法解释、指导性案例冲突。

第五，体例格式。人民法院案例库参考案例使用统一体例格式，包括编号、标题、副标题、关键词、基本案情、裁判理由、裁判要旨、关联索引8个部分。案情类似，适用法律、司法解释相同，参考示范作用相同的入库案例，不超过2件。

人民法院案例库的建立，既能集中收录、及时公布指导性案例，又能为指导性案例的遴选提供"蓄水池"。一方面，最高人民法院指导性案例统一编号后录入人民法院案例库。另一方面，对于入库的参考案例，最高人民法院各审判业务庭或者地方各级人民法院认为具有指导性案例打造价值的，可以根据《案例指导规定》和《案例指导规定实施细则》，将其作为备选指导性案例报送给最高人民法院案例指导工作办公室。

人民法院案例库开始建设后，其中的参考案例与高级人民法院发布的参考性案例虽然名字高度相似，但在发布主体、发布程序、效力范围等方面存在差异。考虑到参考案例的发布主体是最高人民法院，效力范围是全国法院，发布主体和效力范围分别高于、广于参考性案例，有意见认为，从长远来看，参考案例可能会逐渐取代参考性案例。也有意见认为，各地情况不一，各高级人民法院可根据地方需要发布参考性案例来指导辖区法院办案，参考性案例仍有存在的必要。总体上来讲，参考案例的地位和效力应当是低于指导性案例，高于参考性案例的。关于参考性案例的存废，最高人民法院暂未发文表态。各地高院仍可根据现有文件编发参考性案例。

小结：从人民法院案例工作的历史发展看，出现了形式多样的不同案例类型，可分为效力型案例、研讨性案例、典型性案例、教学性案例四种类型。第四种案例较好理解，前三种案例容易混淆，可以从价值、机理、产生、表现形式四个方面进行界分（见表1）。

表1　效力型案例与研讨性案例、典型性案例的区别

	效力型案例	研讨性案例	典型性案例
价值	统一裁判尺度、细化法律适用、示范新类型案件	提炼规则及司法观点，释法说理、统一适法、丰富法学理论、推进立法	主题宣传、提炼价值、实现"三个效果"统一
机理	以裁判要点为核心，通过裁判规则、裁判理由说服后案法官	事后对案件进行深度加工、评析、研究	方向、价值、规范引导
产生	加工、推荐、遴选、审定	培育、加工、分析	加工、评价，推荐、评选
表现形式	指导性案例、参考案例、参考性案例	《人民法院案例选》《审判参考》《人民司法》《人民法院报》《法律适用》等刊登的案例	各级法院公众号、新闻媒体发布的案例

第二章　现状梳理：指导性案例应用情况

为全面把握案例指导制度的现实逻辑，课题组开展了系统的实证观察，以中国裁判文书网为平台进行生效判决的检索，以具体文书为佐证，并充分发挥司法实践部门的研究优势，听取一线认知，结合访谈座谈、实地调查、书面调研和电子调查问卷情况，全面、客观地展示案例指导制度运行的现实图景。

实证研究的具体方式主要包括：一是分组赴省内外进行实地调研，邀请高级法院、中级法院和基层法院等三级法院各业务条线审判人员及检察官、律师、高校学者等法律职业共同体进行分组座谈，听取相关意见建议；二是按照指导性案例应用主体的身份进行分类，设计法官、法律职业共同体、当事人等三类问卷，通过网络开展问卷调查；三是采取书面调研方式，结合调研课题撰写内容收集本省各级法院开展案例指导工作的基本情况，包括指导性案例应用数据、相关制度文件及典型案例。

第一节　指导性案例的统计分析

自 2011 年 12 月 20 日发布第一批指导性案例起至 2022 年 12 月 31 日，最高人民法院共发布 37 批共 211 个指导性案例。本章节从指导性案例的发布数量、批次、案件类型、审理法院、审理程序以及指导性案例本身的体例等多角度，全面分析已发布指导性案例的整体情况。

一、指导性案例的发布

（一）发布频率不固定，总量呈上升趋势

从 2011 年 12 月 20 日公布第一批共 4 个指导性案例以来，最高人民法院每年都会不定期发布指导性案例，平均每年发布 3 次。其中，2011 年、2012 年、2013 年、2015 年、2017 年、2020 年发布频次均低于平均数，除 2011 年仅发布 1 批次外，其余 5 年也只发布了 2 批次。2022 年公布次数最多，达到 6 批次。特别是 2022 年 12 月 26 日至 30 日，最高人民法院在 4 天内连续公布了 3 批次指导性案例。从每批次发布的案例数量来看，最少一批仅有 3 个指导性案例，最多的为 2019 年公布的第 24 批指导性案例，达到 14 个。从年度发布总量看，最多的是 2019 年、2022 年，均为 33 件，最少的是 2011 年，仅有 4 件，其次为 2012 年、2020 年，均为 8 件。可见，指导性案例年发布数量总体呈上升趋势，但在年度发布时间、批次和案例数量等方面并不固定，没有形成规律（详见图 1）。

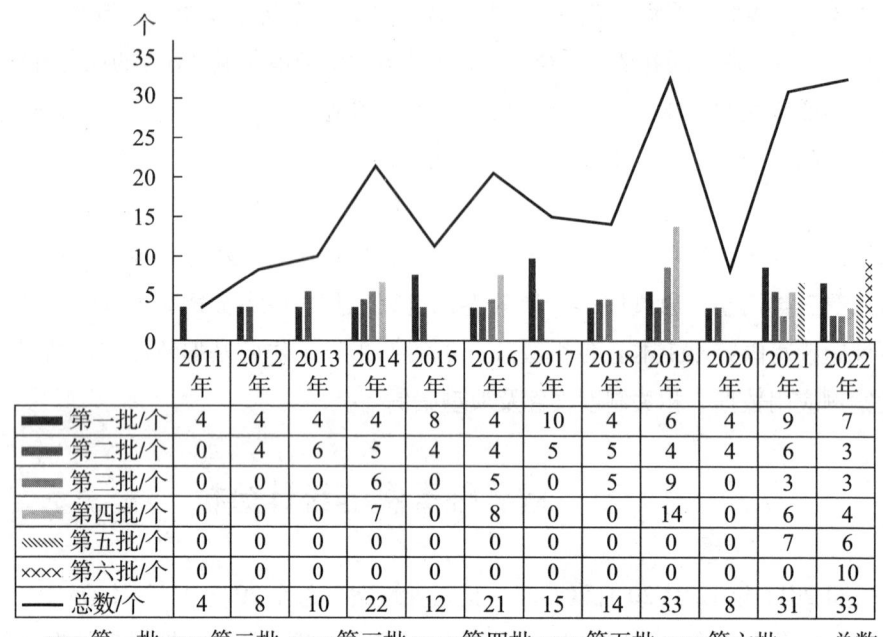

	2011年	2012年	2013年	2014年	2015年	2016年	2017年	2018年	2019年	2020年	2021年	2022年
第一批/个	4	4	4	4	8	4	10	4	6	4	9	7
第二批/个	0	4	6	5	4	4	5	5	4	4	6	3
第三批/个	0	0	0	6	0	5	0	5	9	0	3	3
第四批/个	0	0	0	7	0	8	0	0	14	0	6	4
第五批/个	0	0	0	0	0	0	0	0	0	0	7	6
第六批/个	0	0	0	0	0	0	0	0	0	0	0	10
总数/个	4	8	10	22	12	21	15	14	33	8	31	33

■ 第一批　■ 第二批　■ 第三批　■ 第四批　▧ 第五批　××× 第六批　— 总数

图 1　2011～2022 年指导性案例发布情况①

（二）审判领域日益广泛，民商事案例居多

从 2011 年至今，指导性案例的审判领域从最初的刑事、民事、行政三大类，逐步细化发展为民事、商事、知识产权、海事海商、执行、刑事、行政、

---

① 图 1 中"0"代表没有发布，为制图需要所以用"0"表示。

国家赔偿、环境资源、仲裁 10 类，其中 2022 年首次新增仲裁类指导性案例，审判领域日益广泛。但需要注意是各类案件占比并不均衡，其中，民商事案例居多，达 62 个，占比近 30%；刑事、行政、执行案例偏少，其中刑事案件 32 个，占比 15%，行政案例 20 个，占比 10%，执行案例 15 个，占比 7%。

（三）案例整体数量较少，涉及范围有限

虽然指导性案例总量在不断增长，涉及的审判领域也日益广泛，但相对于种类繁多的民事、行政领域案由和刑事领域罪名，数量仍然较少。例如，截至 2022 年，根据最高人民法院《民事案件案由规定》，民商领域三级案由共 929 个，而民商事类指导性案例只有 63 个；《刑法》共有 469 个罪名，而刑事类指导性案例仅有 32 个；行政三级案由共 140 个，而行政类指导性案例仅有 20 个。面对日益复杂的案件类型，指导性案例的总量与案件类型的种类相比明显不足，有些领域无指导性案例可参照。

（四）案例呈专题化趋势，类型增幅不均衡

从 2017 年 11 月第十七批行政指导性案例发布开始，指导性案例发布开始呈现出专题化趋势。其中，2020 年发布的 2 批指导性案例和 2021 年发布的 5 批指导性案例、2022 年发布的 6 批指导性案例均是以专题形式发布，内容更加丰富。如 2019 年发布的第 23 批指导性案例为执行类案例，第 24 批主要为环境资源类案例。尤其 2021 年以后专题化特征越发明显，2021 年共发布 5 批指导性案例，每批次都是以专题形式发布，如第 27 批均涉及第三人撤销之诉和案外人执行异议之诉相关法律适用问题，第 28 批 6 个均为知识产权指导性案例，第 29 批 3 个为企业实质合并破产案例，第 30 批 6 个为民事合同类相关案例，第 31 批 7 个为生物多样性保护相关案例。2022 年专题化形式依然在延续，如第 37 批 10 个为环境资源类案例。

专题化的优势是能够更好地突出主题，有利于在所涉领域形成集成效应，但也带来另一个方面的问题，即因为一次性专题化发布单个领域的多个指导性案例，而其他领域无指导性案例发布，造成各类指导性案例数量增幅不均衡。如海事领域、强制医疗、国家赔偿等领域近三年未新增指导性案例。相比 2021 年，除仲裁类指导性案例外，2022 年环境资源类指导性案例比重增速最快，原因在于 2022 年最高人民法院一次性专题化发布了 10 个指导性案例，相比 2021 年前的总数，增幅达 48％。

二、指导性案例的来源

（一）案例来源地域广泛，经济发达地区多

地方各级人民法院可以向最高人民法院推荐备选性案例，最高人民法院通过层层遴选后，由其统一对外发布。截至 2022 年 12 月 31 日，已发布的 211 个指导性案例来自最高人民法院和 27 个省级行政区域①，除我国港澳台地区外，还有 4 个省级行政区没有成功推选出指导性案例，分别为西藏、青海、山西和辽宁。经统计，提供指导性案例最多的是最高人民法院，共 60 个，占比 28％。其次是江苏、上海，分别为 28 个、21 个，占比分别为 13％、9％。紧接其后的是浙江、北京两省（市），分别为 13 个和 12 个。山东、江西、重庆、四川、广东、安徽、天津、湖南、河南、河北、内蒙、云南、陕西、福建、贵州等省（市）均成功入选了 2～10 个指导性案例。而黑龙江、吉林、湖北、广西、海南、甘肃、新疆、宁夏均只有 1 个指导性案例。

（二）时间跨度多在 5 年内，时间差逐步缩小

最高人民法院公布的 211 个指导性案例中，审结时间最早的是 38 号指导性案例，其生效时间是 1999 年 4 月，但直到 2014 年才作为指导性案例发布，时间差长达 15 年。经统计，案件生效时间与公布时间差在 10 年以上的有 3 个，分别为 38 号、41 号、52 号指导性案例。② 间隔时间在 6～10 年的有 7 个③。间

---

① 此处出处是按照指导性案例生效裁判文书的法院进行划分。例如，指导性案例 1 号生效文书为上海第二中级人民法院（2009）沪二中民二（民）终字第 1508 号民事判决书，故认定 1 号指导性案例出处为上海。又如，指导性案例 7 号的生效裁判文书为最高人民法院（2011）民抗字第 29 号民事裁定书，故 7 号指导性案例出处为最高人民法院。

② 参见最高人民法院案例指导工作办公室编：《最高人民法院指导性案例汇编》，人民法院出版社 2023 年版，第 566 页、第 557 页、第 185 页。

③ 间隔时间在 6～10 年的指导性案例有 40 号、46 号、47 号、48 号、49 号、50 号、51 号。

隔时间少于 1 年的案例有 27 个。[①] 2019～2022 年公布的 105 个指导性案例中，有 12 个间隔时间少于 1 年，最短的仅 7 个月。

（三）审理法院多为中高级法院，基层法院较少

已发布的 211 个指导性案例共源于 96 家法院[②]，其中，最高人民法院和中级法院审理的案件数量最多，分别为 65 个和 67 个，分别占比 30.8%、31.8%，另有高级法院 44 个，基层法院 34 个，分别占比 20.9%、16.1%，专门法院（海事法院）仅有 1 个占比 0.4%（详见图 2）。

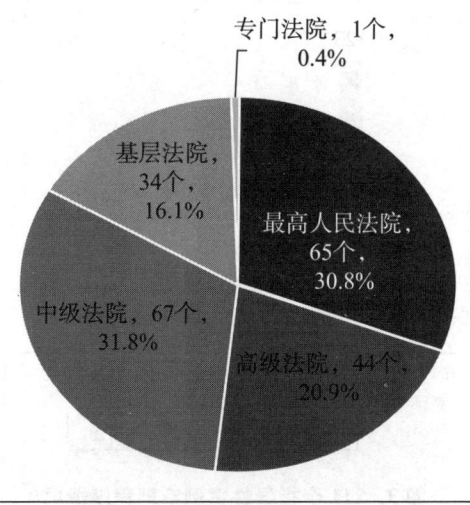

图 2　2011～2022 年指导性案例审理法院情况

来自中级法院的 67 个案例中，上海市第二中级人民法院有 7 个，南京市中级人民法院和上海市第一中级人民法院均有 6 个，北京市第一、第二中级人民法院均为 4 个，成都市中级人民法院和北京市第三中级人民法院均为 2 个。除最高人民法院外，高、中、基层法院发布 2 个以上指导性案例的法院有 18 家。

---

① 参见北大法律信息网组织编写：《最高人民法院指导性案例司法应用研究报告（第二版）》，北京大学出版社 2019 年版，第 3 页。

② 由于某一案件可能由多个法院审理，故此处法院统计数量相加大于 211。

（四）一审终结案件少，改判案件多

211 个指导性案例中，生效裁判审理程序为一审程序的有 53 个①，二审程序的有 123 个②，再审程序的有 35 个。改判案件③中，二审程序改判案件为 49 个，再审程序改判案件为 22 个，执行程序改判案件为 9 个，国家赔偿程序改判案件为 2 个。可见，从审理程序看，指导性案例多为控辩双方争议较大的案件（详见图 3）。

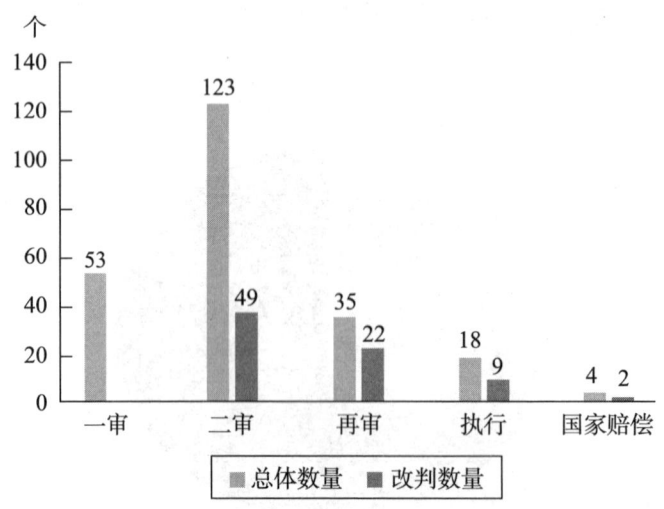

图 3　211 个指导性案例审理程序情况

三、指导性案例的体例

（一）类型化关键词多，争议焦点概括少

关键词是类案检索的关键，个案核心法律问题的关键词又是提高检索效

---

① 53 个一审程序案件中包含破产案件 3 个、涉及仲裁效力案件 4 个、强制医疗案件 1 个、执行案件 1 个。

② 为了全面反映二审程序的占比，此处 123 个案件包含国家赔偿案件 4 个、执行程序案件 18 个，故从图 3 看各类程序案件加总超过 211 个。

③ 此处改判案件，是指生效裁判改变了上一个程序的裁判结果，需要说的是下面一种特殊情况：如指导性案例 85 号，健某公司不服，提起再审申请，最高人民法院于 2015 年 8 月 11 日作出（2015）民提字第 23 号民事判决：（1）撤销二审判决；（2）维持一审判决。因最高人民法院改判了上一个程序的裁判结果，故本文将此种案件归类为改判案件。

率的关键。经统计，211 个指导性案例共 959 个关键词，每篇有 3～7 个关键词。其中，有 3 个关键词的案例有 22 个，有 4 个关键词的案例为 83 个，有 5 个关键词的案例为 77 个，有 6 个关键词的案例为 27 个，有 7 个关键词的案例为 2 个。出现频率最高的 3 个关键词分别为"民事""刑事""行政"，分别出现 121 次、34 次、24 次，高频关键词统计情况详见表 2。这主要是因为民事指导性案例多于刑事、行政类案例。

表 2　指导性案例高频关键词统计

出现次数/次	关键词数量/个	具体关键词
121	1	民事
34	1	刑事
24	1	行政
10	2	民事诉讼、执行
9	1	执行复议
8	1	行政诉讼
7	2	环境民事公益诉讼、不正当竞争
6	1	第三人撤销之诉
5	7	执行监督、举证责任、原告主体资格、买卖合同、优先受偿权、生态破坏民事公益诉讼、劳动合同
4	5	受案范围、国家赔偿、破坏计算机信息系统罪、金融借款合同、侵犯公民个人信息
3	12	告知义务、连带责任、侵害商标权、微信群、开设赌场罪、侵害发明专利权、侵害植物新品种权、保护范围、案外人执行异议之诉、实质合并破产、刑事附带民事公益诉讼、环境污染民事公益诉讼

虽然 959 个关键词中个案核心法律问题的关键词较多，但是有些关键词没有体现裁判要旨的核心问题，如指导性案例 24 号的关键词为"民事、交通事故、过错责任"，而该案的核心在于受害人的特殊体质对损害赔偿责任的影响，"特殊体质"却没有被纳入关键词。

又如指导性案例 23 号，该案关键词为"民事、买卖合同、食品安全、十倍赔偿"，该案的重点是关于知假买假如何认定的问题，但是关键词中却没有出现"知假买假"字样。可见，指导性案例的关键词多为宽泛的法律概念用词，争议焦点概括少。

（二）裁判要点多为实体指引，程序指引较少

指导性案例的裁判要点从指引类型划分，分为实体指引和程序指引。211个指导性案例中裁判要点针对实体法的理解与适用问题的为 182 个①，占比86%。裁判要点涉及程序法内容的有 29 个，占比 14%。其中，裁判要点涉及民事诉讼程序问题的共 24 个，涉及行政诉讼程序问题的为 4 个，涉及刑事诉讼程序问题的为 1 个。每年公布的指导性案例中，裁判要点涉及实体法内容的数量均远高于程序法，涉及程序法内容的裁判要点数量不仅少且增长速度缓慢。

（三）文书类型较丰富，以判决书为主

已发布的 211 个指导性案例中，生效裁判文书类型包括判决书、裁定书、决定书和复函等。其中，生效裁判文书是判决书的有 149 个，占比 70.6%；裁定书 56 个，占比 26.5%；决定书 5 个，占比 2.4%；复函仅有 1 个，占比0.5%（详见图 4）。

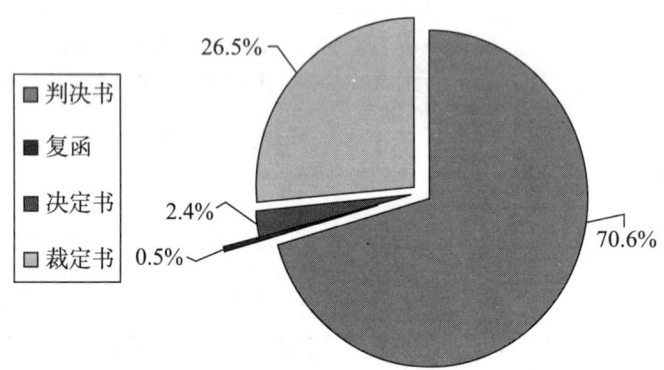

图 4　指导性案例生效裁判文书类型情况

---

① 本书对于实体和程序的划分，是按照指导性案例的关键词进行划分的，关键词中显示民事诉讼、刑事诉讼、行政诉讼则归类于程序类，如禁止令、死刑复核、国家赔偿、强制医疗、仲裁类案件本书全部计入实体类。但是执行复议、执行监督等执行类案件归类于程序类中。

第二节　指导性案例的应用现状

指导性案例的司法适用情况主要是指在裁判文书中被援引的情况，援引类型可分为确定性援引和不确定性援引[①]，本文仅针对确定性援引的裁判文书进行分析研究。根据法官援引方式不同，确定性援引又可分为法官明示援引[②]（包括主动援引和被动援引）、隐性援引[③]和评析援引[④]三类。[⑤] 课题组以中国裁判文书网和北大法宝为数据库进行研究，以求尽可能全面、客观地反映指导性案例的司法适用现状。[⑥]

一、应用数据微量化

（一）援引指导性案例的裁判文书总量少

以 2011 年 12 月 20 日第一次公布指导性案例为起点，截至 2022 年 12 月 31 日，中国裁判文书网裁判时间在此区间的各类文书共 138 371 398 篇，单判决书就有 45 804 433 篇。再以"指导性案例"为关键词进行检索，

---

　　① 确定性援引，是指根据裁判文书内容（包括评析）的表述，能够直接确定其援引了几号或某批次指导性案例；不确定性援引，是指根据裁判文书内容（包括评析）的表述，不能确定其是否援引了指导性案例。

　　② 法官明示援引，是指法官作出裁判时明确援引了指导性案例进行说理。主要包括法官主动援引和被动援引两种情形，前者是指法官主动援引指导性案例进行说理；后者是指法官被动援引指导性案例进行说理，即检察人员建议或诉讼参与人请求参照指导性案例时，法官在裁判理由中对此作出了回应。

　　③ 法官隐性援引，是指在审判过程中，检察人员建议或诉讼参与人请求法官参照指导性案例进行裁判，法官对此在裁判理由部分未明确作出回应，但是其裁判结果与指导性案例的精神是一致的情况。

　　④ 法官评析援引，是指裁判文书正文中并未提及指导性案例，但是该案例后所附的专家点评、评析、补评及典型意义等中提到指导性案例的情况。

　　⑤ 张骐：《再论类似案件的判断与指导性案例的使用》，载《法制与社会发展》2015 年第 5 期。

　　⑥ 2022 年 3 月 9 日，课题组前往北大法宝就指导性案例司法适用情况进行交流。本章第二节指导性案例的司法适用情况的数据，主要参照北大法宝研究团队撰写的《最高人民法院指导性案例 2022 年度司法应用报告》。

检索出文书 11 255 篇，以"指导案例"为关键词进行检索，检索出文书 14 421 篇，以"指导性案例 + 指导案例"2 个关键词进行检索，检索出文书 1901 篇①。

虽然有些援引指导性案例裁判的案件可能没有上网，但是根据最高人民法院公布的裁判文书上网率看，未上网的文书较少，对最后的统计结果不会产生太大的实质影响。经梳理文书发现，部分裁判文书中存在当事人将参考性案例等非指导性案例混淆为指导性案例使用的情况，暂且先不剔除样本中混淆指导性案例与其他案例的情形，单从数据结果即可得出确定性援引指导性案例的文书较少，呈现总体适用"微量化"现象。课题组从中国裁判文书网及北大法宝数据库中甄别、筛选出 2022 年共 10 343 个确定性援引指导性案例的裁判文书，文书数量较 2021 年的 9023 个，新增 1320 个，增量下降近 400 个。②

（二）法官明示援引指导性案例的文书数量少

截至 2022 年 12 月 31 日，10 343 个确定性援引指导性案例的裁判文书中，法官明示援引指导性案例的文书为 4440 个，占比 42.92%；隐性援引的文书为 5860 个，占比 56.66%；评析援引的文书为 43 个，占比 0.41%。法官明示援引中，法官主动援引为 2990 个，占比 28.90%。法官被动援引为 1450 个，占比 14.02%。③ 可见，法官明示援引指导性案例的文书整体数量少（详见图 5）。

---

① 经查询中国裁判文书网样本案例发现，对于指导性案例的表述，有的表述为"第×号指导性案例"，有的表述为"指导案例×号"，所以本文分别使用"指导性案例"和"指导案例"分别进行搜索以求数据更加真实。但是，有些样本中"指导性案例"和"指导案例"字样交替出现，所以为避免重复计算，又以"指导性案例 + 指导案例"两个关键词进行检索，从而剔除重复样本。

② 参见郭叶、孙妹：《最高人民法院指导性案例 2022 年度司法应用报告》，载《中国应用法学》2023 年第 4 期。

③ 参见郭叶、孙妹：《最高人民法院指导性案例 2022 年度司法应用报告》，载《中国应用法学》2023 年第 4 期。

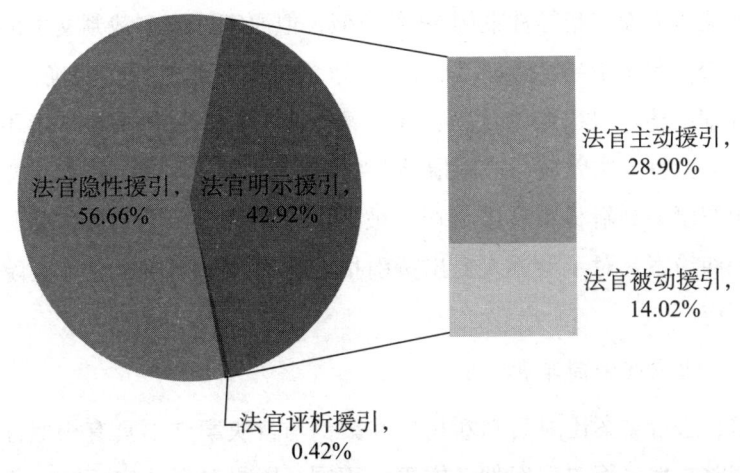

图 5　指导性案例应用援引方式

二、援引方式欠规范

（一）援引方式不统一

指导性案例在司法适用中存在多种样态，有的为明示援引，有的为隐性援引。当公诉人、当事人、辩护人或诉讼代理人要求援引指导性案例以支持自己的诉讼请求时，有的文书给予明确回应，有的文书则不予回应。法官明示援引的 4440 个文书中，予以参照适用的有 3216 个，未参照适用①的有 1222个，未说明②是否参照适用的有 2 个。法官主动援引的 2990 个文书中，予以参照适用的有 2718 个，未参照适用的有 270 个。法官被动援引的 1450 个文书中，予以参照适用的有 498 个，未参照适用的有 953 个。③ 如上诉人吴某因诉盐城市某人民政府不予受理行政复议申请决定案，上诉人吴某因称，该案案

---

① 未参照适用，是指法官未参照适用明示援引（含主动援引和被动援引）的指导性案例，主要原因是指导性案例的裁判要点或案情不适用于应用案件，法官就此进行了特别说明。

② 未说明，是指原审法官在审理该案件时援引了某一指导性案例，但是二审/再审法官在终审判决中并未对此进行回应和说明。

③ 参见郭叶、孙妹：《最高人民法院指导性案例 2022 年度司法应用报告》，载《中国应用学》2023 年第 4 期。

情与法律适用方面与指导性案例 69 号类似，但原审法院在裁判文书的说理中未回应是否参照了指导性案例 69 号。二审判决中对此进行了明确回应①，并进行了详细论述，得出结论认为：在审案件与指导性案例明显情形不同，不属于类案，上诉人主张应当适用指导性案例 69 号作出判决，不能成立。又如上诉人山东康某利新材料有限公司与被上诉人杨某苹、原审被告吴某如、柏某红合同纠纷案，对于上诉人提出援引指导性案例的请求，二审法院没有予以明确回应。

（二）回应理由简单化

法官在进行类案比对后判断指导性案例与待决案件不具有相似性，决定不予适用时，大多简单以案件基本事实不同、因果关系认定不同、争议焦点不同等理由予以否定援引适用。

三、援引案例集中化

（一）援引案例集中在少数案例

经统计，211 个指导性案例中有 158 个案例被应用于司法实践，其中有 11 个指导性案例累计应用在 200 次以上，应用次数多的指导性案例 24 号、15 号和 72 号累计应用超过千次。指导性案例累计应用在 600～1000 次的有 1 号、23 号、13 号等。

指导性案例 24 号累计应用 2278 次，应用次数最多，较 2022 年新增超百次；指导性案例 15 号累计应用 1498 次，指导性案例 72 号累计应用 1043 次。从裁判要点的类型看，应用相对集中的指导性案例的裁判要点多为补充法律型、扩展法律型（详见表3）。

---

① 明确回应内容：指导性案例 69 号指出，当事人认为行政机关作出的程序性行政行为侵犯其人身权、财产权等合法权益，对其权利义务产生明显的实际影响，且无法通过提起针对相关的实体性行政行为的诉讼获得救济，而对该程序性行政行为提起行政诉讼的，人民法院应当依法受理。本案中，上诉人针对一项并不对其权利义务产生实际影响的过程性行为申请行政复议，明显与该指导性案例情形不同。上诉人主张应当适用指导性案例 69 号作出判决，不能成立。

表3　被援引较多的指导性案例

指导性案例	类别	裁判要点摘要
24 号	民事	无过错交通事故受害人体质状况对损害后果的影响，不属于可减轻侵权人责任的法定情形
15 号	民事	关联公司人格混同的认定及法律后果
72 号	民事	经协商一致，借款关系转化为商品房买卖合同关系，借款本金及利息转化为已付购房款，不属于民间借贷合同的担保
23 号	民事	购买不符合食品安全标准的食品可获 10 倍赔偿
60 号	行政	食品标签、食品说明书上应标示配料、成分的添加量或含量，未标示的，应受到行政处罚
54 号	民事、执行异议之诉	当事人依约为出质的金钱开立保证金专门账户，且质权人取得对该专门账户的占有控制权，符合金钱特定化和移交占有的要求，即使该账户内资金余额发生浮动，也不影响该金钱质权的设立
57 号	民事	在有数份最高额担保合同情形下，债务发生在最高额担保合同约定的决算期内，债权人未明示放弃担保权利，未列明的最高额担保合同的担保人也应当在最高债权限额内承担担保责任
9 号	民事	公司被吊销营业执照后股东应履行的清算义务
156 号	民事、执行异议之诉	案外人对登记在被执行的房地产开发企业名下的商品房请求排除强制执行的，可以选择适用《最高人民法院关于人民法院办理执行异议和复议案件若干问题的规定》第 28 条或第 29 条
17 号	民事	汽车销售中的销售欺诈及其赔偿

（二）被援引案例多为民事类

被应用于司法实践的 158 例指导性案例中，从应用情况看，民事类、行政类指导性案例分别有 67% 和 70% 被应用，其中援引民事类指导性案例进行裁判的案件有 7939 个，占比 76.8%。被援引 200 次以上的指导性案例，除 60 号为行政案件、54 号和 156 号为执行异议案件外，其他 7 个指导性案例均为民事类指导性案例。引用指导性案例的案件中，机动车交通事故责任纠纷案件为 1856 件、买卖合同纠纷案件为 1364 件，已分别超过千件。而援引行政类指导性案例进行裁判的案件为 148 件，援引知识产权类指导性案例进行裁判的案件为 265 件，援引刑事类指导性案例进行裁判的案件为 179 件。

（三）被援引案例多涉及实体问题

法官明示援引较多的为涉及实体问题的指导性案例，涉及程序类问题指导性案例少，被援引的次数更少。目前，检索到援引涉及程序性问题的指导性案例的案件只有 13 件，其他均为引用涉及实体性问题指导性案例的案件。当然，涉及程序性问题的指导性案例之所以在裁判文书中援引少，可能是因为涉及程序性问题的部分裁判文书因不是终局性文书而未上网，也可能是因为程序性问题较少在生效裁判文书中单独体现，导致涉及程序性问题的指导性案例多以隐形援引的方式在司法实践中被应用。

（四）援引主体集中为上诉人和法官

指导性案例的应用主体非常广泛，具体包括上诉人、法官、原告、被上诉人、被告、再审申请人等 21 种，其中援引 500 次以上的主体有上诉人、法官、原告、被上诉人、被告、再审申请人等。据统计，2022 年指导性案例的应用主体主要集中在上诉人（3109 次）和法官（3033 次），分别占比 30% 和 29%，较 2021 年分别增加 325 次、514 次。

2022 年全年，原告应用指导性案例 1638 次，较 2021 年增加 139 次，占比与 2021 年持平。被上诉人、被告、再审申请人援引指导性案例的较 2021 年分别新增 95 次、114 次和 80 次（详见图 6）。

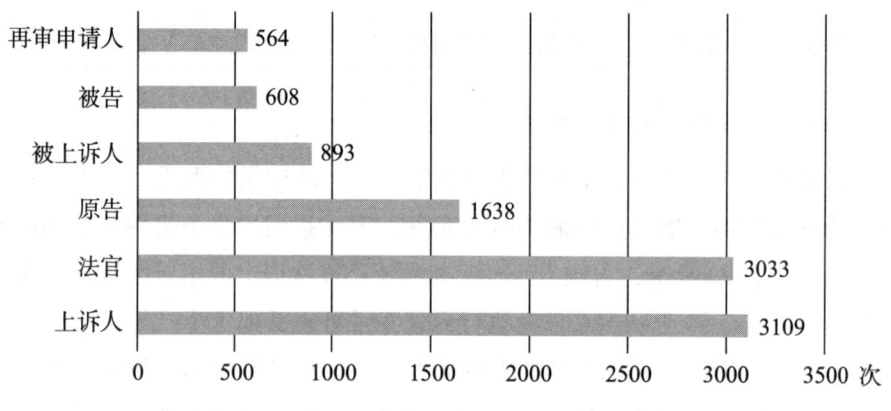

图6　2022 年不同主体应用指导性案例的次数情况

四、应用分布差异化

(一) 适用地区分布有差异

援引指导性案例较多的主要是浙江、广东、山东等地，与指导性案例来源地相比，总体来说，产生指导性案例多的地方适用率相对较高。但是也存在指导性案例产生多，但适用率不高的情况，如上海地区，产生指导性案例较多，但在裁判文书中参照适用率却不高，呈现"倒挂现象"。适用指导性案例较多的省域内各地市间也存在较大差异，有的法院适用率较高，有的法院则从未适用过，适用率至今为0。

10 343个援引指导性案例的案件中，应用指导性案例100次以上的省级行政区达到26个，其中24个曾遴选出指导性案例。指导性案例应用次数排名前三位的是广东省1467次、山东省910次、河南省809次，其中广东省遴选了5个指导性案例，河南省遴选了3个指导性案例。应用指导性案例300次以上的省份有福建省367次、河北省346次和湖北省314次，遴选指导性案例分别为1个、2个和1个。辽宁省（512次）和山西省（189次）虽应用指导性案例较多，但尚未产生过指导性案例，而应用指导性案例只有175次的上海市却已产生了22个指导性案例（详见表4）。

表4　指导性案例应用与发布地域差异情况

省级行政区	广东	山东	河南	辽宁	福建	河北	湖北	山西	上海
指导性案例应用数/次	1467	910	809	512	367	346	314	189	175
指导性案例遴选数/个	5	3	3	0	1	2	1	0	22

(二) 应用主体与援引地域有差异

指导性案例应用主体主要为法官和当事人，从梳理的数据来看，因援引的主体不同，适用主体地域分布也不同。2022年全年，法官主动援引指导性案例共3033次，应用指导性案例超20次以上的法院有18家。其中应用较多的前5个法院分别是河南省洛阳市孟津县人民法院、北京市第三中级人民法院、北京市通州区人民法院、福建省福州市中级人民法院和甘肃省庆阳市西峰区人民法院。

应用主体为当事人的审理法院分布情况却与之不同，2022 年全年，当事人援引指导性案例 7285 次，排名前五位的为广东省广州市中级人民法院、广东省东莞市中级人民法院、北京市第一中级人民法院、黑龙江省哈尔滨市中级人民法院和最高人民法院，具体有 28 家法院 2022 年全年当事人援引指导性案例 40 次以上（详见图 7）。①

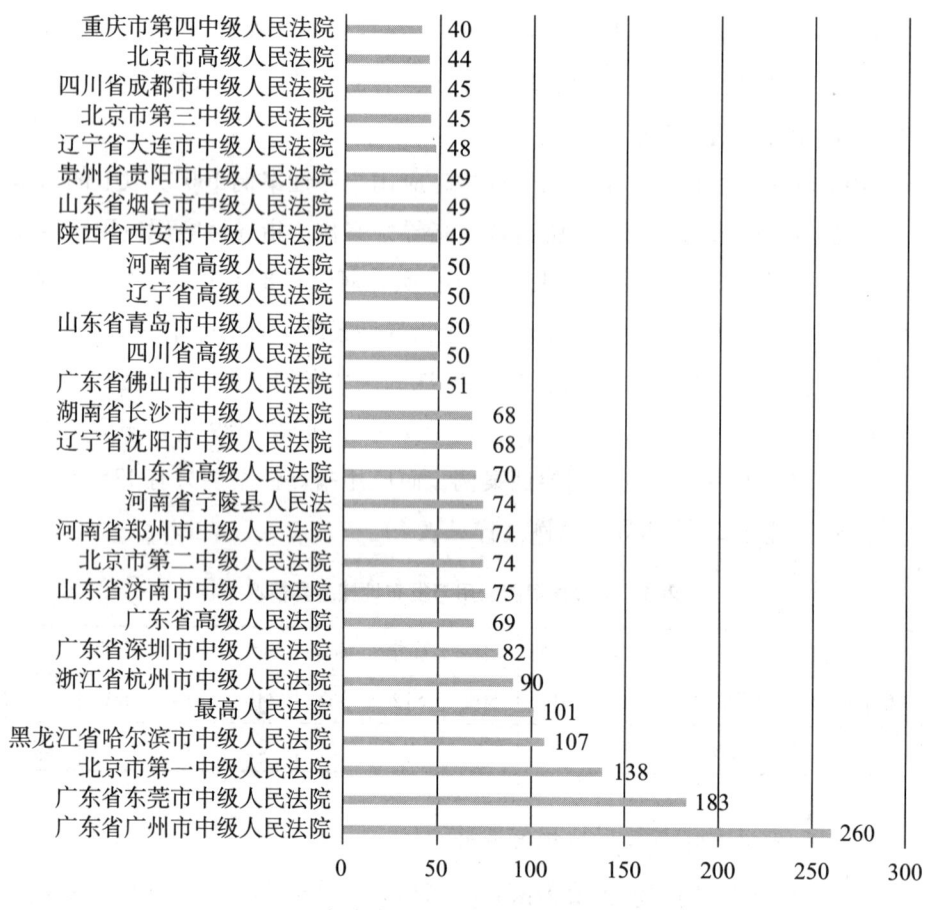

图 7 2022 年当事人援引指导性案例分布法院情况

---

① 参见郭叶、孙妹：《最高人民法院指导性案例 2022 年度司法应用报告》，载《中国应用法学》2023 年第 4 期。

（三）适用法院层级有差异

2022 年全年，从应用指导性案例案件具体审理法院来看，存在较大差异，中级法院审理的案件有 5648 件，占比 54.6%；基层人民法院审理的案件有 3361 件，占比 32.5%；高级人民法院审理的案件有 993 件，占比 9.6%；专门法院审理的案件有 217 件，占比 2.1%；最高人民法院审理案件为 124 件，占比 1.2%（详见图 8）。

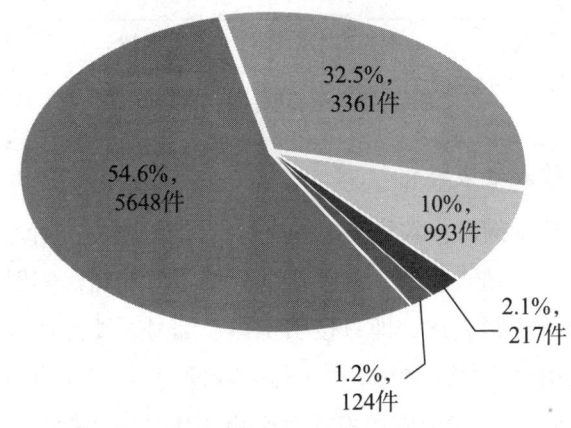

图 8　应用指导性案例的审理法院层级

五、应用形式多样化

（一）援引的内容多样化

指导性案例的援引内容存在多样化趋势，主要包括援引裁判要点、裁判理由和基本案情等。在 2022 年 10 343 个援引指导性案例的案件中，裁判要点被援引 5888 次，裁判理由被援引 2300 次，基本案情被援引 960 次，其他内容被援引 1195 次，主要包括裁判结果、裁判标准、裁判原则、裁判精神等（详见图 9）。

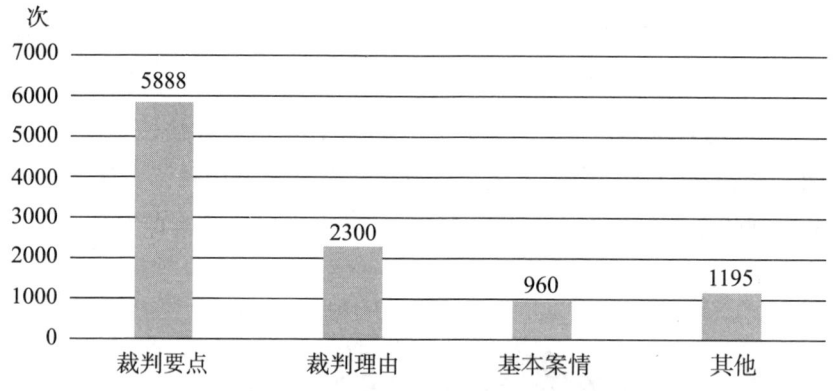

图 9　指导性案例的援引内容

（二）援引的表述多样化

在援引指导性案例时，常见表述主要包括发布主体、时间、批次、编号、指导性案例字号、标题、裁判要点等 7 个要素。但在司法实践中表述方式杂乱多样，有的是单要素表述，即只援引主体、编号、要点或标题；有的为双要素表述，即援引"主体 + 编号""主体 + 标题""主体 + 批次""主体 + 要点""主体 + 日期"。实践中应用模式以引用"主体 + 编号""主体 + 指导性案例""主体 + 编号 + 要点"模式为主。

（三）案例跨类型适用趋势明显

经统计发现，有的指导性案例被应用于不同案由的案件，如指导性案例50 号、65 号、68 号、73 号、95 号、96 号，被应用于不同案由的指导性案例。虽然案由不同，但是案件关键案情或者争议焦点存在着相似性。如指导性案例65 号为业主共有权纠纷类案件，被法官应用于股权转让纠纷和其他劳动争议、人事争议案件中，虽然二者案情不同，但是争议焦点均涉及诉讼时效的认定。又如指导性案例96 号为股东资格确认纠纷案件，被当事人应用于股权转让纠纷，二者争议焦点均为"有限责任公司支付合理对价回购股东股权，且通过转让给其他股东等方式进行合理处置"的问题。

总体来看，民事指导性案例跨类型适用呈现的主要特征如下：（1）涉及合同、物权、侵权责任等传统民事法律关系的指导性案例跨类型适用十分频繁，所跨越的案件类型也十分丰富，这体现出了不同类型的传统民事类案件在司法实践中相互交融的密切关系；（2）传统的民事类型案件与商事、经济法、劳动法等相邻法律部门类型的案件之间存在频繁互动；（3）大量实体类型的民事指导性案例被高频次地用于以执行为主的民事程序类案件，体现了实体法律适用与程序法律适用之间的衔接关系；（4）部分民事指导性案例跨越一级案件类型被应用于行政诉讼类案件，反映出实践中公法与私法交叉适用现象广泛存在；（5）知识产权类指导性案例因其所调整的法律关系较为专门化，几乎不存在跨类型适用的现象。[1]

行政指导性案例的跨类型适用情况可谓"墙内开花墙外香"，被广泛应用到民事、刑事、国家赔偿等非行政领域的案件中，如指导性案例21号、22号、40号、41号、59号、60号和76号。非行政类应用领域中以民事案件最多，总体占比约61%；其次是国家赔偿（行政赔偿）案件和刑事案件，总体占比合计约0.9%。[2]

而刑事类指导性案例的跨类型适用现象相对较为少见，可能是受到罪刑法定原则的影响，刑法在解释和适用方面比民事法律规范更为严格。虽然刑事类指导性案例的跨类型适用现象较为少见，但也并非完全没有，如指导性案例28号因涉及建设工程领域广泛存在的"包工头拖欠工人工资"等法律问题，因而被民事诉讼中的劳动人事争议纠纷类案件应用。

第三节 指导性案例的认知调查

为深入调研，课题组利用网络平台，面向全国各级法院干警开展了"指导性案例学习与应用情况"的问卷调查。课题组根据应用指导性案例的人员的类型划分，共设计了三种问卷调查。第一类称为"法院卷"，主要针对法院内的法官、法官助理进行问卷调查，已收到全国200余家高、中、基层法院有效问卷1056份。第二类为"法律职业共同体卷"，该类问卷针对检察院、公安、律师、纪检监察、司法局等与法律相关的职业人员，已收到全国各地

---

[1] 孙跃：《指导性案例跨类型适用的限度与进路》，载《交大法学》2020年第1期。

[2] 参见北大法律信息网组织编写：《最高人民法院指导性案例司法应用研究报告（第二版）》，北京大学出版社2019年版，第175页。

各类主体有效问卷 755 份。第三类为"当事人卷"，该类问卷针对上述两类主体之外的其他人员，如机关干部、企事业单位人员、个体工商户、高校师生等各类人员①，已收到各地各类主体有效问卷 469 份。

对 2280 份调查问卷进行统计分析，有助于勾绘出相关应用主体对当前案例指导制度的趋向性认知与愿景，为客观呈现指导性案例工作的运行现状提供数据参考。

一、指导性案例的基本认知

（一）对于指导性案例的了解程度

对于指导性案例的了解程度，作为裁判主体的"法官"中比较了解的占42.61%，非常了解的仅占 10.61%。"法律职业共同体"中非常了解的仅占16.82%，比较了解的占 41.46%，还有 5.83% 的人不了解。"当事人"中不了解的比例达到 18.34%，比较了解的只有 25.37%

（二）关于指导性案例与法律、司法解释的关系

关于案例指导制度的定位，在"您认为指导性案例与法律、司法解释之间应当是什么关系"的调查中，54.16%（当事人卷第 16 题）的"当事人"、75.19%（法官卷第 30 题）的"法官"、72.05%（法律职业共同体卷第 23题）的"法律职业共同体"均明确表示指导性案例是对法律、司法解释的细化或补充，但是有 29.64% 的"当事人"、4.44% 的"法官"、6.75% 的"法律职业共同体"表示不清楚。

（三）关于指导性案例的参照内容

对于指导性案例有指导性或参照价值的内容，司法实践的观点和最高人民法院的规定有不同之处。法官认为指导性案例有指导性的内容为裁判要旨、裁判理由、法律思维的分别占比 87.22%、86.55%、75.66%；认为裁判方法、裁判结果具有指导性的分别占比 56.25%、48.48%；另外 22.25% 的法

---

① 在课题研究期间，课题组依托高、中、基层三级法院诉讼服务窗口，为当事人介绍指导性案例的作用，引导当事人填写问卷，为指导性案例的完善提供宝贵意见。

官认为判决全文都具有指导性。该项调查结果反映，各主体对指导性案例的各方面内容都会参照适用，这无疑对指导性案例的选编工作提出了更高的要求。

（四）关于指导性案例的评估、清理问题

为保证指导性案例的质量，大部分受访者都认为要对指导性案例进行清理与汇编。在"您认为是否有必要建立指导性案例评估机制及退出机制"的调查中，79.17%的"法官"给出肯定回答。对于定期梳理、评估、废止指导性案例，35.61%的法官认为应该由发布机构负责，55.02%的法官认为最高人民法院内部应设立专门负责指导性案例评估、清理的机构，与发布机构分离，还有3.22%的法官选择应由法学研究机构负责清理工作。

二、指导性案例的学习应用

（一）关于指导性案例的学习情况

为进一步探明各类主体学习和了解指导性案例的方式和途径，问卷中针对指导性案例的学习情况进行了多维度调查，主要问题包括"您平时是否会主动去查阅指导性案例""了解指导性案例的途径""您所在的单位是否组织学习过指导性案例"等，调查结果详见图10。

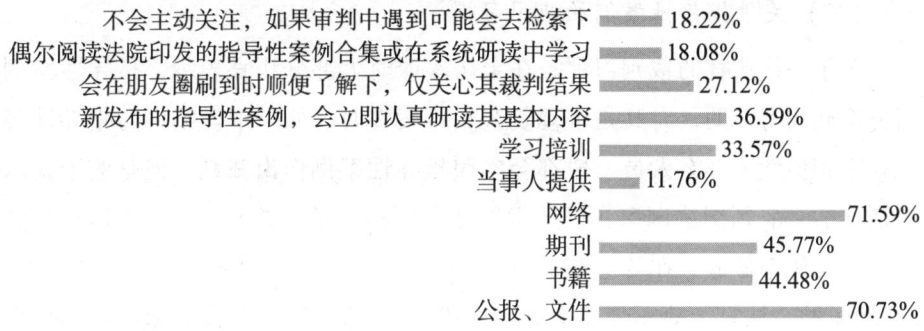

不会主动关注，如果审判中遇到可能会去检索下　18.22%
偶尔阅读法院印发的指导性案例合集或在系统研读中学习　18.08%
会在朋友圈刷到时顺便了解下，仅关心其裁判结果　27.12%
新发布的指导性案例，会立即认真研读其基本内容　36.59%
学习培训　33.57%
当事人提供　11.76%
网络　71.59%
期刊　45.77%
书籍　44.48%
公报、文件　70.73%

图10　法官学习指导性案例的途径

经统计，网络是各类主体学习指导性案例的主要途径，大部分都是在微信"朋友圈"刷到的时候顺便学习下（详见图11、图12）。

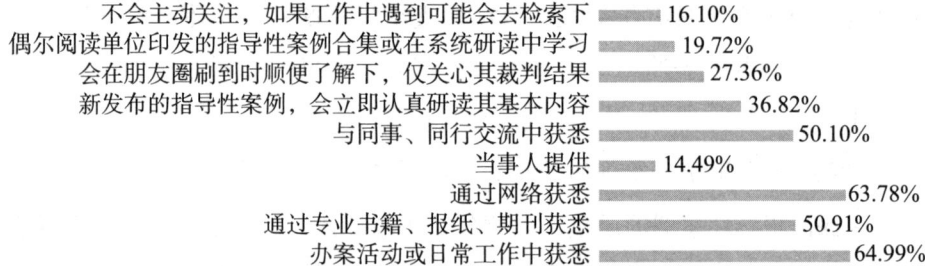

不会主动关注，如果工作中遇到可能会去检索下 16.10%
偶尔阅读单位印发的指导性案例合集或在系统研读中学习 19.72%
会在朋友圈刷到时顺便了解下，仅关心其裁判结果 27.36%
新发布的指导性案例，会立即认真研读其基本内容 36.82%
与同事、同行交流中获悉 50.10%
当事人提供 14.49%
通过网络获悉 63.78%
通过专业书籍、报纸、期刊获悉 50.91%
办案活动或日常工作中获悉 64.99%

图 11 法律职业共同体学习指导性案例的途径

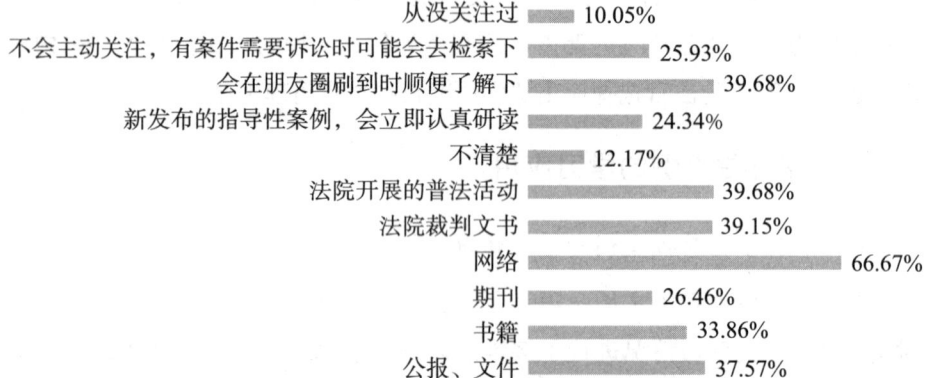

从没关注过 10.05%
不会主动关注，有案件需要诉讼时可能会去检索下 25.93%
会在朋友圈刷到时顺便了解下 39.68%
新发布的指导性案例，会立即认真研读 24.34%
不清楚 12.17%
法院开展的普法活动 39.68%
法院裁判文书 39.15%
网络 66.67%
期刊 26.46%
书籍 33.86%
公报、文件 37.57%

图 12 当事人学习指导性案例的途径

（二）关于指导性案例的应用习惯

关于一线法官的裁判习惯，在走访座谈时大部分法官表示，指导性案例对办案确实有帮助，尤其是审理复杂疑难案件时，如果审理案件与指导性案例存在相似性，办案人员一般都会参照指导性案例作出裁判，但是鉴于我国是成文法并非判例法国家，以及指导性案例的数量、类型等各方面原因，整体参照应用率偏低。在"您在审理案件时是否参照过指导性案例"的调查中，58.52%的"法官"表示偶尔会参照，10.89%的"法官"没有参照过指导性案例；50.33%的"法律职业共同体"偶尔会向法官提出参照指导性案例裁判的诉求，22.91%的"法律职业共同体"没有要求过法官参照指导性案例裁判；55.22%的"当事人"没有向法官提出参照指导性案例裁判的请求，31.34%的"当事人"偶尔提出过参照指导性案例裁判的请求。

（三）关于指导性案例的应用原因

最高人民法院指导性案例自 2011 年首次发布以来，经过十余年的实践，其作用已被法官、法律职业共同体、当事人认可。主要体现在"您认为案例指导制度的作用"问卷中，80% 以上的"法官"认为指导性案例具有总结审判经验、统一法律适用、规范法官自由裁量权及以案说法、引导公众按照案例规则来守法的作用。60% 以上的"法官"认为指导性案例有利于提高审判效率、丰富和发展法学理论。关于"最高人民法院指导性案例与法律、司法解释相比，具有哪些优势"的问题，调查结果显示，73.99% 的"当事人"认为指导性案件具备直观性，让法律具体易懂。该调查结果与"法官"参照适用指导性案例的动因契合，87.31% 的"法官"认为适用指导性案例有利于增强裁判的说理性与正当性（详见图 13）。

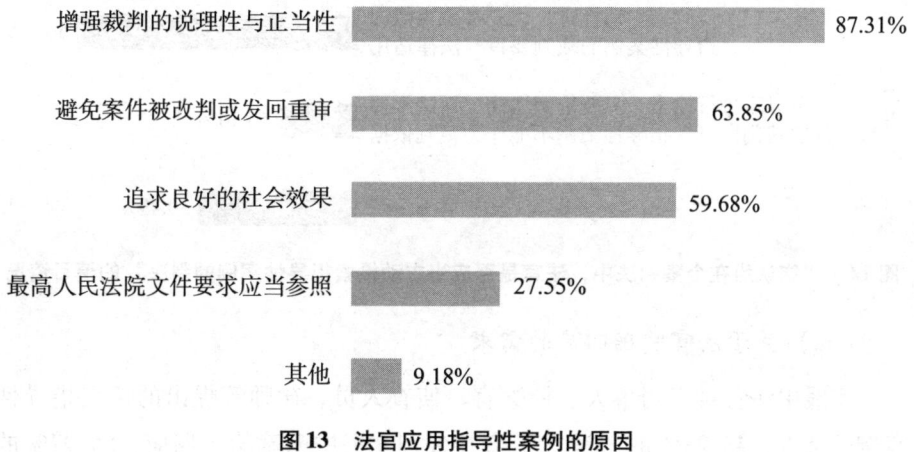

图 13　法官应用指导性案例的原因

（四）关于法官主动应用的期待

《案例指导规定实施细则》第 10 条、第 11 条对指导性案例的适用方式进行了明确规定，要求在裁判文书裁判理由部分引述指导性案例的编号和裁判要点。对于参照适用的方式，"法律职业共同体""当事人"都有自己的期待，50.73% 的"法律职业共同体"、43.92% 的"当事人"希望法官对要求援引的指导性案例作出显性明确回应。同时，"法律职业共同体"和"当事人"期待法官能够主动检索，优先参照类似的指导性案例的裁判要旨与法律适用。

这主要体现在"您认为在个案判决中，法官是否应当主动检索指导性案例的判决"的调查中，53.51%的"法律职业共同体"、54.37%"当事人"均期待法官主动检索，优先参照类似的指导性案例的裁判要旨进行裁判（详见图14）。

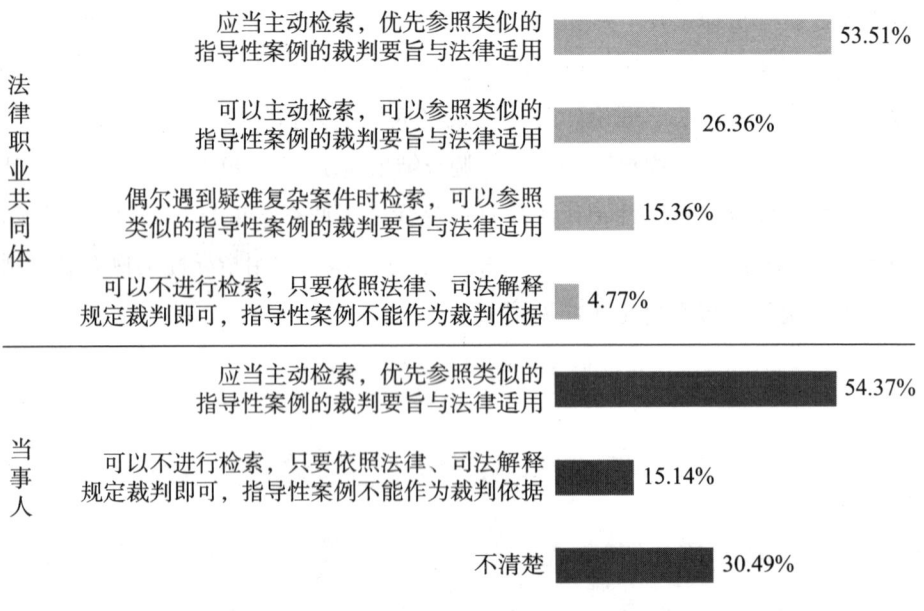

图14 "您认为在个案判决中，法官是否应当主动检索指导性案例的判决"的填写情况

（五）关于法官明确回应的需求

实践中法官对于当事人、检察官、侦查人员、律师等提出的援引指导性案例的请求，43.28%的"法官"会在裁判文书中明确给予回应，55.97%的"法官"不回应（其中23.58%的"法官"以适当方式进行释明，32.39%的"法官"会查阅了解当事人或诉讼代理人提出的案例）。值得注意的是，虽然有超过半数的"法官"选择不回应当事人的援引要求，但是25.85%的"法官"经常向合议庭、审委会介绍类案检索情况，48.39%的"法官"也会偶尔介绍，所以法官对于要求参照适用指导性案例的案例处理比较慎重，会提交合议庭、审委会进行讨论。

在"当事人或诉讼代理人、公诉人、上诉人、申诉人等引用指导性案例支持诉辩意见，您会如何处理"的调查中，23.58%的"法官"选择不回应，以适当方式进行释明；32.39%的"法官"选择不回应，但会查阅了解当事人或诉讼代理人提出的案例；还有0.76%的"法官"选择既不回应，也不查阅案例，告知对本案不具有约束力；只有43.28%的"法官"表示会在裁判文书中明确给予回应。这与前文基于裁判文书的实证分析结果能够相互印证，即司法实践中隐形援引多、显性援引少。

三、指导性案例的现实问题

（一）指导性案例应用少

各类主体参照指导性案例的积极性和频率不高，这与裁判文书所反映的情况基本一致。究其原因，针对"指导性案例参照率偏低的原因"进行问卷调查，在众多原因中，"法官"和"法律职业共同体"选择最多的都是"案例覆盖面不广"一项。经统计，"法官"认为适用率低的原因主要有案例覆盖面不广（66.29%）、案例数量偏少（50.95%）、指导性案例效力不明确（50.28%）、指导性案例适用难（38.35%）、指导性案例"指导性"欠缺（35.61%）、增加工作量（15.91%）、缺乏激励和制约机制（15.63%）。所以，在"您在审理案件时是否参照过指导性案例"的调查中，58.52%的"法官"偶尔适用过指导性案例，10.89%的受调查"法官"没有参照过指导性案例。

而对于指导性案例应用率低的原因，"法律职业共同体"的意见与"法官"略有不同，经统计，选择率从高到低分别为案例覆盖面不广（58.41%）、类案比对难（49.4%）、类案检索难（47.55%）、案例数量偏少（46.23%）、指导性案例效力层级不高（46.23%）、增加工作量（18.54%）。综上，发现"案例覆盖面不广""类案比对难"是前述两类主体选择最多的两个原因。

针对参照适用指导性案例会"增加工作量"的问题，问卷调查中"您进行类案比对花费的时间"的结果反映出，大部分"法官"（50.38%）、"法律职业共同体"（51.26%）在进行类案比对时需要花费1~3小时，9.85%的"法官"及12.45%的"法律职业共同体"需要3小时以上。经过走访座谈，一线法官、律师、检察官认为类案检索技术不够智能、案例库更新较慢、按照审判领域类型化的工具书少、指导性案例没有适用指引，导致类案检索难、适用难，加之指导性案例的地位不明，导致司法实践中出现不会用、不敢用、不想用的"三不"现象。

（二）法官主动检索意识不强

在"您认为在个案判决中，是否应当主动检索指导性案例的判决"调查中，53.22%的"法官"认为应当主动检索并优先参照；43.66%的"法官"在遇到疑难复杂案件时会检索类案，参照指导性案例类似的裁判要旨；只有3.13%的"法官"认为可以不进行检索，只要依照法律、司法解释规定裁判即可，充分发挥法官的自由裁量权，指导性案例不能作为裁判依据。但是在座谈中，一线法官表示受办案压力大、现有指导性案例数量少、类型不能满足司法需求、裁判要旨过于简单、类案识别难等因素影响，故而不愿主动检索。

（三）类案检索效率较低

由前述调查可知，类案检索效率低是指导性案例参照适用率低的原因之一。现阶段一线法官进行类案检索的工具包括"中国裁判文书网""法信""北大法宝"等平台（详见图15）。

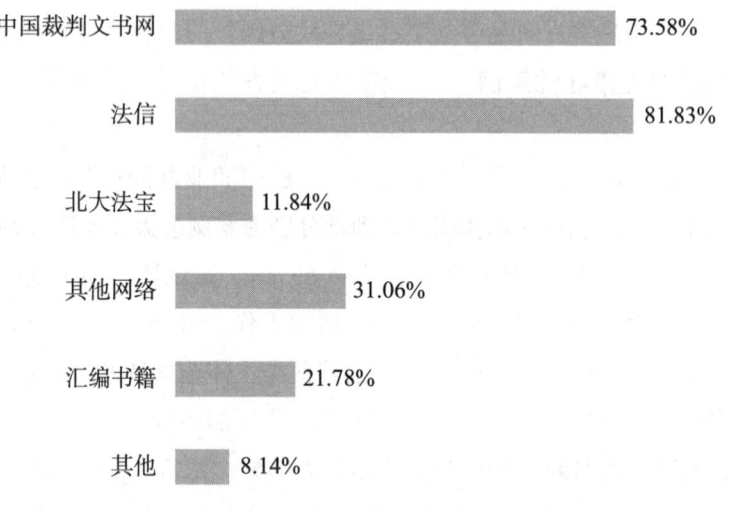

图15　"您进行类案检索的工具"的填写情况

但中国裁判文书网是我国裁判文书的公开平台，并不具有类案识别功能，而法信上关于指导性案例的更新不够及时。在"您觉得类案检索是否便捷"

的调查中，57.95%的"法官"认为一般，11.65%的"法官"认为烦琐，仅27.18%的"法官"认为便捷。

（四）参照适用技术欠缺

参照适用技术的高低是指导性案例能否被成功应用的关键，一线法官普遍认为，指导性案例裁判要旨比较精练，没有附裁判文书原文，且当前类案识别技术匮乏，相似性判断标准亦不明确，导致类案判断难，直接影响法官参照适用指导性案例的积极性。在指导性案例参照适用率偏低的原因调研中，38.35%的"法官"认为指导性案例适用难是阻碍其参照的原因。无独有偶，49.4%的"法律职业共同体"也认为指导性案例参照适用率低的缘由为类案比对难，参照适用的技术欠缺。

类案相似性判断的标准是参照适用指导性案例的难点问题，理论界众说纷纭，司法实践中对此也争议较大。关于类案的判断标准，56.38%的"法官"、51.11%的"法律职业共同体"都认为应采用"案情相似＋争议焦点相似＋法律适用相似"的标准；其次占比较多的是"案情相似＋争议焦点相似"的标准（详见图16）。

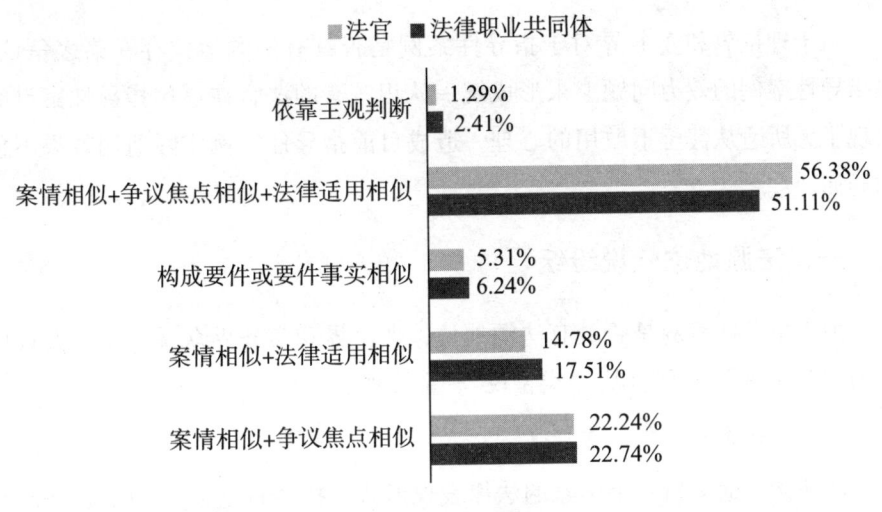

图16 类案相似性判断标准

第三章 困境探寻：指导性案例应用障碍

如前所述，案例指导制度已运行了十余年，虽呈现向好的态势，但目前的运行现状仍不容乐观，案例指导制度"统一法律适用"的效果在司法实践中并未得到很好地体现。通过对调查问卷的数据梳理，结合调研座谈的情况，课题组发现法官、当事人、律师等在指导性案例的适用过程中面临诸多困惑，认为指导性案例存在效力不明、供需失衡、检索不便以及适用技术匮乏等问题。

第一节 指导性案例效力存疑

由于理论界和实务界对于指导性案例是否具有法源地位存在诸多争议，在指导性案例的效力问题上未形成统一认识，有的法官在适用指导性案例时出现了无所适从甚至不敢用的心理，造成目前指导性案例实际适用效果不佳的局面。

一、法源地位众说纷纭

关于指导性案例是否具有法源地位，理论界和实务界众说纷纭，大致可分为"肯定说""否定说""类型说"，主要观点如下。

（一）法源地位肯定说

法律渊源通常指一个国家的法律表现形式。持"肯定说"的学者普遍认为，法官参照指导性案例进行裁判的过程其实就是从作为法源的指导性案例中寻找和构建裁判规则的过程，指导性案例当然可以被视为中国的法源类型之一。如有的学者从"法源双层构造论"出发，从"法源性质""法源分量"

等角度对指导性案例的法源地位进行细致论证，将法源的权威性区分为规范权威与事实权威，具备规范权威的法源主要为制定法，具备事实权威的法源主要为司法先例，并得出了指导性案例效力低于制定法、司法解释等法源类型但高于普通案例，具备"准法源"地位，其实质上是一种"具有附属制度性权威和弱规范拘束力的裁判依据"①。还有学者认为指导性案例因具有效力上的说服性和参考性、功能上的从属性、效力位阶上的次级性和产生方法的有限性等特点，因而是一种辅助性的"非正式法律渊源"。② 另有学者认为"类案同判"是司法的构成性特征，其为指导性案例的法源地位提供了正当性基础，发展指导性案例有利于完善我国案例指导制度，要改变我国类案同判的"命令"模式，必须确定指导性案例的法源地位，丰富我国法源的类型和层次。③ 除此之外，有学者在此基础上进一步详细论证了指导性案例作为法源的理由以及指导性案例的法源特征、效力来源与程度等具体问题。如梁慧星教授在论及我国原《民法总则》（现《民法典》总则编）中的民事法律渊源问题时指出，我国实践中的民法法源除法律、习惯外，还应当包括司法解释和指导性案例。④

但我国毕竟是一个以成文法为主要法源的国家，因此持肯定说的学者也普遍认为，指导性案例只能是一种效力地位明显低于制定法的法源类型，只能是一种具有弱拘束力的法源。另外，鉴于指导性案例相对于抽象的法律、司法解释而言，具有多种明显的比较优势，应当逐步提高指导性案例的法源地位，越来越多地发挥其对司法解释的部分替代作用。

（二）法源地位否定说

"否定说"则主要通过提供若干理由否认指导性案例的法源地位。此种学说认为，我国是成文法国家，案例效力应仅限于个案，不应对其他案例产生效力。该类观点主要形成于指导性案例指导制度构建之前或初期，部分学者

---

① 雷磊：《指导性案例法源地位再反思》，载《中国法学》2015 年第 1 期。
② 张骐：《论指导性案例的"指导性"》，载《法制与社会发展》2007 年第 6 期。
③ 泮伟江：《论指导性案例的效力》，载《清华法学》2016 年第 1 期。
④ 梁慧星：《民法总则重要条文的理解与适用》，载《四川大学学报（哲学社会科学版）》2017 年第 4 期。

对指导性案例制度持相对保守的态度。

刘作翔教授是持否定说的代表性研究者,他早在案例指导制度的酝酿阶段就已经开始研究,在案例指导制度正式确立后,他明确指出:在我国现有的宪法和法律(主要是《立法法》)所确定的体制下,承认指导性案例的法源地位等于增设了一种没有宪法和法律依据的法律形式,因而指导性案例不是当代中国的法源。[①] 另有学者认为,我国的指导性案例既不同于英美法中的判例,也不同于大陆法中的判例,指导性案例不具备抽象司法解释那样的普遍约束力,因而不是法律渊源。[②] 指导性案例具有法院内部的拘束力,这种拘束力并不源于案例所产生的法律效力,而源于上下级法院之间的指导关系。[③] 除此之外,还有学者认为这种拘束力并非司法监督的事实约束力,而是具有行政命令性质的行政拘束力,指导性案例是上级法院对下级法院发布的案例形式的"行政命令"。[④] 有学者进一步指出所谓的"案例指导",不过是以特定事实为依据作出的终局裁判,对同一区域内相同或相似的其他案件发生说服效力,而非拘束效力。其给出的理由是,如果示范案例对后案具有约束力,一旦该案例为错案,可能引发批量错案。[⑤] 刑法学专家周光权教授则从刑事领域进行了分析,其认为将刑事指导性案例赋予刑事法源地位会有违罪刑法定原则,刑事领域的法源只能是立法机关通过特定程序制定的成文法,但同时他也认为应当"审慎推行指导性案例"[⑥]。

这些观点代表一部分学者对指导性案例的认识,表现出学者对这一制度定位所采取的较为谨慎的态度。虽然持否定说的学者否定了指导性案例的法源地位,但均没有明确指导性案例的性质与地位,且承认其相对于抽象司法

---

① 刘作翔:《案例指导制度的定位及相关问题》,载《苏州大学学报(哲学社会科学版)》2011年第4期。

② 王利明:《我国案例指导制度若干问题研究》,载《法学》2012年第1期。

③ 夏锦文、莫良元:《社会转型中案例指导制度的性质定位与价值维度》,载《法学》2009年第11期。

④ 孙国祥:《从柔性参考到刚性参照的嬗变——以"两高"指导性案例拘束力的规定为视角》,载《南京大学学报(哲学·人文科学·社会科学版)》2012年第3期。

⑤ 傅郁林:《建立判例制度的两个基础性问题——以民事司法的技术为视角》,载《华东政法大学学报》2009年第1期。

⑥ 周光权:《刑事案例指导制度:难题与前景》,载《中外法学》2013年第3期。

解释的比较优势、未来强势发展的可能性以及部分替代司法解释的可行性，这与肯定说观念有异曲同工之妙。

（三）法源地位类型说

此种学说认为不应该对指导性案例的效力作单一维度的解读和同质化处理，而应该在类型区分的基础上进行多维度的解读。如有的学者认为可以将指导性案例分为造法型、释法型、宣法型三类，并在效力、援引方式等方面进行区别处理：造法型指导性案例具有准法源的效力，对法官具有强制拘束力；释法型指导性案例只具有参照适用的效力，不能成为后案法官裁判案件的直接依据；宣法型指导性案例没有适用的效力，只具有法治宣传的作用。① 亦有学者认为，法条重述型的指导性案例仅具有辅助说理的参考力；释法型指导性案例具有事实上的拘束力；造法型指导性案例具有了一定程度的规范拘束力。② 还有学者将指导性案例划分为具有公法性质和私法性质的指导性案例，分析它们反映出来的法理念以及法解释学方法等方面的差异，在此基础上，进一步以法与法律区分的自然法思想对公法性指导性案例与私法性指导性案例发现的法规则在法源领域的意义展开探讨，认为公法性指导性案例发现的法规则不具有法源意义，在公法适用领域，法与法律同义；私法性指导性案例发现的法规则可以区分为两类，其中补漏性法规则具有私法法源意义，可以通过立法论的方式将其确立为我国民法法源之一。③

二、拘束力问题争议不断

对于指导性案例的拘束力问题，存在事实上的拘束力、法律上的拘束力、类似于司法解释的效力、行政上的拘束力、折中的拘束力以及弱的规范拘束力等多种观点。

---

① 资琳：《指导性案例同质化处理的困境及突破》，载《法学》2017 年第 1 期。
② 瞿灵敏：《指导性案例类型化基础上的"参照"解读——以最高人民法院指导性案例为分析对象》，载《交大法学》2015 年第 3 期。
③ 参见李学成：《公、私法性指导性案例的区分及其法源思考》，载《河北法学》2015 年第 1 期。

（一）事实上的拘束力

事实上的拘束力是目前的主流观点，该观点认为，指导性案例因不具有立法基础，因此在司法适用中不具有正式的法律效力，但法官面对类似案件时，由于司法系统内部的监督关系，仍然会适用指导性案例。这种适用的限制并非由于指导性案例自身的拘束力，而是由于审级制度的约束。可见事实上的拘束力理论源于两个问题，一是指导性案例不具有法源地位，没有法律的明确授权，不能认定其具备法律上的拘束力；二是指导性案例的相关规定用语系"参照"，具有规范的随意性，没有强制力，但同时要求法官在裁判理由中体现是否参照的理由，具有事实上的拘束力。

（二）法律上的拘束力

"法律上的拘束力"一派认为，最高人民法院发布指导性案例其实就是在进行司法解释，属于法律解释的范围，从这一性质上来看，指导性案例具有法律约束力。如有的学者从指导性案例的性质、目的、制定和发布程序、效力来源等方面，将指导性案例与司法解释进行对比，认为其与司法解释具有一致性，因司法解释具有法律约束力，所以指导性案例与司法解释一样，都具有法律约束力，但该效力低于制定法。具体而言：一是指导性案例与司法解释都是经过最高人民法院审判委员会讨论通过并统一发布的；二是指导性案例和司法解释都是法院针对具体问题作出，旨在指导下级法院裁判的；三是指导性案例和司法解释都是下级法院在审判时应当遵守的。[①] 胡云腾大法官在《打造指导性案例的参照系》一文中就指出："既然指导性案例是最高人民法院审判委员会讨论确定的，裁判要点是最高人民法院审判委员会总结出来的审判经验，因此，可以视为与司法解释具有相似的效力，要通过司法解释明确规定：指导性案例的裁判要点像司法解释一样可以在裁判文书中引用，引用的顺序可以放在引用法律、行政法规和司法解释之后。"[②]

关于指导性案例与司法解释的关系，存在取代司法解释说和补充司法解

[①] 周伟：《通过案例解释法律：最高人民法院案例指导制度的发展》，载《当代法学》2009 年第 2 期。

[②] 胡云腾：《打造指导性案例的参照系》，载《法律适用》2018 年第 14 期。

释说两种观点。① 取代解释说认为，司法解释的立法化倾向使其具有成文法的局限性。要破除成文法带来的效率低、立法滞后性等问题，需要借助案例的形式改革司法解释的存在形式。以指导性案例解释法律，取代成文法形式的司法解释，能提升法律适用的效率，破除"解释—不足—再解释—再不足"的司法解释怪圈。② 补充司法解释说则认为，指导性案例在制度、规则和法律方法上存在互动关系，相辅相成，应该注重二者之间的衔接关系，不应该有所偏废。③

（三）行政上的拘束力与折中的拘束力

"行政上的拘束力说"从"参照"一词进行分析得来，持这种观点的主要为孙国祥教授，其认为中国指导性案例的拘束力，既不同于英美法中判例的法源性效力，也不同于大陆法系中判例的事实上的拘束力，而是定位于"参照"性的行政约束，"参照"实际上是指上级机关对下级机关的"照此办理、照此执行"要求，具有行政命令的性质，形成一种行政约束。④ 因此，下级法院要依照最高人民法院的文件要求，适用指导性案例中的裁判规则，实现类案同判的目标价值。

类似的观点还有"折中的拘束力说"，该说认为指导性案例的法律效力来源于司法解释的授权，即指导性案例的"应当参照"系规定在最高人民法院的规范性文件中，具有完整的权威性，其具备拘束力，但又没有完全具有拘束力，因此表述为"折中的拘束力"。

（四）弱的拘束力

"弱的规范拘束力说"认为指导性案例是一种制度性权威，具有规范拘束力，但这种拘束力又是"弱"的，其效力低于法律和司法解释。⑤ 主要是因

---

① 袁宏英：《论指导性案例的效力》，载《上海法学研究》（总第 26 卷），第 185～190 页。
② 邵六益：《从效力到效率：案例指导制度研究进路反思》，载《东方法学》2015 年第 5 期。
③ 姜远亮：《指导性案例与司法解释的关系定位及互动路径——以刑事审判为视角》，载《法律适用》2019 年第 8 期。
④ 孙国祥：《从柔性参考到刚性参照的嬗变——以"两高"指导性案例拘束力的规定为视角》，载《南京大学学报（哲学·人文科学·社会科学）》2012 年第 3 期。
⑤ 雷磊：《指导性案例法源地位再反思》，载《中国法学》2015 年第 1 期。

为司法裁判可以背离指导性案例，如当相关立法与司法解释发生变更，致使指导性案例与变更后的制定法或司法解释相冲突时，法官同样可以不予适用，这时指导性案例就丧失了拘束力，或者受到各种复杂因素的影响，法官有充分理由并能进行充分的论证，也可不参照适用指导性案例。还有学者进一步研究了指导性案例在法官进行法律适用时所处的大致顺位，以及指导性案例与其他法源规范发生冲突时的解决规则，认为指导性案例在司法中应当劣后于法律、行政法规、司法解释而优先于其他所有法源适用。当指导性案例与法律、司法解释发生冲突时，指导性案例将失去指导作用与拘束力；当指导性案例与规章发生冲突时，一般应当适用指导性案例的裁判规则；当指导性案例与司法解释性质的文件发生冲突时，应当由最高人民法院裁决；当指导性案例与各类或然法源发生冲突时，除非能给出更强论证理由，否则均应当优先适用指导性案例。

三、"应当参照"含义不明

由于案例指导制度的相关司法文件并未明确规定指导性案例的效力，仅规定各级人民法院正在审理的案件，在基本案情和法律适用方面，与最高人民法院发布的指导性案例相类似的，应当参照相关指导性案例的裁判要点作出裁判，导致司法实践中对"应当参照"的含义莫衷一是。

（一）案例效力用语的演变

纵观指导性案例制度发展的全过程，相关司法文件对于指导性案例的效力用语经历了微妙的变化。其实，在指导性案例出现之前，最高人民法院就借助典型案例的发布来对下进行审判指导。但是从典型案例到指导性案例，其效力用语经历了"借鉴—供参照办理—参考—应当参照"的演变过程。1985 年，最高人民法院开始印发《公报》，并刊登一些公报案例，指出这些案例的效力是"可供各级人民法院借鉴"。同年，在其发布的《关于破坏军人婚姻罪的四个案例》中提出各级法院要按照发布的案件"参照办理"破坏军人婚姻案件。其后，最高人民法院在《一五纲要》中规定，"经最高人民法院审判委员会讨论、决定的适用法律问题的典型案件予以公布，供下级法院审判类似案件时参考"。直到 2010 年，最高人民法院发布《案例指导规定》，采用了"应当参照"的表述并沿用至今，极大地提高了指导性案例的效力地位。其实，在起草和制定案例指导制度的司法文件时，对于指导性案例是"应当参照"还是"可以参照"存在分歧。反对者认为，"应当参照"意味着指导性案例成为法官裁判的依据，无法与英美法系判例制度相区别，有照搬判例制度之嫌。支持者认为，"应当参照"赋予指导性案例一定的效力，只有这样才能发挥指导性案例的作用，否则就会出现指导性案例参考的随意性，影响案例指导制度作用的发挥。经过反复斟酌研究，最高人民法院最终决定采用"应当参照"的意见，赋予指导性案例一定的权威性和强制性。[①]

从"借鉴"到"应当参照"的变化可以看出，指导性案例的效力呈现逐渐加强的趋势。因此可以看出，指导性案例在效力上从"柔性"逐渐转变为"刚性"，[②] 并具有事实上的拘束力。这也意味着在相关案件中，当事人援引指导性案例的，法院应当作出回应；法官在审理与指导性案例类似的案件时，对指导性案例负有特定的义务，这种义务包括参照适用义务和论证说理义务。

（二）对"应当参照"理解不一

虽然《案例指导规定》赋予了指导性案例的前所未有的效力，但是目前对于"应当参照"的具体含义，相关司法性文件并没有作出明确具体的规定。从文义理解角度，"应当"包含应该、必须的意思，指向的是义务性规范，在法律文本中，"应当"代表着对司法机关提出的是强制性要求。据统计，截至2018年6月30日，法律条文中使用了"参照"字样的法律有213部，约占全部法律的80%，行政法规有1168部，监察法规有2部，司法解释有1032部，部门规章有18 230部，团体规定有704部，行业规定有1709部，军事法规有108部，"参照"二字已经成为法律、行政法规和司法解释的一个常用语词。[③]"参照"意为参考仿照，指在作出决定或处理事务之前，需要参考、借鉴过往的经验和做法，不具有决定性的支配力量。因此，有学者认为"参照"的含

---

① 胡云腾：《打造指导性案例的参照系》，载《法律适用》2018年第14期。

② 马光泽：《论指导性案例的效力类型——基于对"应当参照"误解的澄清》，载《北京社会科学》2022年第4期。

③ 胡云腾：《关于参照指导性案例的几个问题》，载《人民法院报》2018年8月1日，第5版。

义不具有强制性，意味着下级法院具有选择的可能性。① 还有学者认为参照执行给裁判者留下了较大自由裁量空间，似无必须照办的含义，因此在"参照"之前加上"应当"，感觉上是个矛盾组合。当然，也有反对观点，认为"应当参照"在语义逻辑上并不矛盾，其中，"应当"意味着适用指导性案例对于法官来说是一种强制性义务，"参照"则意味着指导性案例的效力地位低于法律、法规等高位阶法源。

其实，在《案例指导规定》正式公布实施之后，时任最高人民法院研究室主任胡云腾等人就在《〈关于案例指导工作的规定〉的理解与适用》一文中指出：在我国法律体系中，"参照"具有特定的内容，如《行政诉讼法》中的"参照"意指当没有法律规定时可以参照规章进行判决，法官如果认为所参照的规章可以作为裁判依据时，就可以在判决中援引并将其作为判决的依据和理由，而《案例指导规定》中的"参照"意思不同，其拘束力是内在的、事实上的作用，指导性案例不能直接作为裁判依据适用。② 但该文的观点并未平息学理上的争论，司法实践中，法官也有不同的理解。

（三）司法实践做法不一

司法实践中，有的法官高度认可指导性案例的地位，将其作为事实上的裁判依据。此外，有的法官将未参照指导性案件作为裁定重审的事由。例如，在某案中，审理法院认为，对于再审申请人提出本案与最高人民法院颁布的指导性案例案件基本事实、争议焦点及法律适用具有高度相似性，应类案同判的理由，原一审、二审法院未予论述说理，应参照该指导性案例重新予以审理，故裁定指令二审法院再审本案。

与此同时，也有的法官不认可指导性案例的地位，在裁判文书中明确表述我国并非判例法国家，直接否认指导性案例的强制约束力。这些现象虽为少数，但体现出实践中法官对指导性案例适用方式的"背离"现象。③

---

① 谢晖：《"应当参照"否议》，载《现代法学》2014 年第 2 期。
② 胡云腾、罗东川、王艳彬、刘少阳：《〈关于案例指导工作的规定〉的理解与适用》，载《人民司法·应用》2011 年第 3 期。
③ 陆幸福：《论背离指导性案例及其限制》，载《环球法律评论》2022 年第 3 期。

第二节 指导性案例供需失衡

调查问卷与实地调研座谈情况均反映出法院、学者、检察官、律师等，认为现有的指导性案例存在供需失衡、"不够用"的问题，主要表现在以下几方面。

一、指导性案例数量供给不足

指导性案例发布数量不足主要表现在指导性案例的总体数量较少以及条线案例的数量分配失调、发布数量及频次不固定等方面。

（一）案例总体数量少

2011～2022 年，最高人民法院在 11 年间共遴选出 211 个指导性案例，与每年全国审判的案件数相比，显得"杯水车薪"。如 2023 年的《最高人民法院工作报告》显示，2018～2022 年，最高人民法院受理案件 14.9 万件，地方各级人民法院和专门人民法院受理案件 1.47 亿件，而这 5 年最高人民法院发布的指导性案例共 119 件。以 2022 年法院受理案件数为例，最高人民法院于 2022 年受理案件 18 547 件，地方各级人民法院和专门人民法院受理案件数达到 3370.4 万件，总计 3372.3 万件，而反观 2022 年发布的指导性案例，虽然批次和数量均达到历史之最，但案例数量也仅有 33 件。即使部分指导性案例的裁判要点有 2～3 个，也无法应对司法实践中出现的诸多疑难问题。指导性案例发布总量的不足，导致法官在办案过程中想参照适用指导性案例却无法找到匹配的指导性案例予以参照，难以从指导性案例中获得处理案件的规则或者启发，进而影响对指导性案例形成的稳定预期，指导性案例的指导效果显然难以完全发挥。从维持案例指导制度的长久有效运行来说，增加指导性案例的整体数量，已经成为迫切需要完善的工作。

（二）条线案例分配失调

从案件类型来分析，根据最高人民法院工作报告公布的数据，2022 年，全国法院审结民事案件 1842.5 万件、刑事案件 151.4 万件、行政案件 67.45

万件。为进一步分析各条线案件量情况，以江西法院案件量为例，2022 年，全省法院新收各类案件 863 355 件，其中，民事案件为 495 106 件，占 57.35%；刑事案件为 48 586 件，占 5.63%；行政案件为 13 650 件，占 1.58%；执行案件为 279 356 件，占 32.36%；其他案件为 26 657 件，占 3.08%。

在 211 个指导性案例中，民商事类的指导性案例相对较多，其中包括民事类 49 件，商事类 14 件，知识产权类 31 件，海事海商类 8 件，共计 102 件，占比达到 48.34%。其他类型的案件数量较少，如刑事类 32 件，占 15.17%；环境资源类 31 件，占 14.69%；行政类 20 件，占 9.48%；执行类 15 件，占 7.11%；国家赔偿类 5 件，占 2.37%；仲裁类 6 件，占 2.84%。环境资源类指导性案例的数量可与刑事类比肩，且大大超过案件总量比其多许多的行政类、执行类案件。执行类案件是仅次于民事类案件，受理案件数排名第二的案件类型，但其指导性案例仅有 15 个，仅多于国家赔偿类案件。可见，指导性案例数量多的案件类型与全国法院受理案件数量多的案件类型没有明显的相关性，在一定程度上也影响了指导性案例与现实司法需求的契合程度（详见表 5）。

表 5　2011～2022 年已发布指导性案例类型分布

类别	民事	商事	知识产权	海事海商	执行	刑事	行政	国家赔偿	环境资源	仲裁	总数
数量/件	49	14	31	8	15	32	20	5	31	6	211

（三）发布数量批次不固定

《案例指导规定》并没有明确发布指导性案例的固定频次和数量，这使得指导性案例的发布带有明显的随机性，难以被司法实践部门所及时了解和预测。[①] 从每年发布的数量来分析，虽然 2011～2014 年，指导性案例的发布数量呈逐年上升趋势，但到 2015 年又急速回落，之后几年发布的数量起起落落，除 2016 年超过 20 个外，其他几年均为十几个，到了 2019 年突然增至 33 个，数量达到历史之最，但到 2020 年又降至 8 个，在 2021 年又增至 31 个。

---

① 孙光宇：《案例指导制度的实践经验与发展完善》，法律出版社 2023 年版，第 28 页。

从每年发布的频次来分析，除第一年仅发布 1 批次外，最多的 2022 年达到了6 批次，但其他几年的频次也不稳定，其中 2 批次的有 5 年，分别是 2012 年、2013 年、2015 年、2017 年和 2020 年；4 批次的有 3 年，分别是 2014 年、2016 年和 2019 年；8 批次有一年，即 2018 年；5 批次有一年，即 2021 年。可见，从 2011 年发布第一批指导性案例以来，截至 2022 年，最高人民法院发布了 37 批共计 211 个指导性案例，每年发布的数量及批次并无规律可循。

二、与司法需求契合不佳

指导性案例作为中国案例指导制度的直接产品，需满足司法人员和当事人等不同应用主体的不同需求。对于律师而言，其需求在于提高胜诉率，希望通过对指导性案例的有效应用，达到维护当事人权益的目的；对于当事人而言，其需求在于通过检索和应用指导性案例，了解类似案件的裁判结果，对其诉讼后果进行预估，并按照此种预估选择是否诉讼，以便更好地维护自身权益；对于法官而言，自身是指导性案例的直接应用者和主要需求者，对案例指导制度的发展与完善有着最大的能动性，其需求在于降低自由裁量的风险，减少误判的可能性，保障判决的公平公正。

指导性案例的运行一般经过三个阶段："选、编、用"，其中"选、编"是指导性案例的产生机制，"用"则是指导性案例的适用机制，也是其发挥制度价值的功能载体。指导性案例对需求回应不足，问题主要在于"选、编"这两个环节，主要体现在以下几个方面。

（一）选题针对性不强

指导性案例的选题一般都是由最高人民法院决定，而确定选题之前，有时其缺乏对下级法院司法需求的充分调研，导致出现"供不对需"的问题，这也是有些指导性案例适用率较低的主要原因之一。例如，在座谈时，部分法官反映指导性案例的案件类型较为新颖、适用性不强，而江西法院受理的案件以常规多发性案件为主。

（二）选题范围较窄

指导性案例"选"的专题覆盖面太窄，类型相对匮乏。以刑事指导性案例为例，经统计，已经发布的指导性案例涵盖了危害公共安全罪，破坏社会主义市场经济秩序罪，侵犯公民人身权利、民主权利罪，侵犯财产罪，妨害社会管理秩序罪，贪污贿赂罪等，这些案例虽已经囊括了《刑法》之中大部分篇章的犯罪类型，但是《刑法》罪名繁多，大部分罪名在指导性案例中仍然处于缺失状态。由于指导性案例类型的缺乏，法官检索几次徒劳无功后，自然无法养成查阅、参照的习惯，久而久之，这一制度就容易被边缘化，导致对指导性案例的参照适用搁置。

（三）案例来源不均衡

"编"的指导性案例来源地域分配不均，导致指导性案例的参照适用地域性较强。据统计，发布的指导性案例审理法院主要集中在最高人民法院和华东地区，除最高人民法院审理的案件外，案件编纂最多的前三名分别为江苏、上海和浙江地区。司法裁判具有特定的地域依赖性，不同地区的经济发展条件、人文传统的差异会导致裁判理念、法治环境、法律意识等方面的差异。以经济发达地区的裁判指导经济发展较为落后地区的案件处理，难免会出现案件处理"水土不服"的问题。① 因此，指导性案例应用最多的地区也是在东部发达地区，如广东参照适用指导性案例的数量排名第一，而传统案件占绝大多数的内陆地区法院适用较少，其实传统案件也存在诸多争议，但未进入指导性案例"选、编"的视野。

（四）发布时间滞后

指导性案例有的时间跨度较大，即指导性案例的终审时间与发布时间间隔较长，导致指导性案例发布具有滞后性。据统计，截至 2022 年，最高人民法院发布的指导性案例中有 13 个案件终审裁决作出与该案件作为指导性案例发布间隔 6 年以上，其中指导性案例 38 号的间隔时间为 15 年。时间跨度如此之大，将导致两个结果：要么法官已经形成统一的裁判规则，无须参照适用，指导性案例的发布难免"多此一举"；要么随着社会经济的迅猛发展，待决案件与指导性案例的相似性较低，难以参照适用。

---

① 杨放：《人民法院案例指导制度的实践样态与优化路径研究》，载《重庆行政》2022 年第 3 期。

三、案例集群效应不明显

集群效应一般又称聚集效应，是指在特定领域，某种现象在空间或者时间上聚集在一起的现象。集群效应在不同领域有不同的含义和解释，如地理学和城市规划中的产业聚集区，社会学中的行为、态度或信仰的聚集性，生态学和生物学中的生物个体聚集，网络科学中的节点之间的紧密联系和聚集。

就案例而言，案例集群在统一法律适用标准方面具有比单个案例更强有力的指导作用，具有共同的问题指向性，其在裁判结论方面可能保持一致，并且在裁判理由方面互相支撑、互相贯通，通过类型化形成集群效应，强化和支持统一裁判观点或立场。目前而言，从已发布的指导性案例来看，其案由覆盖面较广，分布较为分散，针对一个问题几乎没有两个以上的指导性案例。也就是说，大部分指导性案例的指导性只能依靠单个案例，给予法官可选择裁判的空间很小。[①] 当前指导性案例的分布形式主要是"点"，尚未由点成线、由线到面，其基本上是以个案形式存在并发挥作用，无论是在"量"还是"质"上都存在若干不足。而一个理想的指导性案例体系，应当是点、线、面有机联动的立体结构，其中依照不同的标准又可分为多层级、多结构的案例群，才能够给法官的案例需求提供足够的供给。如果未来比较具有权威性的指导性案例能够形成初具规模的案例群，那么无疑会缓解当下指导性案例参照适用难的现实困局。

第三节　指导性案例应用乏力

目前，全国法院指导性案例的应用案例数量整体不足。以江西省法院相关数据为例，据统计，自 2011 年 12 月最高人民法院发布第一批指导性案例至 2022 年年底，江西法院仅有 181 件案件将指导性案例作为裁判理由在裁判文书中引述。这与应用指导性案例客观条件的限制、应用机制的不完善以及法官应用的主观意愿等因素密切相关。

[①]　孙海波：《指导性案例的参照难点及克服》，载《国家检察官学院学报》2022 年第 3 期。

一、客观限制不能用

指导性案例司法适用率较低的一个很重要的因素就是"不能用",主要表现在指导性案例质量有待提升、指导性案例的类案检索较为困难以及社会环境的变迁等特殊情况。

（一）与已有规定重合

此种现象主要集中于刑事类的指导性案例中。我国具备较为完整的司法解释体系,对于《刑法》的理解与适用,最高人民法院制定和发布了较为详尽的司法解释,并辅之以众多的会议纪要等司法性文件,在此背景下,要想制定出既符合罪刑法定原则,又不与司法解释、个案批复等相重叠且符合最高人民法院为指导性案例设置的标准条件的刑事指导性案例,可谓难上加难。① 而从最高人民法院已发布的指导性案例来看,亦不同程度地呈现这一现象,有的指导性案例所提供的裁判要点在之前的司法解释中已有较为明确的规定。这样的指导性案例,实质上是对司法解释等司法性文件相关规定的重申,法官在裁判文书中直接引用司法解释即可,无须参照适用指导性案例。

（二）文本编辑有瑕疵

指导性案例的论证规则亟待改善,主要表现在如下两方面:一是指导性案例的启示性论证有待加强。指导性案例的文本体例缺乏层次性,缺乏案例参照的启示性说理,没有体现案例指导制度中应有的"具体案情—具体规则"的裁判要点提炼过程分析,难以实现明晰裁判思路、统一裁判标准的目的。二是指导性案例的法律论证不够。指导性案例涉及的法律问题在裁判理由中少有详尽的论证性阐述,在案例编辑中较为缺乏对案件所涉法律问题的专业化、规范化的翔实论证。

（三）规则普遍适用性不足

主要表现在有的指导性案例的裁判要点经过归纳概括后局限于个别案件,

---

① 参见钱宁:《刑事案例指导制度:困境与优化进路》,载《合肥工业大学学报（社会科学版）》2021 年第 1 期。

缺乏一般案件的普遍适用性。例如，指导性案例 93 号"于某故意伤害案"，该案的裁判要点有四点，一是明确了非法限制人身自由属于不法侵害，可以正当防卫；二是非法限制人身自由并有侮辱、轻微殴打行为，不认定为"严重危及人身安全的暴力犯罪"；三是防卫过当案件，如系由严重贬损尊严或亵渎人伦引发，量刑时应予以考量。前述两个裁判要点主要是围绕"于某故意伤害案"的具体案情，不法侵害的范围限于非法限制人身自由、侮辱等情形。但是司法实践中"不法侵害"的形式千奇百怪，如侵害人采取了除非法限制人身自由、侮辱等以外的手段进行不法侵害，对于行为人是否构成正当防卫的认定还会是个司法难题，指导性案例将难以起到指导的作用。

（四）类案检索较为困难

1. 对指导性案例不熟悉

对于法院系统而言，新的法律法规或司法解释出台，一般都会组织学习培训，但是指导性案例已发布十余年，全国法院几乎没有组织过系统的学习，也没有组织过专门的培训。如果法官自主学习的积极性不高，对指导性案例的知识储备不足，碰到类似案件将无法及时、准确检索出相关指导性案例。根据调查问卷的统计情况，"法官对最高人民法院发布的指导性案例的了解程度"一项的调查结果显示：有效填写人次的 1055 人中"非常了解"的只占10.52%，"比较了解"的为 42.65%，"一般了解"的为 42.94%，"不了解"的为 3.89%。

2. 案件名称、关键词指引不明

指导性案例以案件名称作为标题，无法快速识别该案的争议焦点和裁判要点。虽然每一个指导性案例都配有关键词作为索引，但是关键词主要以案件类型、焦点范畴为主，对于争议的核心问题未能完全展现。如指导性案例23 号"孙某山诉南京欧某超市有限公司江宁店买卖合同纠纷案"，在相关案例汇编中，该案的目录只有指导性案例号、案件名称、发布时间、发布批次和关键词，该案关键词为"民事、买卖合同、食品安全、十倍赔偿"。而该案争议的焦点其实在于"知假买假"能否要求 10 倍赔偿，但是根据案件的上述信息，很难从众多案例中快速检索到该案。

3. 未建立类案推送系统

对于指导性案例我国尚未建立统一、科学的类案自动推送系统。[①] 虽然最高人民法院官方网站、法信等平台都收录了指导性案例，但是需采取"标题检索""全文检索"方式进行检索，以在文书中寻找关键字词的方法进行检索，检索效率低，准确度不高。加之法官困于办案压力，易导致检索积极性受挫。

（五）案件背景不一致

截至 2022 年年底，仍有不少指导性案例在司法实践中从未被法官参照适用过。根据统计，在已发布的 211 件指导性案例中，尚未被应用的指导性案例达 82 个，占比 38.86%。导致这种现象的原因是复杂多样的：有的是因为指导性案例所要解决的问题典型性弱，类案非常少，导致被闲置；有的是因为指导性案例的政策性强，是特定时代和社会环境的产物，时过境迁之后案例可能就会丧失被参照的意义。司法实践中，有的法院会基于社会公众利益选择不参照适用指导性案例。例如"李某针与青岛某置业公司、薛某明公司解散纠纷再审案"中，申请再审人李某针认为指导性案例"林某清诉常熟市凯某实业有限公司、戴某明公司解散纠纷案"与本案案情一致，本案应当参照。审理法院则认为，两案均因股东之间存有分歧、互不配合而持续两年以上无法召开股东会导致公司经营管理发生严重困难，但该案的房地产项目比指导性案例所涉及的普通产品承担更大的社会责任，一旦公司解散，房地产项目会无法正常推进，众多房屋购买者的利益将受损，会带来上访的社会稳定风险，需要将社会公众利益考虑进来，故以社会公众利益为由不予参照适用。

二、主观原因不想用

指导性案例司法应用困境还有一个不可忽视的主观因素，即"不想用"，法官"不想用"指导性案例主要基于以下原因。

[①] 参见孙光宁：《指导性案例在类案检索机制中的地位及其运作》，载《法律适用》2020 年第 12 期。

（一）案多人少的压力

改革开放以来，随着人民群众法律意识的增强，很多矛盾纠纷都以诉讼案件的形式涌向了法院，全国法院受理案件的数量呈几何级增长，给法院工作带来不小挑战。近年来，随着立案登记制推行和行政诉讼受案范围扩大，人民法院受理的案件量持续上升，最高人民法院每年都在向全国两会所作的工作报告中，明确提到法院系统"人案矛盾突出"和法官工作负荷过重的问题。虽然法院人员也有所增加，但是即便加上聘用人员，法院人员的增幅也远远比不上案件的增幅，"人案矛盾突出"问题并未得到有效解决。据统计，2012 年至 2022 年，全国法院结案量年均增长 11%，法官人均办理量从 2013 年的 65.1 件增至 2021 年的 238 件。[①]

根据相关文章研究分析，造成法官工作负荷重的原因是多重的，如案件数量太多、案件分配机制不合理、非审判工作耗时过多、法官助理配备不足、无纸化办案流程不够流畅、办案系统不够方便等。[②] 根据该文的数据分析，非审判时间支出过多是导致法官工作量大的重要原因之一。目前，中国法官群体的非审判业务时间支出既体现在法院内部的活动上，也体现在大量的法院外部活动。前者包括各类行政事务、会议要求以及学习安排等，后者包括参加各种会议以及各类社会治理活动，这些都挤占了法官的有效工作时间。因此，在现实压力下，法官参照指导性案例还要经过烦琐的检索程序，花费一定的精力，不可避免地加重了工作负担。所以有的法官根据案件具体案情能够形成内心确信，能保证裁判的正确公正，在不会导致错判的情况下，不愿意去援引指导性案例，甚至怠于主动检索指导性案例。

（二）奖惩机制的缺失

司法实践中，法官直接援引少，隐性援引多；主动援引少，被动援引多；对于当事人或者律师援引的请求回应少。造成这一现象的一个重要原因就是：缺乏对积极、主动援引指导性案例的激励性制度，且对隐性援引、被动援引甚至有意不援引指导性案例缺乏相应的责任性规定。有学者提出，应注重案

---

① 数据来自 2023 年 1 月 6 日第二十二次全国法院工作会议。
② 程金华：《中国法院"案多人少"的实证评估与应对策略》，载《中国法学》2022 年第 6 期。

例运用的实效主义导向，关注案例在运用过程中产生的实际影响或效果，比如将指导性案例的运用作为司法绩效评定的重要参考依据。① 如果将参照指导性案例作为评优评先、晋职晋升的加分评价指标，或者将参照指导性案例的说理论证情况作为优秀裁判文书、优秀案例分析评选的参考标准之一，都将会大大激励法官援引指导性案例的积极性。也有学者提出，在主动参照方式中，强制惩戒措施的缺位是其主要缺陷。② 案例指导制度缺少对裁判背离指导性案例的细致规定，降低了强制法官参照指导性案例的要求。

《案例指导规定》第 7 条强调法官在类似案件中应当参照指导性案例，《案例指导规定实施细则》第 9～11 条对以上规定进行了细化。但是，现有的这些文件仍然缺少对裁判背离指导性案例的情况进行具体规定。法官在类似案件中，应当参照指导性案例裁判而未参照的，并不需要承担直接的司法责任。这种背离规定的付诸阙如不仅降低了法官关注指导性案例的积极性，也会使其在案件审理过程中对参照相应的指导性案例裁判表现出非常随意的态度，在很大程度上架空了案例指导制度的有效运行。③ 对于不当规避或错误参照指导性案例裁判的情况，既可以设定实体性惩戒，比如给予批评甚至严重的可以给予行政处分，同时也可以施加程序性制裁，赋予当事人和检察院以不参照适用指导性案例进行裁判而进行上诉和抗诉的权利。当然，强制性惩戒措施的使用应当十分谨慎，注意其使用的方式和限度，防止适得其反。

（三）对自由裁量权的限制

案例指导制度建立以前，我国作为成文法国家将法官自由裁量权的行使范围约束在法律规定的框架和体系内，随着最高人民法院关于参照适用指导性案例裁判的规定日益严格，拓宽了规范法官自由裁量权的渠道，相应地就会对法官的自由裁量权带来限制。

指导性案例的司法适用主要从三方面对法官的自由裁量权的使用空间产

---

① 顾培东、李振贤：《当前我国判例运用若干问题的思考》，载《四川大学学报（哲学社会科学版）》2020 年第 2 期。

② 孙光宁：《反思指导性案例的援引方式》，载《法制与社会发展》2016 年第 4 期。

③ 孙光宁：《否定参照指导性案例的理由及其启示——以指导性案例 23 号为分析对象》，载《山东法官培训学院学报》2020 年第 5 期。

生限制：一是限定了法官的裁判思维。案例指导制度区别于制定法的优势在于，"案例"详细、清晰地展现了正确适用制定法的过程，在"相关法条"中列明了该案适用的具体法律条文，明确了法官的法律思维定式，要求法官在价值取向上服从法律意志；显现了法官在裁判中运用的法律方法，要求法官在进行司法裁量时采用指导性案例的法律思维方法。二是限制了法官的选择适用权。指导性案例禁止式或应当式的"裁判要点"减少法官可选择适用的法律规则范围。三是机械适用可能影响个案公正。就像世界上没有两片一样的树叶一样，每个案件均有其特殊性，如果机械适用相关指导性案例有可能会对个案公平正义造成侵蚀，导致个案裁判结果的不公正，这时需要法官发挥司法能动性，而司法能动性的发挥依赖于自由裁量权的行使，从而产生指导性案例与法官自由裁量权在实现司法公正这一目的上的冲突。

（四）对上诉风险的规避

参照适用指导性案例在避免裁判尺度不统一、规避错案风险的同时，相反，也可能会给法官带来上诉风险。法官对裁判要点理解不一会带来上诉风险。由于指导性案例裁判要点的抽象性与概括性，后案法官需要对裁判要点的规范意义进行解释。从公布的指导性案例来看，每个案例并没有附有相应的裁判文书，法官对相应的指导性案例无法获知全貌，进行援引时对待决案件与指导性案例的分析类比解释不一定能够准确，而且还有可能出现不同主体不同理解的问题，"一千个读者就有一千个哈姆雷特"，这会导致当事人与法官对指导性案例裁判要点的理解与法官的解释出现分歧，或当事人认为法官解释指导性案例裁判要点存在错误，从而引发上诉风险。

（五）对收益成本的衡量

对于法官而言，参照适用指导性案例需要付出一定的成本，主要包括如下三方面：一是研习指导性案例的成本。近年来，案例指导制度日渐成熟，最高人民法院发布指导性案例的频次也有所提高，截至 2022 年年底已发布 211 个，今后也会不断增多，本就办案压力很大的法官研习指导性案例的成本也会不断增加。二是分析识别待决案件与指导性案例相似性的成本。根据前文分析，要解决相似性判断问题本身就不是一件易事，存在类案标准判断难和区分技术难的问题，给法官带来了一定的分析识别成本。三是裁判说理的成本。《案例指导规定实施细则》第 11 条第 2 款规定："公诉机关、案件当事人及其辩护人、诉讼代理人引述指导性案例作为控（诉）辩理由的，案件承办人员应当在裁判理由中回应是否参照了该指导性案例并说明理由。"因此，法官在是否参照指导性案例的回应方面还需进行说理论证，在进行分析识别的成本上又进一步增加了裁判说理成本。

而在收益方面，因现阶段还缺乏激励机制来调动法官适用指导性案例的积极性，参照适用指导性案例进行裁判尚不能带来直接收益，既无社会收益，亦无个人收益，甚至还可能面临司法创新带来的风险。一方面，目前尚无调查研究表明适用指导性案例会提升服判息诉率，满足法官运用法律平息纠纷的社会收益。另一方面，适用指导性案例也未提升法官的物质收入或满足职级晋升等其他收益。法官在衡量适用指导性案例的成本与收益后，可能积极性不高。

三、能力欠缺不会用

虽然指导性案例已经发布了十余年，但我国毕竟不是判例法国家，对于成文法国家的法官来说，在参照适用指导性案例进行裁判的司法实践中面临着案例推理思维欠缺、类案相似性判断难、明示参照难等诸多问题。

（一）推理思维欠缺

谈论指导性案例的参照问题，有一个不容忽视的大背景，那就是我国的成文法体制以及长久以来司法环境所塑造的"法条思维"，法官们已经形成了通过案件事实确定规范基础，进行法律构成要件与案件事实的演绎推理论证，以现有法律规定作为裁判依据，赋予案件裁判结果最安全、正当的法源性保障的裁判逻辑。[①] 成文法国家的法官更倚重法典、成文法规则以及一般性法律原则，法律适用方面更依循规则主义，裁判案件运用演绎推理方式；判例法国家的法官更注重案例以及从案例中所抽取出来的规则，运用类比推理方式

---

① 杨放：《人民法院案例指导制度的实践样态与优化路径研究》，载《重庆行政》2022 年第 3 期。

与先例进行相似性判断以进行裁决。指导性案例将案例引入诉讼活动中，并要求法官在裁判过程中加入案例推理思维模式，即类比推理，通过参照案例的相关内容，将参照案例与以成文法为基础的推理融合在一起，这对于中国法官来说是新鲜的，它随之而来也给司法推理活动增加了不少难度。①

司法实践中，不乏因为援引指导性案例并取得良好法律效果和社会效果的成功案例，但是法官对于"成功之道"并未进行传播或教授，导致其他法官缺乏学习的有效渠道。根据课题组实地调研，检察系统会有专门应用指导性案例的培训内容，最高人民检察院会对优秀师资的授课进行光盘刻录，下发给全国检察系统进行学习，这一经验值得法院借鉴。法院是实现当事人诉求、打击违法犯罪的最后一关，是体现司法公平公正的关键环节，对于法官的裁判水平和能力要求会更加严格。相比于其他法律共同体来说，设置如何正确适用指导性案例进行司法裁判的培训课程更为必要。

（二）说理论证不充分

由于我国部分法官欠缺案例推理思维，导致的一个直接结果就是其在裁判文书中运用指导性案例进行充分说理论证存在障碍。指导性案例的严格遴选过程体现了指导性案例在论理方面的标杆作用，可以说，指导性案例的裁判具有正确性或合理性，因此指导性案例的裁判要点、裁判理由等可以引导法官正确展开对待决案件的裁判说理。《案例指导规定实施细则》中明确规定法官应当在裁判理由部分引述指导性案例的相关内容，这就要求裁判者应当运用指导性案例充分说理。然而，在我国成文法体系的背景下，如何适用指导性案例进行充分说理，对于有的法官来说并不是一件容易的事情。从司法实践的情况来看，法官在裁判文书中援引指导性案例的方式是多样化的，有的只笼统地表述根据最高人民法院的相关指导性案例，并不指明案例的具体编号和内容；有的只表述了所援引指导性案例的编号，但并未阐述指导性案例的裁判要点等具体内容；有的明确表述了所引述指导性案例的编号和裁判要点，但不加以任何的论证说理。仅有少数法官规范地在裁判文书中援引指导性案例，并进行类案相似性的判断，详细阐述决定是否参照适用指导性案

---

① 孙海波：《指导性案例的参照难点及克服》，载《国家检察官学院学报》2022 年第 3 期。

例的具体理由。我国系成文法国家，对于裁判文书的制作是有格式要求的，体例基本相同，对于论证说理并无太多要求。法官也习惯了演绎性思考和分析推理，从而得出最终判决，如果在裁判文书中援引指导性案例进行说理论证，需要不同于成文法的推理方式，对于有的法官来说是个不小的挑战。对于单纯适用成文法的裁判文书，有的法官都难以充分说理，再将司法案例的元素融入裁判过程中，并在裁判说理中扮演重要角色，无疑会让法官的裁判推理变得更加复杂，影响法官司法适用指导性案例的积极性。

（三）相似性判断难

根据最高人民法院发布的《案例指导规定》以及《案例指导规定实施细则》，参照适用指导性案例的基本要求是类案同判，统一法律适用、维护司法公正等。换言之，为实现指导性案例的立法目的与价值追求，当待决案件与指导性案例情节、事实类似时，法官应当参照援引指导性案例实现类案同判。[①] 但要实现类案同判，必须解决相似性的判断问题，但是从目前调研的情况来看，大多数法官认为对类案的相似性判断较为困难。参照指导性案例的根本前提在于待决案件与指导性案件存在相似关系，而且这种相似性是一种实质相似性或深层次的相似性，有时候表面看上去形式相似的案件并不具有真正的相似意义，反而个别乍一看不相似的案件却能构成实质意义上的相似案件。[②] 当法官通过检索平台检索到与待决案件相关的指导性案例时，并不必然是相似案件，需要将一项由先例提炼出来的论断视同一项法则并将之适用于后一个类似的情境之中。因此，相似性判断构成了参照适用指导性案例的核心环节，当然也是整个参照指导性案例裁判活动中最困难的一步。

1. 类案标准有争议

待决案件与指导性案例具有实质上的相似性，是参照适用指导性案例进行裁判的重要前提。对于类案的识别技术理论界与实务界认识不一，在法律未作出规定之前，理论界主要有以下观点：一是构成要件类似说[③]，二是事实

---

① 侯晓燕：《指导性案例适用失范的现状、成因及其出路》，载《交大法学》2022年第4期。

② 孙海波：《指导性案例的参照难点及克服》，载《国家检察官学院学报》2022年第3期。

③ 陈琳琳：《裁判的进路与方法》，中国政法大学出版社2006年版，第130页；张骐：《论寻找指导性案例的方法》，载《中外法学》2009年第3期。

类似说①，三是基本案情与争议焦点类似说②，四是综合说③，包括法律关系、基本案情和案由相同说。2015 年，最高人民法院制定的《案例指导规定实施细则》第 9 条规定，"各级人民法院正在审理的案件，在基本案情和法律适用方面，与最高人民法院发布的指导性案例相类似的，应当参照相关指导性案例的裁判要点作出裁判"，对"类似案件"的判断标准采用的是"基本案情＋法律适用"的标准。然而，最高人民法院于 2020 年发布的《类案检索指导意见》第 1 条规定，"本意见所称类案，是指与待决案件在基本事实、争议焦点、法律适用问题等方面具有相似性，且已经人民法院裁判生效的案件"，对类案采用的是"基本事实＋争议焦点＋法律适用"的标准。类案的标准由两个变为三个，尤其是从"基本案情"类似，到要求"基本事实"类似，判断标准更为严格。从法律适用规则上看，《案例指导规定实施细则》和《类案检索指导意见》虽然是两个平级的文件，但是后者的发布时间晚于前者，因此，有的法官认为可以基于"新法优于旧法"的判断规则来确定"新发布的文件优于先发布的文件"，从而适用《类案检索指导意见》"基本事实"的相似性判断标准。但《案例指导规定实施细则》仍现行有效，且系关于指导性案例的专门规定，因此，有的法官则认为根据"专门法优于一般法"的原则，对类案标准的判断仍应参照《案例指导规定实施细则》。

从二者的含义进行比较，"基本案情"应当是指与案件发展过程中所有相关的人、事、物和时空等情况的总称，具体到指导性案例当中，"基本案情"应当是指案件纠纷的来龙去脉，包括审理过程与审理结果。"基本事实"应当是指案件发展过程中导致纠纷发生的原因、事情的经过与双方的争议点。可见，"基本案情"的涵盖范围要比"基本事实"大，"基本事实"剔除掉了"基本案情"中与相似性判断无关紧要的因素。从二者的法理蕴涵上看，"基本案情"的表述，可用于指导性案例的基本结构当中，却不能引导法官的类案思维；"基本事实"的表述则抓住了法治思维关于指导性案例的核心要义，引导法官在适用案例时进行事实比较，培养了法官的类案参照思维。因此，

---

① 杨力：《中国案例指导运作研究》，载《法律科学》2008 年第 6 期。
② 胡云腾：《如何做好案例指导的选编与适用工作》，载《中国审判》2011 年第 9 期。
③ 王利明：《我国案例指导制度若干问题研究》，载《法学》2012 年第 1 期。

法官应适用《类案检索指导意见》"基本事实"的相似性判断标准。

2. 区别技术匮乏

区别技术又称为案情比对技术，是从反面指出两个案件的区别，排除案例的运用。在英美法系非成文法国家，先例要么被遵循，要么被区别。在成文法的语境下，法官习惯于"规则—事实—结论"的演绎推理模式，案件之间相似性的判断，或者案件事实的比对，通常是以隐性的或不规范的方式进行的。而如何准确地判定两个案件的相似性，需要运用类比推理和归纳推理技巧，该种区别技术成文法系的法官相对来说比较匮乏。长期以来我国法学院和法院系统的培训，侧重于传授理论知识，较少进行案例应用技能方面的培训，导致法官进行案件之间相似性判断难。虽然最高人民法院的《案例指导规定》和《案例指导规定实施细则》对指导性案例的适用作出了规定，但仅是一些原则性的规定，缺乏具体、明确、有效的适用模式。具体而言，法官如何准确判断待处理案件是否为类似案件，以及应该采用何种正确的推理方式来进行参照，这些问题都直接影响法官在审判过程中对指导性案例的参照适用。

（四）参照内容确定难

在确证待决案件与指导性案例属于相似案件后，法官应当具体参照适用指导性案例的哪些内容？从理论上来说，指导性案例是最高人民法院从全国四级法院审理的海量案件中筛选出来的精品案件，裁判要点、裁判理由和裁判结果都有可能发挥指导作用。裁判要点是最高人民法院希望表达出来的规范性内容，其存在既离不开案件事实作为论证基础，也离不开裁判理由所提供的理性支撑。[1] 判决结果也会明示或默示地蕴含在裁判要点中，其直观的存在方式也会诱使法官直接选择参照裁判结果。[2] 《案例指导规定实施细则》的出台在一定程度上缓解了这个难题，其明确要求后案法官应当参照指导性案例的裁判要点作出裁判，但并未从根本上解决参照难的问题。有的法官仍然存在困惑：裁判要点的内容该如何理解和把握？裁判要点与案件背后的请求

---

① 朱芒：《论指导性案例的内容构成》，载《中国社会科学》2017 年第 4 期。
② 孙海波：《指导性案例的参照难点及克服》，载《国家检察官学院学报》2022 年第 3 期。

权基础（相关法条）是什么关系？裁判要点与裁判规则是否是一回事？裁判要点确立了何种裁判规则？法官可否将裁判要点作为依据直接作出裁判？对裁判要点的参照是否可以完全不用考虑基本案情、裁判理由以及裁判结果？以上问题，将会继续在一定程度上影响着法官对指导性案例的参照适用，因此，司法实践中仍然存在参照适用裁判理由、裁判结果等其他内容的情况。

（五）明示参照适用难

《案例指导规定实施细则》第 11 条规定，在裁判文书中引述相关指导性案例的，应在裁判理由部分引述指导性案例的编号和裁判要点，明确了法官的明示参照适用的义务。然而司法实践中，比较突出的一个问题是有的法官认为明示参照适用较为困难，结果导致隐性参照的现象大量出现。就如前面司法适用现状中得出的结论，法官采用隐性参照适用的做法较为普遍，因为这种参照方式有很多优势：一是简便易行，极易操作；二是无须进行论证，减少说理负担；三是还能避免因参照不当而可能带来的责任。总之，隐性参照适用相比之下更为经济高效、安全系数高，但是明显违反了最高人民法院明示参照适用指导性案例的工作要求，也降低了裁判文书论证说理的公开透明性。产生这种状况的根本原因在于明示参照适用指导性案例的技术尚不成熟。明示参照适用指导性案例需要将参照案例的环节内嵌于整个成文法条文适用的过程中，使得案例参照与法条适用相互融合，二者共同服务于个案公正裁判的作出。明示参照适用难也恰恰体现在如何将案例参照的活动在裁判文书中以公开、明确、理性的方式呈现出来，让当事人以及社会公众能够直观地看到法官确实在参照指导性案例裁判。[①]

---

① 孙海波：《指导性案例的参照难点及克服》，载《国家检察官学院学报》2022 年第 3 期。

第四章　根源透视：指导性案例应用困境之成因检析

法律制度的推行主要是服务于法治体系的建设，社会发展是永不停息的，法治体系的完善也应是与时俱进的。案例指导制度逐渐由年轻化走向成熟化，在多年的实际运行中，出现若干难题与困境留待解决。找到痼疾之本，方能对症下药。对于案例指导制度现实困境产生的原因，需要进行由内而外的一种自省和剖析。课题组通过对调查问卷进行统计分析，结合实地调研座谈情况，从制度本身生成的欠缺以及外部适用条件的不完善等方面进行多维度分析，以求查找问题产生之根本原因。

第一节　案例生成机制不完善

指导性案例的生成，主要涉及指导性案例产生的程序性事项，具体包括指导性案例的征集、遴选、审查、要点提炼、讨论决定和发布等众多环节。生成机制出现欠缺，必然会导致制度本身运行缺乏良好的基础支持。

一、推荐主体较为单一

（一）内部推荐程序为主导

根据《案例指导规定》第 4 条①，指导性案例的推荐主体为最高人民法院

---

① 《案例指导规定》第 4 条规定："最高人民法院各审判业务单位对本院和地方各级人民法院已经发生法律效力的裁判，认为符合本规定第二条规定的，可以向案例指导工作办公室推荐。各高级人民法院、解放军军事法院对本院和本辖区内人民法院已经发生法律效力的裁判，认为符合本规定第二条规定的，经本院审判委员会讨论决定，可以向最高人民法院案例指导工作办公室推荐。中级人民法院、基层人民法院对本院已经发生法律效力的裁判，认为符合本规定第二条规定的，经本院审判委员会讨论决定，层报高级人民法院，建议向最高人民法院案例指导工作办公室推荐。"

各审判业务单位、各高级人民法院、解放军军事法院、中级人民法院、基层人民法院。从条文看，推荐主体基本局限于法院内部。外部智慧参与是我国实行依法治国的重要路径，是拓宽法官视野、创新法官办案思路的重要方式。充分借助专家学者的知识资源优势，深入研究和解决当前人民法院工作中面临的重大理论和实践问题，可以为法院工作提供强有力的智力支持，也是推动法院决策更加科学、更加民主的重要途径。我国指导性案例的产生主要采用法院系统内部自下而上的推荐方式，程序较为单一，行政化色彩较浓，导致案例指导制度的生成基础较为薄弱。指导性案例推荐主体的单一性导致备选指导性案例的数量与法院审判的案件数量相差较多且案由范围过窄，一定程度上降低了指导性案例制度的适用性、范围性、实用性，削弱了公众的认同感。

（二）社会推荐程序虚化

虽然《案例指导规定》第5条①对人大代表、专家学者、律师等社会各界人士的推荐程序作了规定，但其最终只能向作出生效裁判的原审人民法院推荐，再由原审人民法院决定是否向上级推荐。该规定的初衷是值得肯定的，从该条文的根本意图来看，一方面是为了扩大案件征集范围，防止遗漏优秀的案例和判决；另一方面也是为了提高社会各界人士的参与度，打破指导性案例的推荐仅限于人民法院内部的模式，从而使指导性案例的社会可接受度得以提高。但是社会公众推荐后，案例能否入选的最终决定权仍在法院，且这一推荐方式的具体程序并不明确，司法实践中面临着难以操作的困境。

首先，社会公众对于案件判决的知晓情况主要依托于法院对案件的公布情况，而从有利于当事人的角度出发，对于一些敏感的、争议性较大的、涉及个人隐私或商业秘密的案件，法院会选择不公开其审理过程以及最终判决结果，导致社会公众对疑难复杂等典型案例的知情范围受限。其次，由于现有规定言之不详，社会公众缺乏明确、有效的推荐渠道和反馈渠道，而且对

---

① 《案例指导规定》第5条规定："人大代表、政协委员、专家学者、律师，以及其他关心人民法院审判、执行工作的社会各界人士对人民法院已经发生法律效力的裁判，认为符合本规定第二条规定的，可以向作出生效裁判的原审人民法院推荐。"

社会公众推荐案例缺乏有效的激励措施，一定程度上影响了公众参与推荐指导性案例的积极性，使得这一推荐模式形同虚设。而且，社会推荐程序缺乏反馈机制和保障机制也是原因之一。虽然允许社会推荐，但是目前公布的案例没有一个是通过社会推荐而遴选成为指导性案例的。

二、遴选程序行政化

（一）报送程序行政化

案例经由基层法院、中级法院、高级法院逐级上报，经过多次讨论和筛选，最终作为备选指导性案例上报至最高人民法院案例指导办公室。除最高人民法院外，其他各级法院向最高人民法院案例指导办公室报送案例必须逐级报送，且需经本级审委会审批。《最高人民法院关于健全完善人民法院审判委员会工作机制的意见》明确，审判委员会的主要职能为总结审判工作经验，讨论决定重大、疑难、复杂案件的法律适用，讨论决定本院已经发生法律效力的判决、裁定、调解书是否应当再审等。最高人民法院审判委员会通过制定司法解释、规范性文件及发布指导性案例等方式，统一法律适用。虽然社会公众享有指导性案例的推荐权，但也是向作出生效判决的法院推荐，由所在法院逐级向上报送。这种遴选程序独立于审判程序之外，且需要经过审判委员会"开会"讨论，才可完成指导性案例的挑选。这种自下而上的遴选程序有一定行政化色彩。

此外，现有的编纂报送程序易造成文本偏离原判决。我国一份裁判文书要成为指导性案例必须按照一定的体例进行编纂。指导性案例在公开原裁判内容前，还附有经过加工、总结过的裁判规则，即裁判要点。指导性案例的公布主体只能是最高人民法院，对于基层或者中级法院推荐的案例，须经高级法院审查后再报送最高人民法院案例指导工作办公室编纂，最后由最高人民法院的审判委员会进行讨论研究，以作出最终决定。这便可能造成公布案例文本与实际案件裁决文书不完全一致，公布的指导性案例已经在一定程度上被改变了文本与体例。被改变文本的案例使阅读者无法知晓审判时的特殊性，以及各方的综合情况，这也会影响指导性案例的指导性。该种由程序带来的文本瑕疵不仅影响指导性案例的指导性，也会影响法官司法适用的积极性。

（二）发布主体唯一化

《案例指导规定》第 7 条[1]表明，指导性案例的法定公布主体为最高人民法院，对于高级、中级和基层法院而言，均无权在其管辖范围内发布指导性案例。由最高人民法院作为案例遴选、发布的唯一主体，一来能够很好地控制案例发布的数量与频率，防止短期内指导性案例大量涌入对法律适用标准造成破坏；二来则可凭借其智识、经验优势确保案例的正确性与裁判要点的指导性，为指导性案例的适用提供质量保障。[2] 最高人民法院作为审判监督机构，具备确保法律统一正确适用职能，其出于自身的权威性考虑，不宜公布过多的指导性案例，或者对于符合标准推选出来的指导性案例不会全部公布。

然而，发布主体的单一性将会影响指导性案例的遴选数量。由于社会纠纷的纷繁复杂，单个案例涉及法律关系的范围极其有限，一两个甚至几个案例很难完全指导某一类型案件的法律适用问题。量化的规模是推动制度发展的重要标志，指导性案例数量的缺乏很难让案例指导制度体量化。只有达到了足够的数量，才可能将复杂的法律情况尽可能覆盖。目前，指导性案例公布的数量与社会法治建设实际需求不相匹配，指导性案例的发布数量与审理案件数量相比、与法治社会建设的需求相比，可谓杯水车薪。但有论者质疑，这种发布模式事实上限制了案件数量的良性递增，使得指导性案例从选取到最终公布时间历时较久，一定程度上影响了指导性案例的时效性与紧迫性。[3]这也是导致供不应求或供求不一致弊端的原因之一，对案例指导制度的全方位可持续发展会产生一定的阻碍。

三、审核权力较为集中

（一）审核程序内部化

单一的内部审核容易导致被选中的指导性案例与司法实践需求背离。指

---

[1] 《案例指导规定》第 7 条规定："最高人民法院发布的指导性案例，各级人民法院审判类似案例时应当参照。"

[2] 陶文婷：《论我国指导性案例的生成机制——以刑事审判为考察视角》，载《南海法学》2022 年第 5 期。

[3] 林维：《刑事案例指导制度：价值、困境与完善》，载《中外法学》2013 年第 3 期。

导性案例的审查程序，是指审查被推荐的案件，并决定使之成为指导性案例的程序。根据《案例指导规定》第6条①，指导性案例的审核采取两级审核程序，一是各法院案例指导工作办公室进行初级审查，审查备选案例是否符合指导性案例的价值要求，决定是否将案例提交审判委员会讨论。二是最高人民法院审判委员会的最终审查，其功能是对提交的案例进行讨论，决定是否作为指导性案例发布。无论初级审查还是最终审查，都是一种法院内部的审核，缺乏外部智慧的参与和评价，可能导致指导性案例的遴选思维单一，与司法实践多元需求不匹配。

此外，内部审核人员的身份也会影响指导性案例的可参照性。指导性案例通过层层报送的形式向上级推送，最终都由最高人民法院案例指导工作办公室进行初级审查，再决定是否将案例提交审判委员会讨论。实践中，高、中、基层法院的案例指导工作由法院内部的研究室具体负责，具备实践经验及了解案例指导价值的法官往往在一线忙于办案。司法体制改革后，研究室作为审判综合部门，部门人员大多没有入额，并非一线的办案人员，对于案件的审理过程缺乏感性认知，在事实认定和法律适用方面的疑难问题很可能缺乏透彻了解。而且，在没有经过系统培训的背景下，这些专门人员在把握指导性案例的遴选标准以及经验等方面也存在一些不足，能够将多少精力放在推荐指导性案例之中，处于并不明朗的状态。最高人民法院案例指导工作办公室也并非办案部门，在遴选案例前未对司法实践中急需解决的疑难问题进行调研、收集，无须征求业务部门的意见，仅依靠自己的理解进行选择，可能会导致被选中的指导性案例与司法实践需求不符。

（二）决定主体集中化

指导性案例的遴选是一项对专业性要求较高的工作，不仅需要对案件的实体判决结果有准确的把握，还需要对案件的特殊性、典型性有敏感的判断。《案例指导规定》第6条第1款"案例指导工作办公室对于被推荐的案例，应

---

① 《案例指导规定》第6条第1款规定："案例指导工作办公室对于被推荐的案例，应当及时提出审查意见。符合本规定第二条规定的，应当报请院长或者主管副院长提交最高人民法院审判委员会讨论决定。"

当及时提出审查意见。符合本规定第二条规定的，应当报请院长或者主管副院长提交最高人民法院审判委员会讨论决定"的规定表明，指导性案例的最终选定权在最高人民法院审判委员会。审核主体主要是法院内部的工作人员，较少吸收外部力量、借助"外脑"参与。指导性案例的审核若仅局限于法院内部机构审核，势必导致智慧凝结的广泛性不够。

一方面，无论是基层、中级还是高级法院，层报最高人民法院的指导性案例需要经本院审判委员会审核同意，才能向最高人民法院案例指导办公室推荐。另一方面，从最高人民法院的角度来看，案例指导办公室负责按照法定条件和程序对各高院推荐的备选性案例进行审查，筛选出认为符合要求的准指导性案例，并对这些案例提出初步审查意见，辅助审判委员会作出最终决定，最高人民法院审判委员会享有最终审查权，决定案例是否作为指导性案例颁布。

指导性案例主要由审判委员会审核，审核过程中缺乏与案件审理法院、审判人员的直接沟通，不能了解所选案件的真实情况。而且，审核过程中也没有通过邀请外部专家进行现场论证等方式，吸收外部智慧广泛参与，容易出现所选案件不能契合现实的司法实践需求，指导性案件在质量方面有所欠缺的情况，这也是司法实践中有的指导性案例很少被参照适用或者难以被参照适用的重要原因。

第二节　案例应用能力待提升

人民只有认同制度，才能自觉遵守制度、坚持制度；人民一旦认同制度，就会产生制度期待，要求制度进步。因此，制度认同既是坚持制度的前提，也是完善制度的动力。制度认同首先是一种肯定制度的社会心理，进而这种社会心理又决定遵守制度的社会行为的产生。[①] 制度的认同度体现了民众与裁判者对制度的支持，也体现了制度的影响力和未来发展的潜力。制度是对人

---

① 姚广利：《新时代中国特色社会主义制度认同的逻辑及路径建构》，载《河南大学学报（社会科学版）》2021 年第 5 期。

民社会需要的满足，制度是对人民理性期待的回应，制度是对人民价值追求的坚守。认同是指导性案例推行的内部核心动力，民众与参与者对制度的认同度还不够高，是案例指导制度运行进入困境的又一重要原因。

一、重要性认识不足

（一）内部认同度不够高

制度在人民的生活习惯中孕育、产生和发展，形成之后最终服务于人民。习惯的养成是历史的必然，人民在经验习惯中认可的制度是制度运行的核心，这需要时间的持续和历史的沉淀。指导性案例性质定位不明，一些法官对参照适用不够认同。《类案检索指导意见》第9条规定，检索到的类案为指导性案例的，人民法院应当参照作出裁判；检索到其他类案的，人民法院可以作为作出裁判的参考。"应当参照"效力模糊，从文义解释分析，"应当"和"参照"所表达的含义存在矛盾之处。"应当"是指必须，引导的是强制性规范。但是"参照"从文义解释来看是指"可以"，引导的是任意性规范。含糊的表述对指导性案例制度运行最直接的冲击就在于法官的适用方式无从统一，让法官对援引指导性案例积极性不够高，从而出现隐性援引、不予回应、说理不充分的现象发生。

通过对问卷调查总结分析，超过半数的司法审判人员对指导性案例制度的功能和作用未能正确认识，未能形成对指导性案例制度的全覆盖的认识。58.52%的"法官"在审理裁判过程中偶尔适用指导性案例，23.58%的"法官"对当事人或代理人提出的指导性案例虽会作出说理但仅是释明，对于案例指导制度的适用缺乏约束性；32.39%的"法官"会查阅相关指导性案例，但不会进行指导性案例是否适用的释明。裁判人员对指导性案例制度适用不坚决，作为案件最终裁判者，其对于指导性案例制度理论认识的缺乏，将给案例指导制度在司法实践中的适用带来较大困境。

以上数据充分说明，法官作为案件的最终裁判者，在指导性案例适用过程中做法不一。仍有部分人员认为指导性案例不具有强制执行力，不能作为裁判依据或者认为不能直接适用等。广大审判法官未能充分认识自身在指导性案例制度实行中的基础性、实践性、前行性作用，将审理过程中遇到的典型性、疑难性案例与指导性案例结合适用。惩戒机制的缺乏，使得案例指导制度成为一项应然的价值判断而非必然的法律要求。指导性案例缺乏强制执行力和法律拘束力成为指导性案例制度陷入困境的一大成因。

（二）社会认知有待提升

马克思主义认为，人的本质属性主要是社会性。人的制度认同过程本身就是制度社会化的过程，人不可避免地受到社会关系的影响，从而有意识地支配自身的行为。人的经验和认知容易受其他因素影响，不同的经验和习惯将会导致社会认知水平的不同。制度的稳定性来自民众对制度的需求。社会各主体在认识和适用案例指导制度的过程中，认知尚不成熟，社会大众对案例指导制度的理解尚有不足。思维决定行为，认识是思维通过大脑形成的一种潜在认知。对案例指导制度的认识，决定了司法实践中对案例指导制度的适用方式。

根据案例指导制度问卷调查的情况，共收集"当事人卷"469份，其中15.57%为机关干部，17.06%为企事业单位人员。社会大众不了解案例指导制度的比例为18.34%，一般了解的占比38.59%，不会主动关注案例指导制度的比例为34.97%。对于指导性案例公布的数量，25.16%的"当事人"不了解，21.96%的"当事人"对于指导性案件的质量不了解。"法律职业共同体"中也有相当一部分不了解指导性案例，5.83%的"法律职业共同体"对指导性案例制度不了解，35.89%的"法律职业共同体"一般了解指导性案例制度。法官也存在不了解指导性案例的情形，3.88%的"法官"不了解指导性案例制度，42.9%的"法官"一般了解指导性案例制度。

本次调查对象主要集中于文化程度较高且对法律知识有一定了解的群体。但现有数据反映，仍有相当部分群体对案例指导制度不了解或者根本不关心，其中甚至包括从事法律工作的人，更不必说没有任何法律知识背景的群体了。案例指导制度建立的最终价值目标体现了人民对正义价值的追求。作为全面依法治国的国家，在整个社会大环境中，公众包括从事法律工作的人对于指导性案例制度拘束力的匮乏认知，反映了对正义价值目标认识的匮乏，这是我国案例指导制度运行受到阻碍的又一重大原因。

（三）宣传力度有待提高

1. 法院内部学之不深

最高人民法院较少就推进指导性案例工作召开专题会议、专题讲座、组织培训学习；各高院也鲜有就推进指导性案例制度适用而出台明确而具体的实施细则；各中基层法院也困于案多人少压力，对指导性案例编写、报送等相关工作未能给予足够重视。部分关于指导性案例制度完善的工作，前期声势浩大，但最终落实情况又缺乏有效监督。虽然对于每次发布的指导性案例，最高人民法院都会下发各级法院法官等法律执业人员学习的通知，但由于法官有较多案件需要审理，对于理论知识以及指导性案例的学习效果无法满足案例指导制度高效适用的要求。制度的运用是一项长期而具体的事情，裁判者内心在审理案件过程中对于指导性案例制度的认识尚浅或者对指导性案例的内容学习不够深刻，也是指导性案例制度尚未较好运行的重要原因。

调查问卷显示，65.34% 的"法官"了解指导性案例的途径为《公报》、文件、书籍、期刊、网络、当事人，仅有 34.66% 的"法官"了解指导性案例的途径为学习培训。法官作为案例指导制度的执行者、实行者和关键部分，对于指导性案例的学习大部分不是来自法院内部组织的培训，而更多地来自零散的学习。对于案例指导制度的推广力度、观念认知、错误适用的惩罚制度均影响着案例指导制度的适用。作为一项新的制度，制度的推行一定要养成习惯。出现频次较少，遗忘程度越高，惩罚力度越轻，惩戒性越小，制度推广效果越差。缺乏系统性学习、不能进行全过程学习，也很难有效推进制度落实。缺乏系统性学习，就无法认识案例指导制度的重要性；无法深刻了解案例指导制度的长远意义和本质属性。"给别人一瓢水，自己得有一桶水"，法官作为案例指导制度的实践者，缺乏对指导性案例内容的学习，在司法实践中无法适用此制度，这是案例指导制度运行陷入困境的重要原因，若不解决这个问题，案例指导制度将会变成"无源之水、无本之木"，无法继续实行下去。传统演绎思维虽很难改变，但可以通过反复地训练来培养类比推理思维，从而能够在日常裁判中逐渐适用案例指导制度。

2. 社会公众了解不足

指导性案例对外宣传不足。除对外公开发布指导性案例外，鲜有针对指导性案例的宣传、报道，无法满足全民学习指导性案例的需求。近几年最高人民法院已针对所发布的指导性案例主动开展宣传工作，主要采取在各类刊物、网络平台及时发布有关指导性案例内容，法院系统内部及时下发学习通知等方式。在法律专业者中，这种方式取得了很好的宣传效果，但是在不具有法律知识的人士中，却收效甚微。制度设立是否合理，取决于是否符合人民对制度的基本期待，能否满足人民对于制度的价值追求。

调查结果显示，法律职业共同体、社会大众对指导性案例作用、地位、功能均认识不足。56.93%的"当事人"对案例指导制度局限于一般了解或者不了解的程度，41.72%的"法律职业共同体"对指导性案例的了解也仅限于一般了解或者不了解的程度。76.76%的"当事人"不会或者很少进行类案检索，37.88%的"法律职业共同体"偶尔或者不会进行类案检索。

从以上数据可以看出，仍有部分非专业人士不太了解已经推行十多年的案例指导制度。这也从一定程度上反映法院对该项制度的对外宣传力度显著不足，仅停留在对法律专业人士的宣传，对非法律专业人士的宣传较少。宣传的力度体现了重视程度，宣传力度越强，制度的推广越深入；宣传力度不足，制度推行起来越困难。制度的推行不是一蹴而就，这是需要在全社会形成一种学习思潮，逐渐渗透其中。这反映出法院系统对案例指导制度重视不够。不同的重视程度，最终取得的宣传效果也不尽相同。

二、裁判思维差异化

（一）演绎推理思维固化

演绎推理属于法律思维方式的一种，是一种从一般到个别的推理方法，作为成文法国家审判的最常用方法，其每一次推理都遵循一定的步骤和规则。我国作为成文法国家，在审判中大量使用演绎推理，俗称三段论。三段论主要分为大前提、小前提、结论。其中大前提是裁判的依据，主要包括法律规则和法律原则，小前提为经过认定的案件事实，根据大前提和小前提最终得出结论。在我国司法实践中，裁判者习惯运用演绎推理的方式将抽象的法律规范与具体的案件事实相结合最终得出裁判结论。作为成文法国家，对于指导性案例的适用路径主要遵循以下程序：（1）运用类比推理寻找与待决案件可能具有相似性的先例；（2）从先例中归纳超越个案判断的一般性裁判规则；（3）运用演绎推理将先例裁判规则与待决案件事实连接，得出裁判结论。司法实践对于指导性案例的适用，应遵循"类比—归纳—演绎"模式。①

2010 年，最高人民法院发布《案例指导规定实施细则》，目的在于将我国仅参照法律规范和法律原则进行裁判的思维打破，借鉴判例法国家好的做法。从世界范围来看，"遵循先例"原则的确立，是对司法实践经验的总结，有助于法律规范的平等适用，实现以"相似的情形相似的处理"为基本内涵的形式正义。指导性案例不同于一般案例。指导性案例的发布旨在通过个案形成规则，对于类似案件具有普遍指导意义：首先，可以使裁判者运用类比推理逻辑规则，避免类案不同判；其次，可以为裁判者提供统一裁判的依据，节约裁判者的精力和时间，避免浪费司法资源；最后，可以为广大社会群体提供行为的依据，发挥法律的教育和引导作用。

演绎推理的普遍适用性使其成为裁判者最常用的方法，已非常成熟，深深镂刻在裁判者的法律思维中，在基础理论教学中，演绎推理作为大学理论教育的最基本推理方法，发挥着重要作用。演绎推理作为裁判习惯，在适用归纳推理、类比推理等逻辑方法时将会产生一定的固化阻碍。

（二）类比推理思维欠缺

按照司法解释的规定，参照适用的前提是类似案件，这就要求法官应当首先判断指导性案例与待决案例之间是否具有相似性。《案例指导规定实施细则》第 9 条对此进行了规定，即法官需要比对两个案件之间的"基本案情"和"法律适用"是否一致。若二者具有一致性，法官应按照指导性案例的裁判处理待决案件。②但实际上"基本案情"和"法律适用"依然给人一种模糊之感。对于比对类似性要素的选择，学界存在不同观点，大致包括四种观点：类似性要素是以争议焦点为基础的案件事实；③ 类似要素是裁判理

---

① 孙跃：《类案裁判要点的运用方法及其完善》，载《华政法学》2023 年第 2 期。

② 《案例指导规定实施细则》第 9 条规定："各级人民法院正在审理的案件，在基本案情和法律适用方面，与最高人民法院发布的指导性案例相类似的，应当参照相关指导性案例的裁判要点作出裁判。"

③ 冯文生：《审判指导性案例中的"参照"问题研究》，载《清华法学》2011 年第 3 期。

由或实质理由；[1] 类似要素是必要事实或关键事实；[2] 类似要素是综合性要素的组合。[3]

分析上述观点可以看出，学界关于类似性要素选取的观点主要集中于三个方面：案件裁判理由、案件争议焦点和某些案件事实。首先，指导性案件的裁判理由为案件的大前提，但在通常情况下，裁判理由多为"相关法条"和"裁判要点"，由于二者的抽象性特点，只能为待决案件划定大致的范围，因而无法作为比对要素。案件争议焦点是法官总结的指导性案例的争议问题所在，必须结合案情进行理解，单纯参考法律规范和争议焦点也无法得出相似性结论。因此，类似性要素应当为特定的案件事实，即法官应当比对指导性案例和待决案例的案情是否相似。但是与此同时，为避免法官陷入对案件细枝末节的比对困境中，需要比对的应当是两案的关键事实。关键事实包括"与案件争议焦点密切相关的事实"和"与裁判结果密切相关的事实"。正如学者所言："司法先例中的实质事实相当于制定法规则中的'行为模式'，是衡量行为人行为的充分必要条件。"[4] 正确应用案例，需要法官掌握一套复杂的案例比对技术。

（三）趋利避害心理支配

"在成文法国家，案例没有法律约束力，案例具有说服力。"这是一句古老的谚语。这说明，作为成文法国家，我国法院不能直接援引指导性案例进行裁判，指导性案例没有强制约束力，只能成为说理的参照，而不能成为说理的依据和理由。《案例指导规定实施细则》第 9 条[5]规定，在司法实践中对于与指导性案例相似的案件应当参照，但对于不予参照无任何法律后果。民

---

[1] 黄泽敏、张继成：《案例指导制度下的法律推理及其规则》，载《法学研究》2013 年第 2 期。

[2] 谢春晖：《从"个案智慧"到"类案经验"：指导性案例裁判规则的发现及适用研究》，载《中山大学法律评论》2018 年第 2 期。

[3] 王彬：《案例指导制度下的法律论证——以同案判断的证成为中心》，载《法制与社会发展》2017 年第 3 期。

[4] 张骐：《论类似案件的判断》，载《中外法学》2014 年第 2 期。

[5] 《案例指导规定实施细则》第 9 条规定："各级人民法院正在审理的案件，在基本案情和法律适用方面，与最高人民法院发布的指导性案例相类似的，应当参照相关指导性案例的裁判要点作出裁判。"

事、刑事、行政诉讼法中，"未参照适用指导性案例"不是改判、发回重审、再审的理由。对于应当参照适用指导性案例而不予参照，缺乏制约和评价机制。"应当参照"的效力模糊，导致法官在司法实践中是否参照和借鉴有很大的选择权，即使不参照指导性案例，也无须向本院审委会或相关部门报告，更无须承担任何责任。

问卷调查显示，55.22%的"当事人"在案件中从未向法官提出参照指导性案例的诉求，57.57%的"当事人"从未以法官没有参照适用指导性案例而上诉，54.37%的"当事人"认为法官在审理案件中应当主动检索，优先参照类似的指导性案例的裁判要旨与法律适用。53.51%的"法律职业共同体"认为法官在审理裁判中应当主动检索，优先参照类似的指导性案例的裁判要旨与法律适用，57.35%的"法律职业共同体"认为指导性案例可以作为上级法院改判或发回重审的理由。58.52%的"法官"在审理案件中偶尔参照指导性案例，10.89%的"法官"从未参照指导性案例。

指导性案例运行过程中，常常会面临检索难、识别难、参照说理难等困境。法官为了避免加重审判负担，往往会选择隐性适用或者不予回应，在裁判过程中尽量避免适用，进而出现裁判文书引述指导性案例裁判观点数量少、案例指导制度功能发挥不足或者无法发挥的后果。法官若明确参照或明确拒绝参照指导性案例则有可能出现错误，法官不予参照也没有任何惩治后果。在现有制度设置上无法约束适用者随意适用或不适用的行为，这将会影响指导性案例的适用效力，缺乏法的强制拘束性。惩戒措施的缺失往往会导致制度形同虚设，不予参照责任设置的缺失是案例指导制度运行陷入困境的一大重要诱因。

三、队伍建设待强化

人民法院应当扎实推进高素质法治人才队伍建设，全面激活法官的精气神；人民法院做好选人、用人、育人工作，为实现新时代人民法院高质量发展提供智力支撑和重要保障。应不断激励青年法官坚定理想信念，敢于担当勇于负责，发挥青年法官先锋的冲劲干劲，把青春奋斗融入司法审判事业，为新时代法院高质量发展绽放青春力量。

（一）基层法官案例工作意识欠缺

习近平总书记在党的二十大报告中强调，"必须坚持科技是第一生产力、人才是第一资源、创新是第一动力""全面提高人才自主培养质量，着力造就拔尖创新人才，聚天下英才而用之"①。最高人民法院出台的《法官教育培训工作条例》强调要广泛开展岗位练兵，组织优秀庭审评选、优秀裁判文书评选、办案标兵评选、学术论文研讨等审判实务技能竞赛活动，检验、深化法官培训效果。重点开展法律政策运用、庭审驾驭、证据认定、诉讼调解、裁判思维、法律适用、裁判文书说理等审判执行业务培训。

法院90%的案件在基层，85%的干部在基层，基层案件多、干部数量多决定了推行案例指导制度一定是以基层法院贯彻执行为起点。目前，在基层，还存在适用案例指导制度积极性不高，法官对于疑难复杂、新型案例裁判能力还有待提升，对于指导性案例学习和适用能力提升的专项培训还未有效开展，法官适用指导性案例进行裁判文书释法说理的能力有待加强等问题。基层首创和工作创新做得好，就能够解决一大批痛点难点问题。指导性案例制度的推行，是司法审判改革的创新，是深入推进"类案同判"裁判理念树立的必由之路。制度的具体实行要靠专业本领过硬、创新能力高、综合能力强的高素质法官人才。建立优秀年轻法官信息库，提升青年法官审判能力和法律适用能力，创新年轻法官培训与考评机制，有针对性地制订专项学习培训方案，鼓励青年法官到业务部门和吃劲岗位经受锻炼。在基层法院，积极营造"想创新、敢创新、善创新"的创新裁判思维模式，鼓励基层法官首创和工作创新，及时总结推广基层实践探索的好经验、好做法，为基层法院建设增效赋能。

（二）案例工作合力尚未形成

目前，我国指导性案例推选任务主要集中在基层法院案例研究室，负责具体案件的业务法官鲜有意识推送指导性案例，主动性、约束力欠缺。各级法院之间指导性案例推选的联系也较为薄弱，推选工作主要集中在基层，尚

---

① 《高举中国特色社会主义伟大旗帜　为全面建设社会主义现代化国家而团结奋斗》，载《人民日报》2022年10月26日，第1版。

未形成一种法院内部自上而下、融为一体、各部门协同推选的案例推选制度模式。业务庭法官推送指导性案例的缺乏以及各级法院案例推选工作内部联系不够密切是导致案例指导制度运行陷入困境的重要原因。

指导性案例制度的推行，需要各级法院相互配合，协同作业。各级法院的业务部门要强化案例推选意识，积极主动地在审理案件中发现有指导意义的新型疑难复杂案件，并能够主动推选。调查数据显示，51.33%的"法律职业共同体"认为，指导性案例不可以作为上级法院改判或发回重审的理由；38.45%的"法律职业共同体"认为指导性案例可以作为上级法院改判或发回重审的理由。超过一半的"法律职业共同体"认为指导性案例不能成为发回重审或者改判的理由，显示"法律职业共同体"适用指导性案例积极性较低。

指导性案例制度源源不断的发展需要不断拓宽指导性案例来源。在日常裁判中，要注重在审判执行工作中发现具有典型性、示范性、指导性的案件，为指导性案例的推选工作打下基础。对于拟推荐的案例，要进一步健全案例专业会议机制，对拟推荐的指导性案例进行深入研究论证，及时总结提炼裁判规则。要注重发挥资深法官和专家学者优势，深化理论研究，广泛征求意见，确保案例发布质量。要进一步完善审判委员会讨论机制，加强对案例指导工作的统筹管理，提升案例讨论质效。进一步督促引导各级人民法院结合各地工作实际，建立完善案例指导工作机制。对于指导性案例的最终选定，要形成一支从申报最终到报送的专业队伍人才，为指导性案例制度的推行储备丰富的理论和实践人才。

(三) 案例申报途径不畅

一个专业化、系统化、科学化的数据共享平台是法律能够借鉴、能够共享的重要条件。目前，法院系统内部有专属于内部案件沟通的平台。但到目前为止，指导性案例申报的平台尚未构建，这极大地增加了指导性案例申报的工作量和时间，降低了业务部门申报案件的积极性。指导性案例仍然主要依靠最高人民法院来进行发布。指导性案例的申报主要依靠各级法院的案例研究室来进行逐级上报，并未搭建一个先进的数据库系统，缺少一个数据共享、资源共联的平台，这将会影响指导性案例的时效性。

目前，案例检索平台主要为中国裁判文书网、北大法宝、威科先行、法信等互联网平台，随着人工智能技术的快速发展，用户通过对关键词的筛选，将目标需求进行输入，选取与案件相关的数据进行案例分析，最终将会得到一份完整的案件报告。平台对指导性案例有所标识，但对指导性案例推选的背景、推选的目的、裁判的意义以及案例的指导性缺乏具体描述，这也将导致不同的法官对案例的指导性理解存在不一致。案例检索平台系统朝着智能化的方向发展，以此来适应案例检索和司法活动的高度复杂性，能够保证推送更精准的结果给检索法官。

指导性案例申报平台的构建，需要耗费大量的人力、物力、财力以及精力，这需要按照民事、刑事、行政、执行等类型划分申报途径，要从案件性质、具体案情、关键事实、争议焦点、裁判思路与法律适用等方面进行内容分类。申报类型和分类较为复杂，这要求上报的法官需要经过专业的培训才能达到较好的效果。若构建成功，这将给指导性案例制度推行提供极强的技术保障。人工进行的审查终究还是带有个人主义色彩，不能完全跟上时代的发展，对于已经废弃或者不再具有指导意义的指导性案例，若能够建构一个案例指导平台，那么可以在平台上进行申报与革新，能够更便捷地服务于裁判的需要。

第三节　案例配套机制不健全

法律的生命在于实施，实施的重要内容在于裁判尺度的统一。"统一法律适用"是为了避免"类案不同判"情况的发生，案例指导制度则是促进裁判标准统一的重大举措。指导性案例的生命力在于参照适用，如果没有形成指导性案例参照适用的机制和氛围，案例发布后仅被作为一份资料存放，甚至束之高阁，那么案例指导制度的作用就会虚化，指导性案例最终会失去其生命力。[①] 当前，指导性案例制度配套机制较为缺乏，而激励机制与惩戒机制尚未完善规范，将会使得制度推行缺乏强制保障，缺乏强制适用性与执行力，容易导致案例指导制度的推进停滞不前。

---

　　① 石磊：《中国特色的案例指导制度及发展完善》，载《江西法院案例选》2023 年第 1 期。

一、适用监督机制缺失

（一）内部监督的缺位

法律沟通方式不断由根据抽象规范裁判的单一模式向依照"抽象规范+指导性案例"的双元模式演变和发展，诉诸法律规范、司法解释、行政法规及指导性案例的司法混合治理方式成为顺应时代和历史发展的必然趋势。[①] 案例指导制度是法律沟通方式的演变与发展的产物，见证了我国从只依据法律裁判的抽象规范审判模式到抽象规范模式与具体实践需求相结合的多元审判模式的转化。案例指导制度的目的在于执行，没有执行，再好的制度也是一纸空文，监督机制是制度执行的根本保障。随着司法改革的不断深入，构建与司法运行相吻合的监督机制刻不容缓。

目前，司法系统对于适用案例指导制度缺乏内部监督，没有形成系统、科学的监督机制，监督措施显然缺乏约束性。要正确适用监督机制，避免对于类似指导性案例法官熟视无睹，裁判过程中直接背离指导性案例的审判观点作出最终裁判的行为。同时，也要避免法官在审判过程中为了维护某一方的权益，对于不属于同类型的案件，为了达到审判效果，强行适用指导性案例，扩展适用指导性案例的情况。此外，裁判是一项复杂又极具理论性的工作，法官在适用指导性案例时应当释明参照的理由，这将会导致法官存在较大的适用风险，此时要避免法官在本该适用指导性案例的情况下，为了规避风险和难度，隐性参照适用指导性案例。

因此要强化司法内部监督，建立科学、系统的监督机制，对于案件全过程动态监督，增强司法的刚性约束。有效监督机制的缺位，可能会使制度在运行期间逐渐糜烂甚至产生新的重大危机。案例指导制度是我国司法系统自上而下的一项制度创新，作为成文法国家，该项制度的运行是一种全新的尝试。最高人民法院发布《案例指导规定》和《案例指导规定实施细则》的根本目的是明确最高人民法院发布的指导性案例可以指导下级法院审判工作，

[①] 侯晓燕：《指导性案例适用失范的现状、成因及其出路——以指导性案例24号的参照情况为分析视角》，载《交大法学》2022年第4期。

统一法律适用标准。这体现了法院内部之间的监督方式，综合案例指导制度的所有理论依据，目前尚存的文件中未能明确列明监督适用指导性案例的主体，以何种方式对指导性案例制度运行进行监督，以及适用指导性案例不当的惩治措施。

（二）外部监督的缺失

中国特色社会主义进入新时代，习近平总书记明确强调："要以党内监督为主导，推动人大监督、民主监督、行政监督、司法监督、审计监督、财会监督、统计监督、群众监督、舆论监督有机贯通、相互协调。"[①] 坚持外部监督与自我革命协同发力是中国共产党加强自身建设的宝贵历史经验之一。发展全过程人民民主是新时代加强民主法治建设的创举，践行了以人民为中心的发展思想，是"人民监督权"得以更全面、更有效地行使的重要保障，让党外民主监督的功能得以更充分地发挥。[②]

全面从严治党和全过程人民民主的推进，将外部监督与自我革命的相互促进、协同发力推向新高度。外部监督与自我革命相结合是中国共产党立党兴党的重要举措。法治与政治相互结合，相互交融。良好的社会环境促进法治的进步，法治不断进步，更好地服务于社会发展。法治兴则国家兴，法治强则国家强。作为社会主义法治国家，对法治建设的外部监督经验与党内监督经验一脉相承。不断进步的党内监督经验是我国法治建设经验的重要源泉。目前，我国法治建设外部监督制度较为缺乏，案例指导制度运行的外部监督制度更是有所缺失，这导致案例指导制度推行起来遇到重大阻力。

作为社会主义法治国家，首先要提高思想认识，可以由在以审判为中心的诉讼制度改革中引入人民陪审员制度延伸出在案例指导制度中引入特约监督员制度。在律师或者当事人主动提起适用指导性案例的案件中，特约监督员的意见应当作为援引的参考。首先，要切实增强特约监督员工作的责任感

---

① 《习近平在十九届中央纪委四次全会上发表重要讲话强调：一以贯之全面从严治党强化对权力运行的制约和监督　为决胜全面建成小康社会决战脱贫攻坚提供坚强保障》，载《人民日报》2020 年 1 月 14 日，第 1 版。

② 冯刚、侍旭：《科学看待马克思主义执政党外部监督与自我革命的辩证关系》，载《思想理论教育导刊》2022 年第 9 期。

和使命感。遵守特约监督员相关规章制度，掌握特约监督员的工作职责，做好工作，守好根本。其次，要认真履职尽责，积极发挥特约监督员职能作用。围绕全面从严治党治院和法院工作大局，发挥好监督检查、参谋咨询、桥梁纽带作用，为营造法院风清气正的政治生态和良好的干事创业环境贡献力量。最后，要加强组织领导，做好特约监督员工作的服务保障。法院自上到下要各司其职，严格落实责任，加强协调配合，支持、保障特约监督员开展工作，推动法院工作不断实现新发展。

二、激励机制落实不力

对各种具体社会行为的调控体现了法律的社会功能，行为的作出源于某种情绪的调动。激励，就是调动人的积极性，是指主体追求行为目标的愿望程度。从字面意义上理解，激励指激发使之振作，即激发动机、鼓励行为，从而形成一种动力。在心理学上，激励又叫强化。[1] 个体受到正确、充分的激励，就会大大提高能力的发挥程度。对于指导性案例的编写、采用、适用属于相应的法律行为，行为由动机调动起来。激励机制分为外附激励和内滋激励。外附激励方式既包括赞许、奖赏等正激励，又包括压力、约束等负激励；内滋激励属于主体自身产生的发自内心的自觉精神力量，如认同感和义务感。[2] 案例指导制度的适用缺乏外附激励与内滋激励举措，导致在约束力不足的情况下，内在的编写、适用动力和敬畏之心不足。

（一）案例推选缺乏激励

《案例指导规定实施细则》第 4 条第 1 款[3]规定，最高人民法院案例指导办公室负责指导性案例的征集、遴选、审查、发布、研究和编纂，以及对全国法院案例指导工作的协调和指导等工作。指导性案例由四级法院推选，最

---

① 付子堂：《法律的行为激励功能论析》，载《法律科学（西北政法大学学报）》1999 年第 6 期。

② 付子堂：《法律的行为激励功能论析》，载《法律科学（西北政法大学学报）》1999 年第 6 期。

③ 《案例指导规定实施细则》第 4 条第 1 款规定："最高人民法院案例指导办公室（以下简称案例指导办公室）负责指导性案例的征集、遴选、审查、发布、研究和编纂，以及对全国法院案例指导工作的协调和指导等工作。"

终由最高人民法院决定。指导性案例推选更多的是与法官的业绩和考核挂钩，并没有从法官内心以及外附激励出发，对于推选的过程以及推选的结果缺乏赞赏与压力约束等方式。认同就是个体承认、同意群体或组织的目标，进而产生一种肯定性的情感和积极态度，甚至迸发出一种为实现某一目标的驱动力。[①]

调查结果显示，57.48%的"法官"偶尔参与指导性案例的编写，30.68%的法官从未参与过指导性案例的编写；61.32%的"法律职业共同体"从未在工作中发现符合指导性案例条件的案例，也未向作出生效裁判的原审人民法院推荐或向案例指导办公室提出推荐建议。由于缺乏对于公民和法官推荐指导性案例的激励机制，因此民众和法官推荐指导性案例的积极性就越来越小。

（二）案例适用缺乏激励

义务带有法律强制性，但多数情况下义务的履行全靠自觉，权利可以放弃，义务必须履行。指导性案例的适用应当成为裁判者的义务而非权利。指导性案例参照适用可以让法官在裁判中对于类似案件能够有所参考，最终是否适用是由具体承办法官决定的。不适用没有任何惩罚措施，但若适用错误将会追究法官的责任，司法案件终身负责制也是使得法官在参照适用指导性案例过程中谨慎小心的重要原因。正激励与负激励的缺失，法官内心缺乏适用的动机继而失去适用的动力。

调查结果显示，48.39%的"法官"在审判案件过程中偶尔向合议庭、审委会介绍过类案检索情况，58.52%的"法官"在审理案件时偶尔参照过指导性案例，10.89%的"法官"在审理案件中从未参照过指导性案例。多数法官在裁判中会直接判决而不会去主动搜集和援引指导性案例。法律对人起作用才发挥法的社会功能。权利与义务的内容与其所要满足的人的需要是一体的、统一的。[②] 义务感作为人们的一种内心要求会对个体行为产生一种自觉的精神动力，使之心甘情愿付出一定代价。

---

① 付子堂：《法律的行为激励功能论析》，载《法律科学（西北政法大学学报）》1999 年第6 期。

② 丰霏：《法律治理中的激励模式》，载《法制与社会发展》2012 年第 2 期。

部分受访者对指导性案例制度缺乏内心认同。对于应当适用而未适用指导性案例进行裁判的，民众没有投诉的渠道，对法官也没有惩治措施。指导性案例适用率低，法官适用积极性不高是案例指导制度推行阻碍的重要原因。制度的运行最终落实在执行，最终的执行者都缺乏适用积极性，不积极主动适用，案例指导制度的推行将会遇到层层阻力。法律之治的最高境界在于，通过具有"强制力"的法律规则或规范，实现"非强制性"的法律激励，调整整个社会人们的行为，实现社会的和谐和发展；或者说，通过"强制地"让人们不做什么的具体规则，产生"非强制地"让人们做什么的普遍激励，实现个人利益与社会利益的一致性。① 也就是说，法律的首要目的是通过提供一种激励机制，诱导当事人采取从社会角度看最优的行动。② 而法律对于个体行为的激励功能，就是通过法律激发个体从事合法行为，使个体受到鼓励去作出法律所要求和期望的行为，最终实现法律所设定的整个社会的目标，取得预期的法律效果，形成理想的法律秩序。③

综上，案例指导制度运行困境之成因，一是源于制度本身的不完善，二是源于外界支持的缺乏，具体来说：第一，制度本身缺乏激励性和强制力约束；第二，法官内在裁判思维固化严重；第三，制度外在宣传和普及力度较小。这三者共同成为案例指导制度推行遇到阻力的原因。

面对日益多变复杂的社会矛盾和司法矛盾之间的冲击，法官无法准确拿捏制度适用的尺度，或者说是对于案例指导制度的适用无法形成内心确信，导致遇到类案时徘徊在用与不用之间。我国属于成文法国家，依法裁判已经深入裁判者的内心和民众的内心。一项新的裁判制度的出台，需要逐步完善制度运行的可接受性和可靠性，需要长时间不断加大制度适用的频率，使新的观念慢慢渗入人心。案例指导制度成为裁判的说理依据，为理论与实践构建新的桥梁。司法是开放的，司法处理手段也应当是百花齐放的。为了让公

---

① 陈彩虹：《法律：一种激励机制》，载《书屋》2005 年第 5 期。

② 张维迎：《作为激励机制的法律》，载张维迎：《信息、信任与法律》，生活·读书·新知三联书店 2003 年版，第 66 页。

③ 付子堂：《法律的行为激励功能论析》，载《法律科学（西北政法大学学报）》1999 年第 6 期；付子堂：《法律功能论》，中国政法大学出版社 1999 年版，第 68～69 页。

民在每一个司法案件中感受到公平正义，法学理论的支持不可或缺。指导性案例制度是我国裁判思维的延伸，离不开坚实深厚的法学理论基础。

三、退出机制不够明确

指导性案例的适用价值与社会整体水平的发展、法治建设的完善息息相关。面对日新月异的发展环境，法律的滞后性日益凸显，指导性案例也具有一定的滞后性。对于已经公布的指导性案例在适用过程中可能会出现与社会发展、法治建设不相适应的情况，这就需要及时对指导性案例进行清理和更新。随着制度的不断发展，指导性案例的退出程序和标准尚不明确将会给指导性案例制度的运行带来一定的阻碍。

（一）退出标准不清晰

《案例指导规定》第 12 条指出，指导性案例有下列情形之一的，不再具有指导作用：与新的法律、行政法规或者司法解释相冲突的；为新的指导性案例所取代。上述指导性案例的退出情形只针对指导性案例之间存在冲突与矛盾导致无法适用的情形。对于指导性案例适用效果不佳的，对于从未被援引、援引次数过少、文本存在缺陷的指导性案例是否应该退出缺乏明确规定。

截至 2022 年年底，最高人民法院通知为保证国家法律统一正确适用，根据《民法典》等有关法律规定和审判实际，指导性案例 9 号、20 号不再参照，但该指导性案例的裁判以及参照该指导性案例作出的裁判仍然有效。

法律具有时效性，指导性案例发布的根本目的是使得法官能够"类案同判"，避免发生不公平的裁判结果。法律条文可以被及时修改，但指导性案例属于一项制度，已经发布的案例以及已经参考指导性案例作出的裁判无法被随意修改。但制度可以革新，不断自我革命和自我革新的制度，可以让司法审判程序更加鲜活，更加与时俱进。新发布的指导性案例代表最新裁判观点，可能会与先前发布的指导性案例的裁判观点有相冲突的部分，如果没有先前指导性案例的退出标准，可能就会导致案例指导制度运行陷入困境。

（二）退出程序不明确

法律废止是法律更迭的必由之路，不符合社会发展需要的法律可以被废止，但我国目前尚未设立无法适应社会发展需要的指导性案例的退出程序。社会不断发展，法律也在不断完善，必然存在基于当时政策、法律编纂的指导性案例与新法存在矛盾的情形，那么这些案例应否从指导性案例中退出，或者在新的法规作出的同时废止指导性案例，法律规定的退出程序尚不规范。

对于已发布的运行效果不佳、具有瑕疵的指导性案例，如何处理，我国法律也同样缺乏程序性规定。最高人民法院关于不再参照适用指导性案例9号、20号的通知①中载明，该通知经由最高人民法院审判委员会讨论决定，这表明指导性案例不再被参照由最高人民法院决定，但其他程序法律没有明确规定。该退出的决定是以通知的方式作出，并没有明确具体的条文依据，也会导致指导性案例退出机制不规范。

指导性案例的退出由谁发起、退出依据由谁评估、退出材料由谁审核、最终由谁决定均无明确规定。这可能会打击各个主体适用案例指导制度的积极性，给案例指导制度在司法实践中适用带来阻力。

---

① 《最高人民法院关于部分指导性案例不再参照的通知》（法〔2020〕343号）指出：为保证国家法律统一正确适用，根据《中华人民共和国民法典》等有关法律规定和审判实际，经最高人民法院审判委员会讨论决定，9号、20号指导性案例不再参照。但该指导性案例的裁判以及参照该指导性案例作出的裁判仍然有效。

第五章 启示借鉴：不同语境下相关
制度的比较分析

"博晓古今，可立一家之说；学贯中西，或成经国之才。"法律不是一个孤立的社会现象，一种法律制度的诞生是社会政治经济传统共同作用的结果，而一种法律制度的运行，更需要许多社会制度和条件相互配合，从比较法律文化的角度出发，能够促成我们对中国和英美法系、大陆法系法律制度及基础的更充分的理解。① 为了发挥案例指导制度在完善法律体系中的重要作用，古今中外都曾作出过无数的探讨和尝试，积累了丰富的经验和有益的做法，可为我国现有案例指导制度的发展完善提供经验借鉴。

第一节 我国传统案例制度的启示

中国历来重视案例，无论是秦代的"廷行事"，汉代的"决事比"，唐宋的"法例"与"断例"，还是明清的"成案"与"例"，以及中华人民共和国成立后的案例实践，均可视为"以例断案"之传承与典范。

一、我国古代案例制度

古代中国的案例研究，主要历经了秦汉、唐宋、明清三个时期。早在秦汉时期，我国便对案例进行系统整理并且确立了"集类为篇，结事为章"的案例编撰体例。秦汉司法实践演变出"廷行事"与"决事比"，二者虽在称谓上有所不同，但所表达的内容都是指在没有成文法的规定下可以通过类比

---

① 武树臣：《比较法律文化研究的对象和方法》，载《中外法学》1992年第1期。

推理比照以往判决的案例作出裁判。唐宋时期，我国已出现案例研究的著书，最具代表性的属郑克所著的《折狱龟鉴》。明清时期的"成案"与"因案修例"制度更是古代中国案例制度的典范。鉴于古代中国的案例研究中，"古代"二字所指向的时间跨度相当大，本节姑且只把研究范围限于清代。清代是古代中国的最后一个封建王朝，也是中国古代传统法制发展最为完善、鼎盛的时期，相较于秦汉与唐宋的案例研究更具代表性。"清代的案例制度具有鲜明的创新价值与时代特征：案例注重司法经验的总结和司法智慧的提炼；强调法律适用中道德与法律、人情与法意的协调。"①

有学者认为，中国古代社会的法律形式历经西周、春秋的案例法时代和战国、秦代的成文法阶段，自西汉至清末，形成了成文法与案例法相结合的混合法样式。也有学者认为，我国古代虽然存在"案例"制度，案例可以在断狱时参照，但未上升到"案例法"的高度，即中国无真正意义上的案例法传统。② 但是至少可以认定，传统中国持续性地存在着通过案例解决某些裁判问题、总结司法经验的做法。本节旨在通过对清代案例制度的生成机制、法律效力、案例汇编及其表现形式三个方面的研究，从中挖掘出清代案例制度所蕴含的深层次规则，以史鉴今，对我国当代案例指导制度完善提供借鉴，对当代的法治中国建设可带来正面的支撑，亦可从反面予以警示。

（一）清代案例的生成机制

《大清律例》规定，"凡属成案，未经通过，著为定例，一律严禁"。基于本条规定可以将清代具有参照意义的案例大致分为两类。一类是具有借鉴意义但由制定法明令禁止适用的案例，即成案。清代成案，系指由司法官集团基于审判活动所创设的先例，狭义上"俱系例无专条、援引比附加减定拟之案"，指当审理法无明文规定的类似疑难案件之时，比照以往处理过的旧案；广义上则包括所有高层司法机关（主要是刑部）批准或办理的旧案。本文所论成案就广义而言。成案所存体量相当庞大，但其不具备国家正式的法

---

① 王志强：《清代成案的效力和其运用中的论证方式——以〈刑案汇览〉为中心》，载《法学研究》2003 年第 3 期。

② 沈宗灵：《当代中国的判例——一个比较法研究》，载武树臣主编：《判例制度研究》，人民法院出版社 2004 年版，第 194 页。

源地位，司法实践中较成文法的适用具有劣后性。清代司法实践中，成案更多地被作为研习案例以及阐释制定法的工具。另一类是清代的"因案修例"制度，由于相关案例极具典型性，符合最高统治者的政治需求，在清代此类案例发挥着制定法的实际效用，在立法活动中，最终以制定法的形式确定下来，不再以案例的形式存在。清代统治者通过"因案修例"制度，从经典司法案例中抽象出成文法则，进而实现法律文本适应性与稳定性的平衡。

综上所述，清代的案例制度主要分为两种，一类即成案制度，另一类则为"因案修例"制度。清代的两类案例制度，恰恰与中国当代指导性案例与司法解释制度存在着对应关系，但又存在着实质的不同。清代成案的生成机制与我国当代的指导性案例的生成机制在本质上相同，均由最高司法机关批准，不同之处在于最高人民法院办理的案件不当然成为指导性案例，必须经过最高人民法院审判委员会批准，才能成为指导性案例，其具有指导性作用，下级法院均应参照。"因案修例"与我国当代的司法解释的生成机制相类似，二者都需要经过严格的程序审批通过。司法解释，是指人民法院在审判工作中针对具体应用法律的问题，由最高人民法院作出的解释，其正式发布之前，必须经过审判委员会讨论通过，表现为具体的法律条文，在全国范围内具有普遍约束力。而"因案成例"的程序则更为烦琐，在清代，首先需要经过地方督抚或将军、以刑部为主的中央机构、皇帝任何一方的提议，然后再经过刑部初核、皇帝终核后，最终通过律例馆进行修例，具有正式的法源地位。二者都系一种司法创制，能够更好地应对实践的发展，比常规立法更具灵活性与机动性，能够保证法律的适应性，解决法律滞后性的难题，进而保障法律的稳定性与适应性。

（二）清代案例的法律效力

清代法律规范由律、章程、禁约、告示、条例、则例等不同法规形式所组成。在这些不同的法规形式中，什么样的"法律规范"可以成为司法官吏断案的依据？清代法律明确规定，刑事案件的判决必须有法律依据，即使没有可以直接引用的法律，也必须类比适用相似法律并说明理由，清代的案例生成就本质而言，是一种类推或比附下对已有法律的具体化与明确化。案例要具有法律效力，必须有特殊的批准程序。案例要具有法律效力主要是两种情形：（1）某一案件的裁决在其被皇帝批准时明确宣布将之"著为例"；（2）当时没有明确宣布某判决是案例，但是嗣后将该判决作为依据进行判决的案件得到了皇帝的批准。典型的适用案例断案的示例有山西周进才案。①

1. "成案"的法律效力

在清代，"成案"从未获得过制定法的正式认可，不具有制定法的强制法律效力。乾隆三年修订的《大清律例》中明文规定："凡属成案，未经通行著为定例，一概严禁，毋得混行牵引，致罪有出入。如督抚办理案件果有与旧案相合、可援为例者许于本内声明刑部详加查核附请著为定例。"此条在被制定后，从未修订过，至清朝覆灭前均有效。在清代司法实践中，成案被不断应用，尤其是在解决疑难案件上。清代司法官员主要运用归纳、情节类比、区分等基本方法，揭示各案例事实之间的相似性与不同性，达到相同问题相同处理的良性循环。清代成案与制定法的适用关系主要存在以下几种情形：（1）原则上，成案居于辅助地位，制定法始终居于主导地位，成案一般在制定法未涉及或者虽涉及但规定不明存在漏洞的领域予以补充。在援引次序上，刑部官员必须优先援引制定法，就如《刑案汇览》卷23《因奸致死养媳议复棘寺签商》中规定："总之本部办理刑名，均依律例而定罪，用新颁律例，则仍以最后之例为准。至律例所未备，则详查近年成案，仿照办理。若无成案，始比律定拟。"但在例外情形下，存在成案被优先援引，不严格遵循制定法规定的情形。按照《大清律例》的规定，谋杀祖父母或父母，致被害人死亡，案犯必须凌迟处死。但是在广东"韩淳青砍伤伊母韩冯氏身死案"和"伍荣弈殴伤伊母伍李氏身死案"的审判中，司法机关并未严格依据成文法的规定判处凌迟，而是援引以往的成案改为杖毙。（2）制定法可否定成案的效力。当制定法否定成案的效力后，会导致现阶段案件的裁判结果不同于以往的成案。在极个别情况下甚至还会使已决成案的既判力消灭，如嘉庆十二年广东省李进元案、嘉庆十五年杨云登案和嘉庆十六年李阳孙案等，由于与嘉庆十六年刑部在回复何其典案时所阐述的制定法原则不符，虽然原判决均在执行

———————

① 王志强：《清代成案的效力和其运用中的论证方式——以〈刑案汇览〉为中心》，载《法学研究》2003 年第 3 期。

中，但是刑部仍然将已决之案全部改判，重新执行。（3）成案可演变为司法惯例，进而在清代司法实践中获得更持久、稳定的效力。当成案被反复援引，产生不断复制和再生的法律效果，最终可能成为司法惯例。有的成案在形成惯例后，具有较为明确细致的规范力，在一定程度上具有立法的目的，在反复的司法实践过程中，最终形成较为固定的规则。

2. "因案修例"的法律效力

《清史稿》有载："删原例、增例著名目，而改变旧例及因案增设者居多。"此文是对因案修例制度最直接的描述，说明《大清律例》的条文，有许多都来自司法实践的总结，是基于案例的修撰。因案修例制度的存在，某种意义上为成案与制定法之间的链接提供了一条特殊渠道。"因案成例"制度中，除皇帝本人提议的因案修例具有"口含天宪"的效力外，地方督抚、刑部、理藩院等主体所提出的因案修例，必须经过层层审批，并最终由最高统治者决策。"成例"在实质上与制定法具有相同的法律效力，其与成案存在着本质的不同，成例能够直接被刑部推广适用。"成例"在适用范围与适用顺序上都与制定法有着相同的效力位阶，二者不存在孰先孰后的问题。

（三）清代案例的汇编制度

1. 案例编纂与研究

清代案例汇编和案例研究较为系统和发达，清代的案例汇编与案例研究主要源于两个方面，一方面在于官府人士积极运作，如清代刑部官员历时数十年精心编纂的《刑案汇览三编》，清代时任刑部司务厅司务、陕西司主事、总办秋审兼湖广司督的全士潮汇编的《驳案汇编》等；另一方面来自民间人士的极力参与，如清代周尔吉编纂的《历朝折狱纂要》、胡文炳编纂的《折狱龟鉴补》、吴坛的《大清律例通考》、薛允升的《读例存疑》等。① 这一时期的案例汇编与研究，形成了官民有效互动、共同推进完善案例机制的历史格局。这些案例汇编为司法实践中对案例的运用提供了更为方便的渠道；而案例研究则立足制定法的原则、精神，总结审判经验，介绍办案技巧，启迪法官智慧，服务立法改革，为案例制度的发展提供了重要的知识支撑。

---

① 汪世荣：《中国古代的判例研究：一个学术史的考察》，载《中国法学》2006 年第 1 期。

2. "因案修例"制度

"因案修例"更像是法律的司法创制,其肇始于具体的、典型的司法案件,"修例"流程与清代司法审判流程高度重合,总结司法经验,从案例抽象出规则并上升为成文法。清代"以例辅律"则是从案例中抽象出规则并上升为制定法条文。清朝设有常设性的专业修例机构——律例馆,主持律例修订。乾隆元年规定,条例每三年一修。乾隆十一年改为"五年一小修,十年一大修"。在清代,修例被定期化、经常化,从而形成较为完备的修例制度。清代的"因案修例"制度与案例指导制度裁判要旨的产生具有异曲同工之妙,值得我们在研究如何发展与完善中国特色案例指导制度时借鉴。

二、我国近代案例制度

(一)民国案例制度的形成

民国案例制度之形成,大致可划分为两个时期,即北洋政府大理院时期与国民政府司法院时期。1911 年辛亥革命之后,民国肇始,传统与现代交织,国家和社会的发展极不稳定。随着西方文明的传入,以成文法为主体的中华法系遭到持续的冲击,原有的秩序架构开始崩塌,中国固有的法律体系开始向近代西方资本主义法律转型。但在此时期,国会屡遭解散而无法正常履行其立法职权,国会立法处于一种"真空"状态。在此时期,最高司法机关大理院发挥了法律创制的作用,通过发布案例、解释例的形式代行"立法权"。在形成固定的案例汇编之前,大理院将具有创新意义、能弥补现行法律漏洞、具有抽象规范价值的民事刑事案例载于《政府公报》《司法公报》与《大理院公报》的"例规"栏目中,作为地方各级法院审判类似案件时的参考与依据。"本院历来案例""本院案例所屡经说明者""本院采为案例者""本院著为案例者"等类似的说法广泛出现在大理院的案例中,此种语言样态确实能"充分证明大理院是直接以案例作为审判依据,承认其具有法律上的拘束力"。到 1919 年 12 月,北洋政府大理院公布了该院的第一部案例要旨汇编——《大理院判例要旨汇览》,1923 年 12 月又公布了《大理院判例要旨汇览续集》,两集共收入判例"计三千九百九十一条"。无论是大理院发布的个案裁判还是解释例实质上都是抽象性的规范创制,对未决类似案例具有普遍约束力。

第二时期是国民政府时期，集中体现为司法院发布的案例。在此时期国民政府效仿日本，制成了《六法全书》，该法律构成了国民政府时期法律制度的基本框架，同时亦是成文法的总和。虽说在国民政府时期存在成文法，但1928年《司法院组织法》第3条仍规定："司法院院长经最高法院院长及所属各庭庭长会议议决后，行使统一解释法令及变更判例之权。"由此条文可见，司法院时期与大理院时期在案例制度上并不存在实质的差异，司法院依旧保留了统一对法令进行解释与通过案例变更法令的解释的权力。司法院于1927年成立，1934年春刊印了第一部《最高法院判例要旨》，所收案例的时间跨度为1927年12月至1931年12月，具体分为民法、民事诉讼法、法院组织法、公司法、票据法、破产法、刑法、刑事诉讼法等。此后，最高法院案例编辑委员会于1943年刊印了第二部《最高法院判例要旨》，分为上、中、下三册，所收案例跨度为1932年1月至1940年12月。

（二）民国案例制度的启示与反思

民国的案例制度不仅解决了当时的司法裁判问题，还确定了近代立法的新途径，即通过"立法"与司法创制法律两种途径共同实现传统法律向现代化法律精神与制度的转型。无论是大理院还是司法院，其都作为最高的司法机关，通过案例的形式，行使着某些法律制度创制的职能。正是民国案例制度这种司法创制，极大限度上缓解了民国时期制定法的滞后性。民国案例制度对随时变化的社会环境能够迅速适应，并有效回应，大大提高了司法效率。但是，民国案例制度又存在一定的局限性，由于民国时期的政治环境极其不稳定，地方军阀以军事裁决代替司法机关的独立审判，大理院或者司法院的中央法令并不能约束军阀的肆意妄为，给司法权威带来了极大的冲击。

三、历史分析之启示借鉴

通过前文对历史维度的考察，可以看出案例指导制度在我国历史上一直发挥着重要作用，是我国法治发展过程中的重要组成部分，这为当代案例指导制度的发展提供了历史经验和历史积淀。早在秦汉时期，中国法律实践中就存在"廷行事"和"决事比"等制度，司法机关通过援引以往类似案例进行判决。明清时期我国形成了较为成熟的"成案"制度，虽然"成案"不具有强制约束力，但在解决疑难案件时提供了重要参考，也体现了"以例断案"的传统。如清代郑克主编的《折狱龟鉴》收录了大量法律案例，成为清代主要的案例指导类书籍。民国时期最高法院发布的案例，以及革命根据地时期的案例工作，都反映了中国法制发展过程中对案例指导的重视，对于当代案例指导制度有着积极意义，对当代的法治中国建设可带来正面的支撑，亦可从反面借鉴。值得注意的是，这些历史借鉴应本着辩证和发展的眼光，从法治历史演进的内在规律中提取有益于当前和未来发展的精华。

历史上案例指导制度虽然形态各异，但都在一定程度上弥补了成文法的不足，能够使法律更好地适应社会发展需要。如"成案"制度在成文法未作规定的情况下，能引用类似旧案指导处理。民国时期，国会立法不健全，最高法院通过案例指导下级法院。这表明案例指导制度在一定程度上能够弥补成文法滞后的缺陷，使法律适应社会需求。当代中国法治建设仍面临这一问题，应继承并发扬案例指导的传统方式，注重从海量案例中提炼普遍价值，编纂高质量案例指导汇编，积累审判案例中的智慧，促进法治与社会发展的有机统一。

历史上的实践经验表明，案例指导制度还有利于统一各地法院对法律的理解和适用，增强全国法律适用的一致性。如清朝通过律例馆搜集典型案例，上报皇帝批准后，下发各省作为"因案修例"，统一法律适用标准。当代法治建设仍存在法律理解歧义问题，应加强案例指导制度在统一法律适用标准方面的作用。传统案例制度在我国历史法治发展中发挥了积极作用，对完善法治、提高司法水平具有重要贡献。新时代的法治建设应当继承和发扬我国案例制度的历史传统与优良作用。

四、小结

（一）服务法治中国和社会主义现代化建设总体目标

历史和域外经验表明，建设行之有效的案例指导制度可以为中国特色社会主义法治体系的完善提供重要补充，同时也必须服务于中华民族伟大复兴的总体目标。具体来看，案例指导制度在以下几方面发挥着重要作用：第一，维护社会公平正义，促进人的全面发展。案例指导制度通过总结司法实践经验，体现社会主义核心价值观，如公正、民主、诚信等，引导司法机关在处理复杂案件中兼顾不同法律价值，以促进社会各层面和市场各主体权益的实现，维护社会公平正义。第二，维护经济社会秩序，保障改革发展稳定。在经济社会高速变革时期，案例指导制度能通过对新情况新问题的指导，统一法律适用标准，为经济活动提供稳定可预期的法治环境，防范法律风险，维护正常的经济社会秩序。第三，维护国家安全和主权，捍卫国家尊严和利益。健全的案例指导制度能通过对一些危害国家利益和主权的典型案例对社会进行教育警示，坚决维护国家安全，维护国家尊严，维护人民利益。第四，弘扬社会主义核心价值观，传承中华优秀传统文化。通过对典型案例的评析，案例指导制度能够彰显文明、和谐、平等、公正等社会主义核心价值观，并结合中国传统文化的人文精神对案例进行阐释，传承中华文明优秀传统。第五，统一法律适用标准，提高执法司法公信力。建立全国统一的案例指导制度能减少地方保护、法律适用分歧等问题，形成统一的法律适用标准，提高司法的公信力和权威性。需要强调的是，案例指导制度建设必须坚持走中国特色社会主义法治道路，体现社会主义核心价值观，并结合中华文化传统，服务于国家治理体系和治理能力现代化。

（二）案例指导制度建设进程应平稳推进

案例指导制度建设是一个系统工程，需要因势利导，稳扎稳打。应坚持问题导向，立足我国国情和法治发展阶段。案例指导不能脱离中国特色社会主义法治实际，必须立足于解决法治建设过程中存在的突出问题和薄弱环节，如地方保护问题等。应处理好改革创新与风险防控的关系。案例指导制度的创新应兼顾防控潜在风险。需要进行充分论证，注重循序渐进，并设置回旋余地，防止因操之过急而引发新的问题。既要积极作为，也要审时度势。案例指导建设不能一蹴而就，需要在总结经验的基础上，采取逐步深化的方式，既要积极推进，也要根据时势酌情调整步伐。应加强对案例指导制度实施效果的监测评估。要建立科学的评估体系，对案例指导制度的实施效果进行持续跟踪评估，发现问题及时改进，确保案例指导制度真正发挥应有的作用。

（三）处理好案例指导制度与成文法的关系

案例指导制度与成文法在中国特色社会主义法治体系中具有不同的地位

和作用，应正确认识二者关系。案例指导制度既能够弥补制定法的不足和滞后，又能够保证法律的统一和稳定。案例指导制度不应该与制定法相对立，而应该与之相辅相成，形成一种互动和协调的关系。案例指导制度应该以解决具体案件为出发点，以总结司法经验为目标，以提高司法效率和公正为原则。无论是我国古代的"成案"制度，还是英美法系的判例法，抑或大陆法系的判例制度，都明确规定了案例在法律体系中的地位。我国古代虽然禁止引用"成案"，但"因案修例"可进入律例；英美法系中判例法与成文法并列；大陆法系中联邦宪法法院判例具有类似成文法的约束力。因此，建议我国也应明确规定案例指导制度在法律体系中的地位，以避免理论上的歧义争议，也有利于各级法院在司法实践中正确理解和适用案例指导制度。首先，从我国现有法治体系基础出发，成文法的地位首要，案例指导制度次之。成文法是中国特色社会主义法治的基石，案例指导制度是重要的补充，二者在法律渊源上的地位和作用应明确区分。其次，案例指导制度必须在成文法框架内活动，不能违背成文法原则。案例指导制度的生成和适用必须遵循成文法的规定，不能打破成文法规则，更不能违背成文法的基本原则。最后，成文法与案例指导制度应该形成良性互动，发挥合力，共同服务法治建设。二者应通过相互配合、优势互补，形成制度合力，以更好地服务于社会主义法治建设。

（四）注意案例指导制度的动态发展特点

不同法系的案例制度构建的立足点，均为动态调整法律适用标准使其能够适应社会变迁需要。我国也应建立动态调整案例指导制度的机制，通过追加、修改、废止指导性案例的方式，使之与时俱进地涵盖各个法律领域和类型，符合社会发展要求，反映社会生活的多样性和复杂性。总体可分为以下四个方面：第一，及时总结新出现的典型案例，反映社会需求变化。遇到重大新案例要及时研究，适时增加指导性案例，以推动案例指导制度与实际紧密衔接。第二，关注社会反馈，发现案例指导制度的不足之处及时改进。应加强对案例指导制度实施效果的监测，发现存在的偏差或不足，及时进行修正或优化。第三，注重国内外成功经验借鉴，不断优化案例指导制度内容。应关注域内外案例制度中的成功做法，进行比较研究，不断丰富和完善我国案例指导制度的内涵体系。第四，加强对实施效果的跟踪评估，促进案例指导制度不断完善。要建立科学的评估体系，形成案例指导制度的循环优化机制。

（五）建立健全案例指导配套制度

现行案例指导制度配套机制仍需进一步健全，主要在于生成机制和适用规则两个方面。在生成机制方面，古代法制已形成了较为完善的提案、审核、批准的程序，在德国联邦宪法法院判例生成也有专门的程序；在适用规则方面，英美法系强调利用推理方法判断案例适用，分析案例事实与待决案件事实的异同，大陆法系注重从抽象的法律规则层面对比。因此，我国在建立健全案例指导配套制度的过程中，应着重制定指导性案例生成的规范程序和适用规则。首先，应加快形成统一高效的案例生成和发布机制。需要建立专业化的案例生成机构，如设立案例评审委员会，对案例的产生进行规范化管理，使案例产出更专业化；并构建统一的案例发布平台，按照类别整理典型案例，提高发布效率。其次，应建立并完善案例质量评查和退出机制。要通过建立专业性的委员会对案例质量进行评议，对质量欠佳的案例进行清退，确保案例指导制度的专业性和权威性。再次，可探索建立重大指导性案例评议机制，就重大典型案例公开征求意见，听取各方面的意见和建议，进行充分论证，扩大专家和公众参与度，尊重司法实践者和利益相关者的合理诉求，进一步保证指导性案例的合理性和有效性。最后，需要明确不同层级法院适用指导性案例的效力顺位，如最高人民法院适用案例指导与地方高级人民法院的约束力由法律进行明确规定，避免效力冲突时的适用矛盾。

（六）加强案例的编撰建设和学理研究

随着我国目前司法实践的深入，既有的经验总结可为今后的法治建设提供实践依据。英美法系国家非常重视判例汇编的编纂，德国也形成了系统完备的判例编纂体系。我国也应加强案例指导制度的建设完善，建立覆盖各个法律领域的指导性案例汇编，并利用信息化手段采取科学的编排系统，方便法官查询和运用。同时，编写指导性案例汇编时应突出法律规则和适用要点，并进行规范化的编辑和审核，确保指导性案例汇编的质量。我国也可考虑加强案例指导理论研究，建立案例指导研究机构，由法学专家、审判实务专家等组成，负责收集典型案例，总结实务经验，研究相关理论，并提出完善案例指导制度的意见，为完善该制度提供基础理论支持。在定性研究中，需要深入开展指导性案例生成机制、适用规则等基础理论研究，提升理论研究深度；而在定量研究中，应加强对案例指导运行效果的评估研究，发现问题并提出对策建议，提高研究的应用价值。

第二节　域外相关制度的考察及启示

"他山之石，可以攻玉。"虽然由于历史传统、社会制度、民族风俗等其他因素的差异，注定了我国案例指导制度不同于英美法系与大陆法系的判例法、判例制度，但通过对两大法系判例制度形成及特点的分析，与我国案例指导制度相比较，可以发现我国案例指导制度构建中的盲点和不足，并借鉴国外的判例法、判例制度之精华以完善我国案例指导制度。

一、英美法系判例法制度

（一）以英国法为例

英美法系，是指以英国普通法为基础发展起来的世界性法律体系，其中英国、美国最具代表性，故而通常称作英美法系。英美法系以司法见长，其法律文明有浓厚的司法文明色彩，带有明显的"司法法"特点，在普通法的形成过程中，英国王室法院的法官发挥了重大作用，因此从形成之初就是一种"法官法"。这与以立法见长的大陆法系国家存在很大区别。另外，判例法也是英美法系区别于大陆法系的主要标志。在英国判例法制度中，判例不仅对当事人具有约束力，而且由该判例所确定的法律规则有着与制定法同样的效力，将对日后法官判决同类案件具有约束力。

1. 英国判例法制度的形成

普通法的形成是中世纪"诺曼征服"后英国王权不断扩大的结果，这正如英国著名法学家密尔松所说："普通法是在英格兰被诺曼人征服后的几个世纪里，英格兰政府逐步走向中央集权和特殊化的进程中，行政权力全面胜利的一种副产品。"可见，英国判例法的形成是在"诺曼征服"以后，新的统治者迫切需要创造出一种适用于全国的法律，因而通过英国王室法院法官在各地巡回审理，最后由其判决发展而成。

判例法主要以判例报告的形式予以颁布。直至 19 世纪，现代判例汇编制度形成。判例汇编制度对判例法的正常运行起着至关重要的作用。没有经过汇编整理的判例可能只存在于法官或者律师的个人回忆中，具有很大的不确定性，无法构成一个切实可行的判例引用制度的基础。现代判例汇编制度的形成大致经历了三个时期：一是 13 世纪后期到 16 世纪前期的年鉴时期；二是 16 世纪后期到 18 世纪前期的私人判例汇编时期；三是 19 世纪后期以来的现代判例汇编时期。[①]

（1）年鉴时期。年鉴作为英国最早的判例汇编形式，是以律师在法庭上所作的笔记为基础编纂的，因其按年代顺序编排故而得名。年鉴的内容主要放在律师与法官的问答上，并不注重判决与判决理由。需要指出的是，年鉴的意义和价值主要体现在历史方面，律师年鉴实际上从未被引用或者征询过。

（2）私人判例汇编时期。到 16 世纪中期，年鉴的编辑突然停止，与此同时，一批冠以个人名义的私人判例汇编开始发行，16 世纪中期到 19 世纪后半期被称为"私人判例汇编时期"。在这一时期，《巴罗判例汇编》较为著名。《巴罗判例汇编》以收集英国王座法院 1751～1772 年的判决为主，其中便包括曼斯菲尔德勋爵的著名判决。该判例汇编开始将律师辩论与判决区别开来，并给出批注，编纂水准较高，得到法官多次援引，被视为私人判例汇编的典范。

（3）现代判例汇编时期。1865 年，英国判例汇编委员会成立，由英国四大律师公会、法律协会的代表和总检察长、副总检察长作为固定成员组成。1865 年 11 月 2 日开始出版《判例汇编》，现代判例汇编制度正式形成。尽管《判例汇编》并非官方判例集，但是其汇编委员会具有半官方色彩，且该判例集由法官进行校阅，比之其他判例集具有更高的准确性、更强的权威性。时至今日，英国现在可以作为司法先例的判例几乎总是出现在《判例汇编》中，

[①]　李培锋：《英美法要论》，上海人民出版社 2013 年版，第 27 页。

《判例汇编》事实上充当了判例法的重要载体。在英国判例法制度的运行过程中，除了判例汇编制度发挥着支撑性作用外，遵循先例原则同样具有基础性作用。遵循先例原则是作为司法裁决惯例逐渐发展起来的，是英美法院判案的基本规则。其理论基础在于借鉴已有的判决，法官能够吸纳前人的经验，使相同案件能得到相同判决，法律适用能够前后一致，使法律具有确定性、可靠性以及可预测性。该原则的适用减少了法律适用中的个人因素，法官可以行使自由裁量权的范围被缩小，是对司法公正的追求，是判例法存在与发展的重要基础。

2. 性质与效力定位——法官造法

英美普通法是从判例到规则逐步发展起来的，没有明确的规范对判例的生成、运行程序和效力等加以规定，普通法的存续很大程度上依赖于柔性的因素而非明确的规范。在英美法系判例法制度框架下，法官或法院不仅承担着运用一般"规则"解决纠纷的职能，也担负着创制一般"规则"的职能。英国判例法，简单地说，是出自英国高级司法机关的法律，是由孕育于诉讼程序之中的判例并以判决的形式表达的法律规则、法律原则和法律学说构成的，它是由法官在司法诉讼过程中通过一系列判决反复表述和遵循的，完全是法官司法行为的产物，即"法官造法"。英国判例法反映的是来自盎格鲁－撒克逊人根深蒂固的法律观，即法律是"被发现"的，"法官说法律是什么，法律就是什么"，法律是经验的累积，是一个"连续的整体"，是一个过程。①

英国判例法包含普通法和衡平法两大法律渊源，分别是普通法法官和衡平法法官的产物，对于二者的关系，梅特兰曾指出："我们不应认为普通法与衡平法的关系是两种矛盾制度之间的关系，而应把两者看作法典与法典补充条款之间的关系、正文与注释之间的关系。"② 普通法与衡平法均以判例的形式出现，先例已经对类似要点进行了总结，当事人不必就案件中的每一个司法要点进行概括，有助于民众提前对自己的行为所产生的法律结果进行预测，减少了诉讼的可能，节约司法成本，提高审判效率。

---

① 张彩凤：《英国法治研究》，中国人民公安大学出版社 2001 年版，第 213 页。
② ［德］K·茨威格特、H·克茨：《比较法总论》，潘汉典等译，法律出版社 2003 年版，第 285 页。

　　现代英美法系或者判例法系国家法律制度的核心——遵循先例原则，或称判决拘束原则，其意思是遵守先例、不扰乱确立的要点。换言之，"某个法律要点一经司法判决确立，便构成了一个日后不应背离的先例"。诚然，字面意思是遵循以往所有的判例，但这只是"横向的遵循先例"，该原则还有一层常常被忽视的"纵向的遵循先例"含义，即只遵循高级法院以往的判例。法院的一项判决能否成为具有约束力的先例，取决于该法院的级别，只有高级法院的判例才具有约束力。就英国而言，只有英国高等法院、英国上诉法院与英国最高法院的判决才具有约束力。另外，在英国司法实践中，只有英国高级法院的法官判决才可能被载入判例汇编，对下级法院产生约束力。

　　英国"遵循先例"原则包含四层含义：一是各级法院的判决对自己具有约束力，即各级法院都要遵循自己先前的判决；二是上级法院的判决对下级法院具有约束力；三是下级法院的判决对上级法院不具有约束力，但可以具有说服力；四是当法官面临两个相互冲突的上级法院判例时，较高等级的法院判例要优先适用。在遵循先例原则中，居于支配性地位的法律要素即判决理由。作为先例的一个判决，必然包括三个部分：首先是对案件事实的认定；其次是对相关法律规则的陈述；最后是基于案件事实认定与相关法律规则所作的裁决。其中，只有相关的法律规则才对后来的法官断案具有约束力。而在相关法律规则陈述中，只有对确定判决结果的事实所作的法律陈述才有约束力，这一部分即"判决理由"。

　　在判例法发展的整个历史过程中，遵循先例原则的适用大致有两种表现形式：一是宽松地遵循先例原则，二是严格地遵循先例原则。前者主要存在于 20 世纪前的英国，后者主要存在于 20 世纪前期的英国，这种形式下所有的法院都要遵循自己以往的判决，所有的低级法院都要遵循上级法院的判决。严格地遵循先例原则使法律变得僵硬而可能发生不公平的情况。如在 1972 年的一个案件里，英国上诉法院对上议院确立的一条原则提出异议，认为上议院的判决具有疏忽，它所树立的原则是"难以实行的"。上议院严厉地批驳了上诉法院。黑尔什姆大法官说："事实是——我希望永远不需要再这样说了——在这个国家存在的法院等级制度中，每一个下级法院，包括上诉法院在内，都必须忠实地接受上级法院的判决。"至于上议院对它自己早先判决所采取的立场，可以借一个大法官的话来阐释："上议院是绝对地受它自己的各项判决的拘束的。对于这条严格的原则，看来只有一个例外：先前判决如果是无视成文法的规定作出的，或者是根据一条已经废除的成文法规定作出的，上议院就不需遵守此项判决。"这是大法官霍尔斯伯里在 1898 年的伦敦有轨电车公司一案中表达的权威性意见。①

因此英国上议院作了一个决议，自 1966 年 7 月 26 日起，其仍应继续遵守判决先例，但当情况显示偏离前例所作判决乃属正当时，可不受本院判决先例的拘束。② 同理，上诉法院若有很好的理由亦可不受本院前例的拘束。② 现在的英国，在该原则的适用上，已远不如 20 世纪前期那般严格。

3. 判例的适用方法

对于判例法规则来说，最好的适用方法就是类比，这正是判例法系的基础。这种方法是要通过强调先例与待处理案件之间争议点和事实之间的相似性来说明判决结果的正确性。③ 在判例法制度下，类比方法的应用，通常有 3 个基本步骤。第一，检索类案中普遍适用的原则，再以类比推理或者演绎推理的方法将其应用到需要作出裁判的具体案件中。在运用类比推理过程中，有约束力的判例是适用的基点，在缺乏有约束力的判例的情况下，有说服力的判例也可以确定为类比的基点。第二，识别先例和待决案件之间事实上的异同，即运用区别技术。当判例的事实与待决案件的事实相似时，法官须遵循判例；当判例的事实与待决案件的事实不真正相同，可以是缺乏先例中某一关键性事实，也可以是存在某些多余的事实，而这些多余的事实使待处理的案件超出了先例中法律规则的范围，法官需要注意区分辨别。第三，区别判例的事实与待决案件的事实上的相同点和不同点哪个更为重要，以决定遵循或区别判例。

在一些具有特殊情况的案件中，法官有时难以单纯利用逻辑推理方法得出一个清楚的答案。这类案件往往涉及一些以前没有发生过的案件，难以找到具有相似之处的先例，或者案情可能处于两个已确立的法律规则之间的位

① 梁治平：《英国判例法》，载《法律科学（西北政法学院学报）》1991 年第 1 期。
② 王泽鉴：《英美法导论》，北京大学出版社 2012 年版，第 119 页。
③ 肖永平：《论英美法系国家判例法的查明和适用》，载《中国法学》2006 年第 5 期。

置，而这两个法律规则产生的结果又是矛盾的。在处理这类案件的时候，法院可以不采用正式的逻辑推理，而采用不太严格的推理去得出结论，但是法官必须以政策、道德、商业习惯、正义观或者某种权宜之计为基础。例如，法官可以通过援引某些权威观点来支持判决的作出。在判决中引用权威观点，从某种意义上来说就是依靠别人的知识和技能。如果一位知名的、受到高度尊重的法律专家在某个问题上持某种观点，法院没有十分充足的理由不会违背这一观点。

4. 判例的编纂技术

普通法系的判例法传统，实际上就是普通法传统。普通法是具有历史性的，它是源于 11 世纪以来的数百年间，英格兰法院判例所累积产生的法律规范。判例在历史上的反复适用、不断说理与自证，使普通法产生了较强的生命力。"在英国人眼里，从法是情理这个观念引出某种符合传统的法的超国家或更确切地说非国家性质的意识。"① 英国判例不需要经过其他加工，判例本身即为表现形式。

事实上，英国的判例法并非静止的，而是根据英国社会政策需要和价值而不断进化和演变的。为了应对社会的急剧变革，英国先后设立英国法律改革委员会和英国刑法修订委员会，并出台了大量的行政法律。同时为了方便判例法适用，议会以法律编纂的形式，将判例所确定的规则加以固定，使诸多判例法典化。其中，英国法律改革委员会由法官和律师参与组成，该委员会根据立法方面的需要，经常将提交给委员会考虑的有关任何私法领域的判决汇编出版。例如《1939 年英国限制法》，便是该委员会取得的工作结果。但因委员会成员均并非全职，时间、能力受限，无法更好地从事法律改革的规划，为了解决这一问题，英国法律改革委员会按照《1965 年英国法律委员会法》的规定，于英格兰和威尔士地区、苏格兰地区设立了由领取全薪的专职委员组成的两个机构，以便经常审查法律，目的是使法律得到系统的发展和改革，特别包括编纂法典、消除异常情况、撤销过时的不需要的法令、缩减单行法令的数目，以及一般情况下的法律的简化和现代化。另外，英国法

---

① 董茂云：《判例法与中国的法典化道路》，载《比较法研究》1997 年第 4 期。

律改革委员会敢于触及在改革离婚规定方面任何有争议的领域，其报告导致了《1969 年英国离婚改革法》的产生，并于 1971 年 1 月 1 日生效。

19 世纪以后，英国国会渐渐介入经济社会事务，判例已经不宜被用于处理复杂且新颖的事务，制定法逐渐开始作为一种英国法律的渊源与已判决的案例相匹敌。在私法领域，制定法有三种类型。第一种类型的制定法，诸如《1890 年英国合伙法》或者《1893 年英国货物销售法》，是通过长期以来的一系列的法院判决而发展成的一种部门法。第二种类型的制定法，诸如《1881 年英国财产转让法》或者《1882 年英国限定继承土地法》，其目的在于把财产转让者的工作成果编纂成法典，编纂的方式是使那些在所有的完善地拟定的某一类型契约文件中普遍采用的规定能在该类型的全部契据文件中采用。第三种类型的制定法，即为处理私法方面某种孤立的情况而形成的制定法。例如《1877 年英国附条件的剩余土地承受权法》。[①] 除此之外，与英国历史上的特许状、条规和敕令等形式的制定法不同，现在的制定法主要形式有议会法案、委托立法等，其中议会法案最重要。

在制定法的解释方面，英国一般采用一种狭隘的制定法解释方法，通常都严格地限定在法规涵括的范围以内，根本原因在于英美法系国家的法律渊源中，判例法居于第一位，制定法居于第二位。在英国的大部分历史发展时期中，判例法一直处于一种主导地位，是解决法律问题的基本依据，只有在判例法没有涉及或者无法有效解决的领域，才通过制定一部法规予以弥补或解决。因此在相当长的历史时期内，判例法充当了基本法，制定法扮演了补充法角色，法律原则基本都从判例法中发展而来。故而英国在制定法解释上，一般不会像大陆法系国家那样对制定法进行类推或从基本法中衍生出特别规定。

然而，即使在有大量的国会立法的现代，制定法在英国的法律体系中仍然占较小部分，因为现在英国法的主要基础仍为普通法，而国会立法本身并未单独成为一套法律体系，而只是一套零星且彼此脱离的法律文件。在思维

---

① ［爱尔兰］G·J. 汉德、［英］G·J. 本特利、刘赓书：《英国的判例法和制定法》，载《环球法律评论》1985 年第 1 期。

模式上，英国判例法依然占据着不可撼动的地位，在法学家、法官、律师等法律职业者心目中，判例法仍是"法律大厦的地基"。

（二）以美国法为例

1. 美国判例法制度的形成

美国法律的历史开始于殖民统治时期。英国在战胜其他列强后，由于移民的背景和对美国政府的控制，其法律在各个殖民地国家不同程度地生效。[①]18世纪后，随着英国殖民者对殖民地压迫的加深，以及殖民地政治、经济、文化的发展，原先各殖民地简单的法律已不能满足需要。北美殖民地各地普遍设立法庭，在审判中普遍大量地援引英国判例。特别是1772年威廉·布莱克斯东的《英国法释义》在费城出版，对美国法产生了深远的影响。18世纪中期，英国普通法在北美殖民地取得了支配地位。

随着北美独立战争的爆发，美国法独立发展道路上的障碍被扫除，许多法官、律师拒绝引用英国法，甚至少数州禁止引用英国判例。然而不可否认的是，美国的法律制度是从判例法发展起来的，美国法最终仍然保留在普通法系之中。

美国法律制度依据遵循先例原则，法院尤其是高层级法院作出的判例会作为普遍适用的普通法，成为之后案件的裁判依据。当然，在美国的法律体系中，除普通法之外，也有大量的立法是以联邦和各州通过成文法的方式确立的，如各州大部分已采纳的《美国统一商法典》。但是英美法系中的成文法与大陆法系中的成文法还是存在一定的区别，这主要表现在其法官在适用成文法时仍然具有"造法"的权力。例如，美国的法官可以在联邦成文法的基础上，通过判例建立起一套联邦普通法，能有效地弥补成文法固有的缺陷，即成文法的规定无法穷尽各种可能性而产生的各种"立法孔隙"，而且无法应对现实社会生活的千变万化而导致成文法出现的"立法滞后"，而大陆法系的法官一般不享有这种权力。

2. 美国判例法的运行机制

判例法作为法律制度的一种形式，并非任何一个国家都可以随心所欲地

---

① 参见林榕年主编：《外国法制史》，中国人民大学出版社2003年版，第219页。

予以采用，其运行的前提有三：一是存在严格的法院等级制度；二是存在及时、准确和全面的判决报告制度；三是法官尤其是高级法院法官高度权威的树立。① 而在"诺曼征服"后的英国和近现代的美国已经具备了这些条件，故而判例法制度得以确立和运行。

（1）美国判例法的创制。判例法是法官司法活动的产物。法官通过对一个具体案件的审理，确认法律事实，作出法律判决，成为一个判例。而这个判例所蕴含的法律规则或者原则对于后一法官在审理相似案件时具有约束力和说服力。美国法中的法律规则或者原则就通过这一系列的判例创制出来并最终形成判例法体系。同时，法官在其判决过程中确认某些先例中包含的规则，并以此解决当前案件纠纷，形成新的判例。虽然美国法是在英国殖民地法律的基础上发展起来的，也与英国的普通法有着很多共同之处，但是美国并没有完全照搬英国法律，而是根据自己的需要对英国法加以改造，特别是判例法。博登海默认为："在美国，人们从未将遵循先例制度看作一种不可抗拒的命令，而是认为遵循先例的义务是受有关推翻早期先例的权利限制的。"② 美国判例法制度的运行中，并没有采取像英国那样严格的先例约束性，而是将其作为实行社会政策的手段之一，具有"工具主义"的特征。即只要变更的理由得到承认，就可以变更判例。故此涉及判例的溯及力问题的探讨：法院推翻先前判决以后，所作出的判决发生的效力范围有多大，是否仅限于嗣后发生法律效力，判决法律约束力的起算点是什么时候，已经起诉而未判决的案件可否用新判决的结果进行裁决……美国法在考虑法律是否具有溯及力的时候，分为成文法律与判例两部分。对于成文法律，《美国联邦宪法》第1条规定，刑事法律禁止溯及既往，民事法律原则上也禁止溯及既往，除非法律另有明文规定可以溯及既往。对于判例，美国法院采用"判决约束原则"，即后法院受前法院判决的约束，下级法院受上级法院判决的约束，同级后法院才能推翻前法院的判决，推翻前判决为"判决约束力"的例外。

---

① 参见［美］伯纳姆：《英美法导论》，林利芝译，中国政法大学出版社2003年版，第35页。

② ［美］E. 博登海默：《法理学、法律哲学与法律方法》，邓正来译，中国政法大学出版社1999年版，第534页。

（2）美国判例法的适用规则。法律推理中最常见的推理方法为三段论法，分为大前提、小前提和结论。美国法判决内容中有三个重要部分：一是法律，一个案件事实部分应该适用的法律，即先例判决中的判决理由；二是事实部分；三是将法律运用于事实上产生的结论。在判例法制度下，法官对于先例中判决理由的认定至关重要，也就是区别技术的使用。区别技术作为判例法的具体适用规则，不仅法官要掌握，律师也必须掌握这种技术，双方当事人的律师为了各自当事人的利益，在法庭上的一个重要任务就是将现在正在审理的案件与和前例有关的案件加以比较和推理。

3. 美国判例法的动态发展

一条确定的判例法规则常常要有一系列的相关案例为基础，因此判例法是动态的，而非一成不变的法律，它会随着时代的变迁而作相应的调整，这既体现了判例法灵活的优点，又是使人感到复杂和难以把握的问题。所以，就美国的判例法研究而言，不能找到一个判例就简单地依据该判例确定的法律规则对待处理的案件作出判定，还必须运用各种方法[①]正确适用判例法规则。

法律必须跟着时代的脚步及社会需要，不能只注重纯粹的逻辑推理，必须同时注意生活经验和社会价值。大部分案件，用逻辑推理就能解决问题，但若纯粹用逻辑推理的方法将产生不公允的判决时，就不能以法害义，应当辅以生活经验与社会价值加以判断，以求公平的结果。如美国律师权的确立，1891 年问世的《美国联邦宪法第六修正案》规定，犯罪被告人在法庭受审时，有权请律师为其辩护。但遗憾的是，在很长一段时间内，这一宪法修正案形同虚设，直到 1932 年才有所改变。律师帮助权确定之后，从 1932 年以前不给任何人免费提供律师到 1932 年以后应当为所有的面临死刑的重罪被告人免费提供律师，再到 1963 年为所有的重罪被告人免费提供律师，最后到为所有可能定任何罪的人提供律师，其间经历了百余年时间，由此可以看出判例法是动态发展的，它会随着时代的变迁而作出相应的调整。

---

① 方法包括一般情况下采用类比推理方法和区分辨别方法，特殊情况下援引权威观点等。参见肖永平：《论英美法系国家判例法的查明和适用》，载《中国法学》2006 年第 5 期。

二、大陆法系判例制度

(一) 以德国法为例

1. 性质与效力——法官释法

在大陆法系中，判例制度的生成源于对成文法缺陷的补救，所以，判例制度的核心要旨是解释成文法，并保证成文法的统一适用。由于分权理论的极端化和立法至上原则，大陆法系的一般观念是，至少从理论上讲任何法院都不受其他法院判决的约束。[①] 判例在德国法律体系中不具有法律渊源的地位，除德国联邦宪法法院的判决外，判例在德国不具有正式的法律约束力。[②] 单纯引用判例进行裁判可能会被视为没有法律依据而在上诉中被撤销。大陆法系国家判例的生成和运行是司法实践的自然结果，并无明确的关于判例制度的相关规定。"德国法院先前的与待决案件有关联的判决所具有的约束力是非规范化的，不仅找不到任何法律规定，也并没有明确被作为普遍的司法政策。"[③] 判例虽然不具备在法律上的约束力地位，却具有事实上的约束力。从审判实践来看，判例对大陆法系的法官有重大的说服力，或具有重要的参考或参照作用，而且大陆法系的法官也有明显的遵循先例，特别是上级法院的判例的倾向。

德国判例主要是被视为习惯而发挥作用，可分为单独判例和系统判例[④]两种类型，其中系统判例对待决案件的约束力强于单独判例，个别的判例尚不足以成为习惯，只有一系列判例对同一法律问题认定一致时才具有类似习惯的效力。[⑤] 在德国，不同法院判例的效力不同，德国联邦宪法法院判例具有法律约束力，其他法院判例只具有事实拘束力。法官没有循序先例的强制义务，

---

① [美] 约翰·亨利·梅利曼：《大陆法系》，顾培东、禄正平译，法律出版社 2004 年版，第 79 页。

② 最高人民法院课题组：《关于德国判例考察情况的报告》，载《人民司法》2006 年第 7 期。

③ 最高人民法院课题组：《关于德国判例考察情况的报告》，载《人民司法》2006 年第 7 期。

④ 单独判例，是指在以前的审判中，有关法院作出过一个或者数个与目前待决案件类似的判例，但未系统化和规模化。系统判例，是指针对某一类型的案件，法院曾作出一系列判决，该系列判决构成了法院处理目前同类案件的习惯性原则。

⑤ 左卫民、陈明国主编：《中国特色案例指导制度研究》，北京大学出版社 2014 年版，第 12 页。

但是上下级法院的审级关系以及法官的晋升制度客观上使得上级法院的判例会受到下级法院某种程度的重视与遵循，发挥着事实上影响法官判案的作用。同时，为了提高效率，法官愿意直接参照判例进行裁判。

2. 德国判例的适用规则

大陆法系国家立法者确立了法律秩序的各种框架，借助于一套特殊技术制定法律规范，判例只是在极例外的情况下即法律没有明确的规定时才被允许适用，且倾向于以一系列的判例为依据，不会依据个别的判例作出判决。判例不是用来决定判决，而是用来支持判决。大陆法系国家在适用判例时不太注意前一案例的事实，他们更重视从先例中抽象出的理论规则。即先例仅仅对案件中的法律问题有约束力，而不考虑案件事实。

3. 德国判例的编纂技术

德国判例汇编分为官方汇编和非官方汇编。德国官方汇编由不同法院系统分别编纂，自成体系，如德国联邦最高法院的半官方案例汇编《德国联邦法院判例集》，德国联邦宪法法院汇编的《德国联邦宪法法院判例汇编》，德国联邦行政法院汇编的《德国联邦行政法院判例汇编》，等等。德国的判例编纂体系化程度较高，通常按照法律问题进行归类，按照法院类型、法院级别、文件号、时间以及法律领域归类进行排列。在编纂的判例前半部分，通常还用一句话概括案件要旨，并展示相关法条，在案件事实及判决理由后面常附有一些法学专家的评论。[①]

（二）以日本法为例

1. 日本判例制度的来源

研究表明，日本判例制度的来源主要分为两个方面：一是从西方国家引进的，主要是以欧洲法系为代表的大陆法系；二是日本自身法律发展演变而来。首先，日本在明治维新以后积极吸收西方的法律制度，其中包括判例制度。在明治维新初期，由于日本法律体系的初创以及对西方法律制度的追随，日本借鉴了德国法学界的学说法与判例法相结合的观点，并在1890年制定的《日本刑法》和《日本商法》中，将判例法规定为日本的法律渊源之一。随

---

① 王洪亮：《德国的判例编撰制度》，载《法制日报》2005年3月10日，第11版。

着时间的推移和实践的发展，日本对判例制度的认识逐渐加深，并在后续的法律发展中进行了相应的修订和完善。其次，日本自身的判例制度也有其独特的特点。在日本，判例并不是法律渊源，而是用来解释法律、填补法律漏洞、辅助法官裁判的工具。判例的产生需要经过三个步骤：首先，案件的审理和判决；其次，将判决结果记录下来形成判例；最后，通过各级法院间的判决一致性来确认判例的权威性。正因为如此，日本的判例制度与英国等国家的判例制度存在一定的差异。总体而言，日本的判例制度既吸收了西方国家的经验，也有自身特色，是一个相对独立且完善的法律制度。

2. 日本判例制度的发展

自明治时代以来，日本判例制度经历了长期的演变和发展。起初，日本法律领域深受《德国民法典》影响，法官倾向于归纳法律规则并依法适用。然而，随着日本对西方法律制度的引进和借鉴，判例制度逐渐得到重视和运用。尤其是在《日本民事诉讼法》颁布后，判例制度成为解决具体案件的重要依据之一。从明治时代初期到现在，日本判例制度经历了从单一判例的时期到多判例时期的转变。在明治时代初期，由于日本法律还处于模仿欧洲法系的阶段，判例的数量相对较少，法官在裁判时主要以《德国民法典》为参考。随着时间的推移及新的法律问题的出现，法官们开始积累更多的判例，并在判决中逐渐注重对判例的引用和运用。

1968 年，日本最高法院通过了《日本解释判例通则》，明确规定判例在日本法律中的地位和作用。该通则规定了判例的权威性和法律效力，并鼓励法官以判例为基础进行裁判，同时也规定了法官如何确定判例是否适用的标准和程序。此后，日本判例制度进一步完善，并在法律实践中得到广泛应用。当前，日本判例制度已经成为日本法律体系不可或缺的一部分。判例作为法官的裁判依据，有助于确保法律的一致性和稳定性。同时，判例制度也为法官提供了参考和借鉴的案例，有助于他们更加客观和准确地进行判断和裁判。然而，判例制度在运用中也存在一些问题和挑战，例如，判例的权威性和效力仍然需要进一步明确和规范。

总体来说，日本判例制度的发展经历了从初期的模仿欧洲法系到逐渐建立自身的判例体系的过程。判例制度的引入和应用为日本法律的发展和变革提供了重要的基础和支持。然而，判例制度的运用还需进一步规范和完善，以充分发挥其在法律实践中的作用和价值。

3. 日本判例制度的现状

日本判例制度的现状是本研究关注的一个重要方面。在日本，判例制度的发展经历了漫长的过程。目前，日本的判例制度已经相对成熟，并在日本法律体系中发挥着重要的作用。首先，日本判例制度的法律渊源有多种，包括法典、法律和行政法规等。法官在审判过程中，根据这些法律规定进行判决，并形成判例。这些判例在后续的法律实践中具有一定的权威性和指导性。其次，日本判例制度的发展经历了多次改革和完善。在日本的法律体制中，判例制度的地位逐渐得到提升。随着时间的推移，判例才逐渐成为一种被广泛接受和遵循的法律规则。此外，日本判例制度在实践中也积累了丰富的经验，逐渐形成了一套系统而完善的体系。

然而，日本判例制度也存在一些问题和挑战。首先，由于日本的判例制度强调个案的特殊性，因此很难形成具有普遍适用性的判例法则。其次，由于判例的选择和解释存在一定的主观性，可能导致类似案件的判决结果不一致。此外，判例制度对法官的专业素质要求较高，需要他们具备扎实的法律知识和较强的判断力。总体而言，日本判例制度的现状是相对稳定和成熟的。虽然存在一些问题和挑战，但通过不断改革和完善，日本的判例制度在日本法律实践中发挥着重要的作用。研究分析日本判例制度的特点和影响，对判例制度的运行机制和法律实践具有价值。

4. 日本判例制度在法律改革中的作用

在日本法律中，判例制度在法律改革中扮演着重要的角色。判例制度对法的改革具有重要启示意义。首先，判例制度能够发挥法的灵活性和适应性。在法律的改革过程中，判例制度通过解释法律条文和填补法律空白的方法，能够使法律在具体实践中更加灵活和适应性更强。例如，日本一审判例中对合同法的解释和适用，通过充分考虑当事人意愿和公平原则，为当事人提供了更为便利和合理的解决方案，起到了促进经济发展和保护当事人利益的作用。其次，判例制度能够推动法律的完善和发展。判例制度在司法实践中扮演着先例的作用，通过解决具体案件中的争议或矛盾问题，为未来类似案件的解决提供参考和借鉴。在日本的法律改革中，判例制度能够为新的法律问题提供指导原则和解决方法。通过积累和发展判例，法律制度能够逐渐完善和进步，确保司法实践的稳定性和可预测性。

此外，判例制度还能够促进法律的公正和效率。在日本的法律改革中，判例制度依靠司法实践的经验和智慧，能够为法律的解释和适用提供更加客观和公正的依据。通过对类似案例的案例分析和归纳，可以避免过分主观的裁判，降低司法决策的主观随意性和失误风险，进一步提高司法公正性和公信力。同时，判例制度还能够节约司法资源和提高司法效率。通过借鉴和应用已有的判例，可以避免重复解决类似问题的浪费，减少司法的工作量和时间成本，从而使司法实践更加高效和精确。总之，判例制度对日本法律改革具有重要的启示作用。判例制度能够发挥法的灵活性和适应性，推动法律的完善和发展，促进法律的公正和效率。因此，在法律改革过程中，应充分发挥判例制度的优势和潜力，加强对判例的分析和研究，提高法律的适用性和运用效果，为社会发展和公平正义的实现提供坚实的法律保障。

三、指导性案例与判例的比较分析

（一）指导性案例与英美法系判例的比较分析

在判例法国家，判例具有正式的法律拘束力。根据拘束力的强弱，英美法系的先例可划分为强制性先例和说服性先例。在美国，判例的效力分为有拘束力和说服力两种，强制性先例具有绝对拘束力，必须严格服从，其蕴含的规则是上级法院的判决必须得到下级法院遵循；说服性先例只有在具有相似性的基础上才具有说服力。[①]

我国指导性案例与英美法系的判例不同，判例的生成基本上是司法的自然结果，而指导性案例的生成、发布、适用都具有明确规定，二者在产生程序、地位、效力等方面存在诸多不同之处。

首先，从产生的程序和机制看，英美法系判例没有明确的规范对判例的生成、运行程序和效力等作出明确规定，是沿着从判例到判例的传统发展的，

---

① 参见王彬：《案例指导与法律方法》，人民出版社 2018 年版，第 21 页。

它的存继不是依赖于明确的规范，而是依赖于柔性的因素。① 每一个判决先例对未来的同类或类似性质的案件都具有某种指导力量。② 而我国的指导性案例则是通过行政化的手段，经过层层推荐，自下而上进行遴选，最终由最高人民法院审判委员会通过、发布，一个生效的案件只有通过层层遴选，被最高人民法院审判委员会通过，才能被认为是指导性案例。

其次，从效力和渊源地位看，英美法系的判例具有法源地位，我国指导性案例不具有法源地位。判例所确认或创造的法律原则和规则，在没有新的规则前，各级法院必须遵守。指导性案例的裁判规则和裁判要点，只对类案具有参照指导的价值，不具有法律上的强制力。

最后，从表现形式看，英美法系判决本身就是判例，不需要任何加工。但是我国指导性案例经过文本编辑，对裁判要点进行归纳总结，只是裁判要点可以作为参照说理的依据，并非裁判全文。如此，对裁判要点的编辑要求较高，既不能偏个案化，影响了普遍性，又不能偏离个案扩大解释法律（详见表6）。

表6　英美法系判例与我国指导性案例的比较

元素	类型	
	英美法系判例	指导性案例
产生机制	上级法院产生	由最高人民法院审委会讨论通过并发布
产生程序	判例即为法，法官造法	地方法院层层推荐、法官释法
法律地位	正式的法律渊源	非正式法律渊源
法律效力	必须遵循先例	应当参照
表现形式	判例本身	经过加工的特定格式文本
参照范围	判例全文	限裁判要点

（二）指导性案例与大陆法系判例的比较分析

大陆法系国家也没有明确的关于判例制度的规定，判例的生成和运行是

---

① 秦宗文：《案例指导制度的特色、难题与前景》，载《法制与社会发展》2012年第1期。

② ［美］本杰明·N.卡多佐：《司法过程的性质》，苏力译，商务印书馆1998年版，第9页。

司法实践的自然结果。① 在大陆法系国家，判例对法官也有较强的说服力，如德国联邦宪法法院判例不仅有事实拘束力，还具有法律约束力，其他不同审级法院作出的判例也需要遵循，只是约束力不同。② 德国是典型的大陆法系国家，本文以德国判例为例与我国指导性案例进行比较。

首先，二者的效力不同。德国的判例是法定效力与事实效力共存，德国联邦宪法法院产生的判决具有法定约束力，其他各级法院的判例在事实上具有拘束力。但是，我国的指导性案例只是具有应当参照的效力，而这种效力在司法实践中并未形成强烈共识，适用率不高就是一种体现。

其次，二者的形成过程不同。德国是法官释法和法官造法同在。③ 虽然，在德国，判例不是公认的正式法律渊源，但是法官造法的事实依然存在，如德国民法中的"一般人格权"就是联邦法院通过判例确立的法律制度。④ 我国的指导性案例是遴选产生，对司法实践统一裁判进行指导，不是法官造法，而是法官释法的制度。

最后，二者的约束机制不同。德国对于判例是坚持原则与允许偏离并行，偏离判例有明确的偏离报告制度予以保障，如《德国法院组织法》规定，下级法院在审理案件时，如果要偏离其他审判庭或高级法院的判例，应将争议提交至相应的审判庭裁决。⑤ 而我国虽然赋予指导性案例"应当参照"的效力，但是不参照并没有相关监督制度予以约束，从而出现一些隐性参照甚至不参照指导性案例的现象。

四、域外考察之启示借鉴

正如前文所述，无论是英美法系国家还是大陆法系国家，都存在着判例制度，只不过判例制度在不同法系间的地位、适用、功能等存在着较大的区别。英美法系所遵循的是"遵循先例"的原则，某个法律要点一经司法判决

---

① 最高人民法院课题组：《关于德国判例考察情况的报告》，载《人民司法》2006年第7期。
② 参见左卫民、陈明国主编：《中国特色案例指导制度研究》，北京大学出版社2014年版，第17页。
③ 参见王刚：《德国判例刑法（分则）》，北京大学出版社2016年版，第153页。
④ 参见［德］罗伯特·阿列克西、拉尔夫·德莱尔：《德国法中的判例》，高尚译，载《中国应用法学》2018年第2期。
⑤ 参见高尚：《论德国法中偏离判例的报告制度》，载《法律适用》2017年第2期。

确立，便构成了一个日后不应背离的先例，判例系正式的法律渊源，与制定法具有相同的效力。而在大陆法系国家，判例并非正式的法律渊源，不具有法律约束力，其为成文法法律缺陷的补救，其核心要旨在于解释成文法并保证成文法的统一适用性。

纯粹的传统判例法制度虽然具有契合社会实际、极具操作性、有助于民众提前对自己的行为所产生的法律结果进行预测、节约司法成本、提高审判效率等优势，但是在具体的实践操作中，判例制度存在着单一、松散、不成体系和系统的缺陷。① 在大陆法系国家影响下，英美法系国家逐步看到了制定法的长处与优势，在一定程度上接受了大陆法系制定法的理念，在英美法系国家也逐步出现了相应的成文法；纯粹的传统大陆法系国家，成文法具有确定性、告知性、系统性等优势，但是在尚未接受判例法的先进价值和应用性的情况下，在适用法律时将陷入过分关注法律的"大概念"与司法解释的"小概念"当中，导致司法效率低下、执法与司法不公，不能真正起到法律维护公平、正义等应有之效能。因此在"二战"后，许多传统的大陆法系国家在不同程度上存在着两个法系相互融合或混合的趋势，采取既有判例又有制定法的实用主义道路，在司法实践中将典型判决直接作为裁判案件的依据。就以苏格兰法为例，"苏格兰法最终成了一个混合法系，其人法、财产法、继承法以及债法受到民法法系的深刻影响，而其宪法、行政法、证据法、刑事/民事诉讼法和商法，甚至刑法的某些方面却受到英国法的深远影响。混合法系的私法中很多基本原则可以无可争议地说是民法法系的原则，但是处理这些法律文书的途径却又是典型的英美法式的"②。

综上所述，两大法系都具有各自强大的生命力，而且也是目前世界上影响力最大的两大法系。随着时代的发展，两大法系相互影响，相互融合，判例在大陆法系实际司法操作中发挥着巨大作用，这集中体现在判例法对大陆法系的渗透之上；而英美法系亦是如此，虽不偏好制定法，但是制定法的优

---

① 李晓明：《司法解释中不可缺少的元素：刑事判例——从英美法系和大陆法系趋于融合说开去》，载《苏州大学学报（哲学社会科学版）》2014 年第 6 期。

② 科尼利厄斯·G. 凡·德尔·马尔维、翟寅生：《大陆法系与普通法系在南非与苏格兰的融合》，载《清华法律评论》2009 年第 1 期。

势亦是显而易见的，就连没有制定法传统的美国，也在一定程度上逐步接受了大陆法系中制定法的理念与做法，呈现一种判例法与制定法相互影响、相互融合的趋势。但是此种融合趋势能否使得两大法系在渊源上像苏格兰法一样合流并达成统一，这就是一个现阶段难以解决的问题，它取决于国际与国内的因素，而这些综合之因素又在不断变化之中。

英美法系国家奉行判例法，判决先例对后续判决具有约束力。上文分析如英国实行"遵循先例原则"，美国判例的约束力体现为"判决约束原则"。客观上来说，两国都形成了相对完备的判例法体系，其中英国奉行更为严格的判例约束原则，美国则相对灵活。客观上来说，两国在一定程度上形成了判例汇编制度，以保障判例法的实施。总体而言，英美判例法能保证法律适用的稳定性和可预见性，但美国相对更注重使判例法适应社会需求变化。相比英美法系，大陆法系更强调成文法的优先地位，判例仅作为补充手段。德国和日本作为典型的大陆法系国家，都形成了比较系统的判例制度。如德国通过德国联邦宪法法院判例确立判例的法律地位，日本也通过对欧洲的制度学习逐步确立判例的权威性。两国都注重利用判例解释法律、填补法律漏洞，但仍强调成文法的优先地位。我国在发展案例指导制度时也应注意处理其与成文法的关系，发挥二者优势，形成合力。

域外经验表明，案例指导制度需要完善的配套制度进行保障，如法院等级制度、案例编纂制度等。中国现行案例指导制度仍不够系统完善，应加快建立健全相关配套制度，确保案例指导制度得以有效实施。域外成功经验值得借鉴，但必须因地制宜，区分形式与实质，吸收其精华。我国应考量自身国情和法律传统，在借鉴域外经验时，应辩证看待判例法和成文法，使案例指导制度"中国化"，助力法治中国建设。

第六章　近景描绘：优化完善
指导性案例运行机制

案例指导制度的完善是司法改革的一项重要内容。随着司法体制改革的不断深入，如何推动案例指导制度精细化规范发展，促进裁判尺度统一和司法公信力提升，加快公正高效的社会主义司法制度建设，是我们面临的一个重要课题。课题组将指导性案例"应当参照"的效力放在中国法治语境下解读，以快速树立指导性案例"事实上的效力"为目标，以理论建构与制度设计为主要方法，建设性地提出优化完善指导性案例运行机制的具体方向、内容、措施。

第一节　提升指导性案例供给能力

"如果真的希望法官有所改变，就一定要诉诸法官的自我利益。"[①] 指导性案例本质上是一种供各级法院使用的产品，其价值一方面源于官方发布的权威性，一方面也来自产品内在属性，即能够满足法官的需要。当前，法院人案矛盾突出，指导性案例必须好用、管用，而且方便使用，才能在司法实践中真正获得生命力。

指导性案例数量充足，有助于法官养成在处理疑难复杂案件时查询指导性案例并将其作为论证理由的习惯。而法官对指导性案例应用得越多，便越能够发现新的案例并将其作为备选指导性案例进行推荐，最高人民法院也就越能够持续发布更多更好的案例。因此，数量上的增加能够使指导性案例与

---

① ［美］理查德·波斯纳：《法官如何思考》，苏力译，北京大学出版社 2009 年版，第 197 页。

法官之间形成良性互动，从维持案例指导制度的长久有效运行来看，提升指导性案例数量上的供给，已成为当务之急。

一、细化案例遴选标准

指导性案例的质量取决于遴选标准的设置是否科学合理，案例是否真能发挥"指导性"作用也与遴选标准直接相关。最高人民法院关于指导性案例的遴选标准主要体现在《案例指导规定》和《案例指导规定实施细则》中。《案例指导规定》第 2 条将指导性案例的选取标准确定如下：社会广泛关注的；法律规定比较原则的；具有典型性的；疑难复杂或者新类型的；其他具有指导作用的案例。《案例指导规定实施细则》第 2 条将指导性案例的选取标准确定如下：认定事实清楚；适用法律正确；裁判说理充分；法律效果和社会效果良好；对审理类似案件具有普遍指导意义。上述标准中，认定事实清楚、适用法律正确、裁判说理充分、法律效果和社会效果良好与其说是指导性案例的标准，不如说是对司法裁判的普遍性要求。除此以外，上述指导性案例的遴选标准有 5 个：社会广泛关注；法律规定比较原则；具有典型性；疑难复杂或者新类型；具有普遍指导意义。上述标准相对较宽泛，其内涵和外延无相应解释。从指导性案例之意旨在于"指导"司法实践的角度，有必要再对该标准进行审视，使其具体化，以增强案例遴选的可操作性。

（一）社会广泛关注

指导性案例的核心目的在于解释和发展成文法的法律规则，弥补法律漏洞，即指导法官在司法实务中针对同类型的案件作出相同的判决。严格意义上来说，一个案件是否为社会所广泛关注，与其是否具有指导性并无必然联系。不少公众一时热议或者媒体广泛炒作的案件，并没有成为指导性案例的价值。部分指导性案例，如指导性案例 147 号"张某明、毛某明、张某故意损毁名胜古迹案"，确实为社会所广泛关注，但其入选指导性案例，主要是因为该案对明晰、确立裁判规则具有重要意义，直接影响之后类似案件的判决结果。社会广泛关注体现在指导性案例遴选标准上就是社会效果。因此，对社会关注的案件需要进行甄别，以重大性作为判断标准，只有那些影响重大利益，与社会经济发展、人民群众生产生活密切相关，具有宣示意义的解决重大热点问题的案例才真正具备成为指导性案例的资格。指导性案例涉及社会广泛关注的问题，其重要性应强于一般意义上的典型案例，该案件的作用也不只是一般、一时的宣传、倡导，甚至不完全是为了指导司法实践，而是宣示重大价值、确立重要规则，故而有必要被纳入权威性更高的指导性案例范畴。

（二）法律规定比较原则

此类型案件在进行审理和裁判时并未有明确可适用的法律规则或司法解释予以支撑，案件的判决结果依赖于对法律原则的具体化适用。一般来说，法律基本对个案可能面临的问题进行了规定，但是在特殊情况下，相关法律可能不能直接作为裁判依据，必须经过法官的处理才能使规范和事实建立联系。例如指导性案例2号"吴某诉四川省眉山某纸业有限公司买卖合同案"，该案运用诚实信用原则补强论证，宣示了法律规则背后的价值追求，使判决更具说服力。此类案件即法官依据法律原则或法律精神处理的案件，对法律原则进行了具体化阐释。

（三）具有典型指导意义

典型案件指在某一类案件中具备突出特点，或在某段时间内具有高发可能性的案件，在法律的适用上需要由指导性案例进行指引。典型性实际上包含了类型化和具有普遍指导意义两方面的内容，具有典型性对于提升指导性案例的"指导价值"具有重要意义。如指导性案例93号"于某故意伤害案"，就是正当防卫的典型案件，且该类型案件具有普遍指导意义。这种指导意义，不仅表现为对以后可能出现的类案具有参照意义，而且表现为通过案例的公布，可以在普遍意义上提升民众的法律认识，规范指导民众的行为，震慑相关违法犯罪。此类案件为具有鲜明特征的类型化案件，且具有普遍的适用或教育意义。

（四）疑难复杂或者新类型

所谓疑难复杂案件，指案情复杂及法律适用矛盾突出、争议较大，在裁判方法、法律思维、司法理念等方面具有示范意义，有助于防止、纠正执法偏差的案件。新类型案例既包括社会生活中出现的新型法律问题，还包括适用新颁布的法律、法规和司法解释作出裁判的具有指导价值的案例。对于疑难复杂案件,其界定较为困难,但从法律适用的角度,疑难复杂通常产生于三个维度:一是规则模糊。如指导性案例 6 号"黄某富、何某琼、何某诉四川省成都市某工商行政管理局行政处罚案",《行政处罚法》第 42 条列举了一些应当听证的情形,但是没有穷尽全部情形,而是用"等"字将类似情形作出了概括,在法律适用中存在模糊地带。该指导性案例对"没收财产"这一事项加以明确。二是规则冲突与竞合。如指导性案例 23 号"孙某山诉南京欧尚超市有限公司江宁店买卖合同纠纷案",涉及《食品安全法》《消费者权益保护法》《侵权责任法》的规范冲突与竞合问题,明确了"无论其购买时是否明知食品不符合安全标准,人民法院都应予以支持"。为今后"知假买假"类案件创制了裁判规则。三是规则重解。即依据法律规则的精神实质进行扩张或限缩解读,其目的在于使过去制定的法律规则适应变化的社会生活。如"王某成等非法买卖、储存危险物质案",该案运用扩张解释的方法,认定氰化钠并不属于禁用剧毒化学品,但是属于列入危险化学品名录中严格监管的限用化学品,易造成人员中毒或死亡,危险性极大,属于《刑法》第 125 条规定的"毒害性"物质,对同类案件提供了指导。认定某一案件是否为疑难复杂案件,从争议性的角度,还可以有一个参照性的判定标准,就是是否经过多次审理、发回、改判。① 新类型案件包含两种情形,第一种即社会生活中出现的新型法律问题,可以归入疑难复杂案例的第三类。从指导性案例的定位来说,对于新类型问题,只能是从现有法律规定中探究法律精神,进行重新解读,以适应社会生活。第二种即适用新颁布法律规范作出有指导意义裁判的案件。

指导性案例 24 号获得高频援引有着多种原因,但最为关键的原因是满足了司法实践的需要。指导性案例 24 号的"成功"也为最高人民法院今后遴选指导性案例提供了重要参考标准,归结起来,获得高频援引、以显性方式影响司法实践的指导性案例应当具备以下特征:针对司法实践中经常遇到却缺

---

① 一般而言,在不考虑其他因素的情况下,指导性案例的争议越大,其经过的裁判次数与改判次数也可能越多。参见张华:《指导性案例的生成技术优化——基于指导性案例司法应用的实证分析》,载《法律方法》2018 年第 3 期。

乏准确法律依据的问题；裁判要点应当简洁明确，同时又能够进行适当的扩展和变通；案件参与人积极提出参照请求法官积极回应。[①] 综合以上讨论，对指导性案例的遴选标准，我们可以在现有相关规定的基础上进一步明确：（1）在案件法律适用、事实认定、证据采信、诉讼程序方面存在疑难复杂问题，有不同认识和争议；（2）法律规定比较原则、没有明确具体规定或者法律规定之间不协调，该判决能够指引正确适用法律规定或司法解释；（3）新类型案件或者适用新颁布、修改的法律、行政法规或司法解释进行裁决；（4）在司法理念、裁判方法和规则完善等方面具有典型性、代表性；（5）解决社会广泛关注的法律问题，回应人民群众关切和期待，弘扬法治精神，引领经济文化发展与进步；（6）其他对统一法律适用、维护司法公正具有指导作用的。

二、完善案例推荐机制

（一）完善内部推荐机制

1. 建立案例定期报送机制

《案例指导规定》第 4 条明确，中级人民法院和基层人民法院要推荐指导性案例，必须层报高级人民法院之后，才能有机会被最高人民法院遴选为指导性案例。当前，全国法院的办案压力普遍较大，人案矛盾较为突出，法官主动申报、编写指导性案例的动力不足。因此，为了保证备选指导性案例的数量，很多地方高级人民法院在细化规定中要求中级和基层人民法院定期报送备选案件。虽然通知要求报送的是参考性案例，但实际上收集的案例也纳入了指导性案例备选的案例库。最高人民法院也可采取类似措施，要求各高级人民法院定期报送一定数量的案件，打造全国法院系统备选指导性案例的"资料库"。例如，出台规定要求案件数量较大的省、自治区、直辖市高级人民法院每季度报送至少 3 篇案件，解放军军事法院、新疆维吾尔自治区高级人民法院生产建设兵团分院等案件量较少的法院每季度报送 1 篇备选指导性案例，最高人民法院各审判、执行部门每季度报送至少 1 篇备选参考性案例。

---

① 孙光宁：《案例指导制度的实践经验与发展完善》，法律出版社 2023 年版，第 74 页。

2. 建立案例推荐激励机制

"众人拾柴火焰高",掌握案例素材的主要为一线办案法官,案例文本的编写也主要应当依靠一线办案法官或者其法官助理。虽然要求法官定期报送案例,但不排除有的法官为了完成任务敷衍了事,无法保证推荐案例的整体质量。因此,有必要从法官、法官助理等案例撰写人的实际需求出发,建立相应的激励机制,具体包括以下几方面:(1)折算办案数量。经领导审批同意撰写指导性案例的,可以计入工作量,折算一定的分案数量。承办法官不是撰写人,但主动申报案例、提供裁判文书等资料,配合撰写工作的亦可折算一定办案数量。(2)绩效考核加分。编写的案例最终入选指导性案例或者被高级人民法院筛选后向最高人民法院推荐的,绩效考核给予一定的加分。(3)对未入选的优秀案件给予一定褒奖。由于指导性案例遴选审核十分严格,绝大多数报送案例无法入选,建议最高人民法院以优秀报送案例、优秀报送人员或者优秀组织法院等形式,对积极参与的单位和人员给予一定的精神褒奖,以激发广大干警申报推荐的积极性。

3. 建立案例培育跟踪机制

法官应针对有推荐潜力的案件进行提前培育,在案件审理过程中进行细致分析,并形成详细阐释法理的裁判文书,可以有效提升备选指导性案例的遴选成功率。目前,江苏、上海、天津等地已经在这方面积累了很多有益经验。江西法院在2022年成功推荐3个指导性案例,在一定程度上是得益于案例培育机制的建立。在法院日常工作中,有不少可以发现备选指导性案例素材的渠道,在不增加法官额外负担的情况下,可以充分发掘利用。(1)建立请示案件、提交审委会案件跟踪机制。下级法院向上级法院请示的案件,一般都较为疑难复杂,案例指导工作办公室可以与审判管理办公室或各业务部门建立请示案件、提交审委会案件共享机制,尽早对案件有无备选可能进行识别。(2)建立典型案例跟踪制度。对各业务部门组织的各类典型案例评比,通过发文或宣传渠道建立跟踪机制,从中发现具有指导意义的案例。(3)建立重大案件报送机制。明确一定类型的案件,如新类型案件,自立案时就进行特别关注,审理法官应及时向职能部门报送案件基本信息,便于在审理过程中加强沟通,共同打造精品案例。(4)结合法答网工作。法答网是最高人民法院为全国法院干警深入学习贯彻习近平新时代中国特色社会主义思想，提供法律政策运用、审判业务咨询答疑和学习交流服务的信息共享平台，于2023年7月1日起在全国法院正式上线运行。对于法答网中针对法律适用问题具备普遍指导意义或参考示范作用的答复，可组织人员就相关案件编写案例，作为备选指导性案例或者人民法院案例库入库参考案例向最高人民法院推荐。

（二）完善外部推荐机制

《案例指导规定》及其《案件指导规定实施细则》中都有对于社会推荐指导性案例的规定，但是从目前已发布的指导性案例来看，真正通过社会人士的推荐而成为指导性案例的少之又少。这一模式并没有发挥作用，主要是受社会认知度、指导性案例的效力和数量、推荐的层级性、决策程序的回应机制以及技术性保障机制等因素制约。[①] 扩大社会推荐模式的应用，不仅可以快速提升指导性案例的数量，还可以降低地方高级人民法院推荐指导性案例中的行政色彩。

1. 为社会推荐提供便捷渠道

根据《案例指导规定实施细则》第5条的规定，社会人士推荐指导性案例的路径主要有两条，其一是直接向最高人民法院案例指导工作办公室进行推荐，其二是向作出生效裁判的原审人民法院进行推荐。现有规定过于原则，缺乏可操作性，必须进一步细化。为方便社会人士推荐案例，可在最高人民法院和地方人民法院的官方网站、公众号上设立专门区域，设置统一的提交模板，使社会人士能够在线提交对指导性案例的推荐申请，并且实时看到审查进度等动态信息。同时，为了保证报送的质量，可设置实名报送程序，通过智能筛查、推荐行为记载等方式，避免社会公众滥用报送程序，造成审查数量过大的情况。

2. 建立社会推荐反馈机制

为了加强良性互动，提高社会人士报送指导性案例的积极性，当社会人

---

① 参见段陆平：《指导性案例社会推荐模式初论——以〈最高人民法院关于案例指导工作的规定〉为例》，载《社会科学研究》2012年第5期。

士报送之后，人民法院应当将处理阶段、审查结果及时进行反馈，对于没有入选的案例，要将不被选入的理由告知推荐人。同时，为避免反馈的工作量过大，可设置一些格式化的反馈意见，如未通过智能筛查、案例不具有指导意义、案例的裁判要旨尚有争议、已发布类似指导性案例等。通过上述方式可以保持社会公众对指导性案例的关注，促进指导性案例遴选的质量和效率。

3. 建立社会推荐奖励机制

发布指导性案例并不是社会公众对司法的基本需求范畴，对社会人士的利益影响较小，如果在付出一定努力后没有得到相应的回报，那么其参与积极性就会降低，这时奖励机制的作用就体现出来了。在社会人士推荐的案例被选为指导性案例时，应该对其进行奖励，一方面对推荐人所耗费的时间和精力成本进行了一定补偿，也可以激励其他人进行推荐，形成一种良好的社会互动。奖励的形式可分为物质奖励和精神奖励，精神奖励如通过颁发荣誉证书，在指导性案例通知里载明推荐人姓名等方式提高推荐人的荣誉感、精神满足感以及社会评价，有时可能比物质奖励更能激发公众参与的积极性。所以，应当把物质奖励和精神奖励相结合，使奖励机制的效用最大化。

（三）探索案例需求收集机制

司法规律绝非人们的想当然，也并非那些看似完美无缺的逻辑体系，实践本身的需求才是最真实、最客观的。如果案例指导制度遴选出的指导性案例无法契合实践，那么该制度将会在实质上被架空，形同虚设。因此，唯有基于"需求者"视角，而不囿于"供给者"视角，才能更好地抓住"痛点"，改善供给，遴选出更具有实用性的案例，从而更好地提高制度运行效率。为此，可根据案由等进行分类，建立规范化的指导性案例需求库，广泛征集各级法院法官、律师、学者及社会公众的意见，让司法需求融入指导性案例遴选程序中来，提高指导性案例与司法需求的匹配度。在遴选指导性案例过程中，可优先考虑司法需求比较大的案件类型。最高人民法院还可以根据需求，向全国主动征集某些类型的指导性案例。

三、改进案例审核机制

（一）完善案例的审核程序

现有的指导性案例的审核，主要是最高人民法院案例指导办公室审查、审判委员会讨论决定，各级人民法院向上级推荐指导性案例也遵循类似程序。高度内部化、行政化的审核过程，易产生审核力量不足、审核效率不高等问题，制约了指导性案例的供给能力，特别是缺乏审判一线法官的直接参与，一定程度上导致与司法实践需求联系不紧密，影响指导性案例的"指导性"，为此应改进审核程序。

1. 增加编辑后文本核验程序

在指导性案例编撰的具体过程中，对案例文本的编辑一般至少要通过两个步骤，即案件事实的剪裁和判决结果的采编。但是，经过了多次编辑之后，指导性案例的文本却存在失真的危险。为避免指导性案例偏离判决原意，应当尽可能由审理案件的原审法官或法官助理进行编写，在由他人编写的情况下应当增加核验程序，对经过初步审核的案例提交原审法官进行核验，并进行相应修改或提出修改意见，以符合裁判原意。

2. 增加以法官为主体的初审程序

司法案例产生于诉讼且适用于诉讼程序，与诉讼有着天然的密不可分的联系。指导性案例的生命力不仅源于特殊程序赋予的权威性，也源于与审判活动、审判人员密切联系而产生的自然活力。我国指导性案例的遴选被作为一项专门工作，遴选的过程主要依赖于案例编撰、审核人员，而在司法改革的背景下，这部分人员大多是脱离了具体审判活动的，造成了案例遴选与审判实践的脱节。对此，可在最高人民法院案例指导办公室组织下，广泛吸纳审判专家、一线法官建立各类别评审专家库，通过网络平台，抽取专家库成员对备选指导性案例进行初审。一方面，可以吸纳审判一线人员的意见，使指导性案例更贴近实践。另一方面，可以大大增加审核力量，提升审核效率，为扩大指导性案例规模创造条件。同时，对评审专家，给予一定报酬、津贴，或者根据推荐、评审案例成效，给予表彰奖励，以提升其工作积极性。为确保评审专家来自一线、熟悉审判，应将有一定办案资历以及履职期间有一定办案数量作为条件，并可明确来自中基层法院法官比例。

3. 增加初审后内部公示程序

在案例评审人员进行初审后，为进一步收集相关意见，增强指导性案例遴选的科学性，可以在法院内部进行公示。为保证公示的针对性和效率，公示的对象可包括最高人民法院相应审判部门、案件原审法院、各级法院案例指导工作部门等，接受公示的单位、部门应当及时反馈意见。最高人民法院案例指导办公室在综合公示意见的基础上，再判断是否提交审判委员会讨论决定。

（二）明确案例的审核标准

指导性案例应当具有其特定的编写体例，以保障其直观性与格式的统一性，因此指导性案例进行选报时，需按照要求将判决书进行重新编写。但是，目前指导性案例的编写不光在格式上进行了调整，亦包括对案件事实表述的压缩，以及对于裁判推理论证的简化，更多的是直接将案件的判决结果进行表达，有些裁判要旨高度概括，接近于重述。另外，不少指导性案例是经过二审抑或再审的，指导性案件在编写时却直接删减了推理部分，导致公布案例的释法说理效果明显减弱。法律适用的核心内容主要体现在裁判要点之中，但是，过于关注裁判要点甚至是将裁判要点视为指导性案例的唯一内容，很容易导致法官出现以偏概全的理解。所以，裁判理由部分是裁判要点的解释和说明，并且包含了一些无法在言简意赅的裁判要点中详细展开的内容，也同样要重点关注。考虑发布后检索、引用的需要，需从以下方面进一步加强审核。

1. 强化基本案情审核

"基本案情"部分不仅是对诉讼当事人意见、案件审理查明的事实等进行的总结性叙述，而且还应与裁判要点对照，有针对性地阐述与裁判要点相关的事实、情节和法律适用问题。在改写时应尽量保持事实完整，避免对于生效裁判文书的肆意全面修改，坚持有限修改原则，在忠实于案件主要事实基础上对案件事实进行加工。此外，要做到简明扼要、详略得当、重点突出，有助于参照者了解指导性案例的全貌和精髓。

2. 强化裁判要点审核

裁判要点的归纳要提纲挈领地展示指导性案例的核心法律问题，要与裁判文书的争议焦点相协调，避免对争议问题过度人工剪裁。归纳的裁判规则要尽量避免与制定法及司法解释"同质化"，要尽量定位于对制定法和抽象性司法解释条文的补充、细化或扩展，减少单纯重复或宣示行为，尤其要在法律模糊的边缘地带进行深入挖掘，提供创新性规则，从而引领司法实践的发展方向。在文字表述方面，裁判要点的概括既不能过于抽象，产生歧义，也不能过于具体，就案论案，限制类似案件的参照范围。为了满足社会公众的阅读需要，应多使用日常语言，做到通俗易懂。

3. 强化裁判理由审核

裁判理由部分要对裁判要点进行全面展开，为裁判要点提供细致的分析和理论支撑，因此，应通过强化与充实指导性案例的裁判理由来凸显其裁判方法示范与指引功能，以实现指导性案例从"提供裁判规则"到"提供裁判规则与裁判方法"的功能拓展与升级。在指导性案例的编纂过程中尽可能以明示的方式突出指导性案例对法律发现、法律解释、法律推理、法律论证、漏洞填补、利益衡量等法律方法的运用过程与方式，在裁判理由论证中融会贯通运用各类形式理由与实质理由。

4. 强化争议焦点审核

争议性是衡量案例"指导性"价值的重要标准，也是影响指导性案例是否为司法实践广泛参考的重要因素。通过不同意见的对照，更能凸显案例裁判要旨和裁判理由的针对性，加深对案例的理解。同时，通过正反两方面因素的对照，也便于更好地比对、识别案例的关键要素，有利于增强案例的可适用性。特别是不同意见的推理过程可能代表着实践中一批法官在遇到类似案件时所想采用的裁判思路，事先列明，也可以防止法官错误认定案件事实，作出不同裁判。因此，当前公布的指导性案例均只列明裁判要旨及相应理由，影响了认识和理解指导性案例的维度，具有较大的局限性。虽然公布裁判文书不同意见还存在很大争议，但在充分研究的基础上，有限度地在指导性案例中公布不同意见，包括不同的合议庭成员意见、案例审查时提出的不同意见等，对于统一裁判尺度还是有积极意义的。

四、完善案例发布机制

指导性案例的核心在于其能够弥补制定法所固有的滞后性与原则性，能够更及时适时地弥补制定法的不足，因此实践中仍应当考量案件指导的及时性。一方面，任何案例都有特定的时代性。从案例的"指导性"方面考察，指导性案例的生成周期与其被引用率之间呈明显的负向关系。生成周期越长，指导性案例在司法实践中的被引用率就越低；生成周期越短，被引用率则越高。① 另一方面，指导性案例通常在案件裁判形成之后的一段时间内确定，如若间隔时间过长，复原办案场景、时代背景，进行案例编撰和审核的难度就会加大。此外，指导性案例的重要价值之一就是为司法裁判和社会预期提供法律适用确定性。指导性案例的发布也要与这一价值保持一致，即有稳定的发布周期和发布时间，同时在可能的情况下，逐步实现相对稳定的发布数量。

现阶段指导性案例的发布时间不确定，发布周期无规律可循，发布数量也不确定，随意性较大，损害了指导性案例制度的严肃性和连续性，不利于社会公众关注、了解指导性案例，也不利于指导性案例扩大影响力。建议从以下三个方面进行完善。

（一）固定案例发布周期

指导性案例的公布应确定较为合适的周期，周期太长则影响及时性，周期太短又对案例数量和质量提出了更高要求，同时也会给案例指导办公室造成相对较大的负担。当前指导性案例以每年发布 2~3 次居多，考虑到工作的延续性，可以确定以 3 个月为一周期，每季度发布一次，一年发布 4 次。即便本季度无合适的指导性案例，也应在同一时间作出说明，让指导性案例发布程序更为公开透明、具有预期性。

（二）固定案例发布数量

每次案例发布数量不必强求完全一致，但在数量级上，应当大体相当。在发布时间和周期稳定后，用一段时间过渡，逐步做到每次发布数量相近的案例，或者发布数量相近的同类型案例。还可以确定每个周期的案件类型或主题，比如第一季度为民商事案件、第二季度为刑事案件、第三季度为行政案件，第四季度为执行案件及其他类型案件等，进一步增强社会公众的可预期性。

---

① 参见张华：《指导性案例的生成技术优化——基于指导性案例司法应用的实证分析》，载《法律方法》2018 年第 3 期。

（三）缩短案例发布间隔

现有的指导性案例公布要经历初步编写、审判委员会讨论、逐级报送、最高人民法院案例指导办公室审查、最高人民法院审判委员会讨论决定、编辑公布等程序，因此指导性案例生效与确定公布之间必然存在一定的时间差。发布程序的规范，也将带动之前推荐程序、审查程序、讨论决定程序的固定，以社会公众的持续性关注倒逼指导性案例遴选机制的规范，使我国的案例指导制度真正发挥其效用和价值。应当明确某一案例被推荐后，遴选审查、讨论决定应当控制在一定时间之内，这样一方面能保障案件审查筛选的效率，另一方面也能避免所推荐案例的堆积，同时也能够实现被筛选案例的更迭。为保障指导性案例的有效性与时效性，对于候选案件一般应当在近 3 年或近 5 年的案件中进行筛选。

五、加强案例队伍建设

目前，各级法院的备选指导性案例被推荐到最高人民法院后，首先要经过最高人民法院研究室初审，再进入征求意见环节，包括征求全国人大常委会法工委、相关行业主管部门、审判业务条线、专家学者等意见，多数案例还要进行案例专业会议论证，才能提交审判委员会讨论。而研究室具体承担指导性案例审查流程推进工作的机构是司法解释协调和案例指导处，仅为一处级机构，有不到 10 名工作人员，力量有限。全国法院每年要受理数千万案件，法官需要面对层出不穷的法律适用新情况、新问题，司法实践对于具体裁判规则供给有着强烈的需求，因此，要提高指导性案例的供给能力，迫切需要解决案例机构及其人员的增强和优化问题。

具体方案有以下几种：方案一是参考域外司法判例制度运行的实践，由最高人民法院专门设置承担案例指导职能的部门，整合相关的案例力量，如此可以保证队伍数量和人员素质的稳定性。从专业大类划分，至少包括法律专业和计算机信息网络专业两类人员；法律专业人员包括精通刑事审判、民事审判、行政审判、执行等业务的人员，结合案例遴选的工作量和比例均衡分布、合理搭配。方案二是建立案例专门部门统筹管理、其他部门共同参与的分工协作机制。由业务部门负责审核把关条线上的备选指导性案例，征求全国人大法工委、相关行业主管部门、审判业务条线、专家学者等意见后，提交给案例专门部门报送审委会讨论。业务部门内部可以确定专人负责，以保证案例工作的稳定性和延续性。发动业务部门共同参与，形成强大的工作合力，可以保障案例工作有序开展、协调一致。方案三是印发案例统一管理规范性文件，明确不同层次的案例功能定位，确定相应的案例主办部门，设置严谨规范的审查发布程序，制定相对统一的案例体例格式，避免层次不清，让案例推荐单位、裁判案件的法官和社会公众无所适从。[①]

第二节　健全指导性案例应用机制

司法责任制的内涵，可以概括为"让审理者裁判，由裁判者负责"。前者是指保证法院依法公正独立行使审判权，解决审理权与裁判权分离的问题，实现司法裁判的去行政化；后者要求法官对所审理的案件依法承担办案责任。完善案例指导制度是全面贯彻落实司法责任制的内在要求。独任法官和合议庭正确参照最高人民法院发布的指导性案例，促进法律统一适用，实现司法公正，既是充分发挥指导性案例作用的客观需要，也是深入推进司法责任制相关配套制度改革的应有之义。[②]

河南省孟津县人民法院是目前全国法院系统中指导性案例应用数最高的法院，究其原因，就是因为主题教育期间，加强了类案检索和对指导性案例的参照适用。可见，应用指导性案例在规范司法行为、提高办案质量、统一裁判尺度方面具有重要意义。为了进一步提高指导性案例的应用率，可从以下几方面进行完善。

一、建立学习培训机制

（一）建立指导性案例集中学习制度

学习，是我们党的优良传统和政治优势。当今社会知识更新较快，不学

---

① 参见石磊：《中国特色的案例指导制度及发展完善》，载《江西法院案例选》2023 年第 1 期。
② 胡云腾：《关于参照指导性案例的几个问题》，载《人民法院报》2018 年 8 月 1 日，第 5 版。

习知识就会老化，思想就会僵化，能力就会退化。集中学习是法院干部学习理论、掌握新知的重要方式，针对"学习运用指导性案例差距大"的问题，可学习借鉴检察系统的做法，建立指导性案例集中学习制度，并制定责任清单和任务清单。

2020 年，为推动最高人民检察院巡视反馈意见整改落实到位，切实加强指导性案例学习运用工作，江西省人民检察机关建立指导性案例学习运用负责制。明确要求各级院党组副书记或第一副检察长为指导性案例学习运用第一责任人，对本单位的指导性案例学习运用全面负责，具体职责如下：（1）对最高人民检察院于 2018～2019 年发布的指导性案例集中一段时间组织学习。对因故未能参加集中学习的，由各级院党组副书记或第一副检察长负责组织补课，做到全员学习。（2）及时跟进组织学习最高人民检察院 2020 年以后发布的指导性案例，各级院党组副书记或第一副检察长要在最高人民检察院指导性案例发布后一个月内组织本单位全体人员学习研讨。（3）各级院党组副书记或第一副检察长要主动发挥示范引领作用，带头学习，主动上讲台，分享学习指导性案例的学习体会，率先垂范带动全体检察人员参与学习培训。加强统筹协调，充分运用检委会学习、集体学习交流研讨、集中学习省院发布的指导性案例解读微课程、个人自学等多种方式，加强对指导性案例的理解掌握，确保学习质效。①

为进一步加强法院系统对于指导性案例的学习应用工作，建议最高人民法院出台"关于进一步加强和规范指导性案例学习的意见"，从学习时限、学习内容、学习方式、工作记录、培训方式等方面作出详细规定。具体内容如下。

1. 凡是最高人民法院发布的指导性案例，全国各级人民法院都要在一个月内组织全体人员学习研讨，重点掌握指导性案例在事实认定、证据运用、指证示证、法律适用、政策把握等方面的经验做法和蕴含其中的理念方法。

2. 为了便于大家了解指导性案例的审理背景和裁判理念，可组织指导性案例审理或编写人员录制解读微课程视频，供全国法院学习使用。

---

① 参见《江西省人民检察院关于建立指导性案例学习运用负责制的通知》。

3. 各级人民法院领导干部要发挥示范引领作用，带头学习，通过领导班子集体学习、审委会学习、专题研讨等多种方式学习，加深对指导性案例的理解和掌握。根据工作需要，可邀请指导性案例审理或编写人员在学习活动中进行现场讲解。

4. 各级人民法院审委会审议案件时，承办法官应当报告有无类似指导性案例，并说明参照适用情况。

5. 省级法院要切实掌握本地区本单位指导性案例学习贯彻情况，并加强对辖区法院学习应用指导性案例的指导督促。

6. 最高人民法院研究室可通过随机抽查、与培训班学员座谈调研等多种形式了解中基层法院组织本单位学习运用指导性案例的情况。适时派员赴中基层法院实地调研，检查各地学习指导性案例情况，对存在的问题以及履职不到位的责任人进行通报。

（二）开展指导性案例专项培训

法官教育培训是一种直接为法院审判工作服务的职业教育，也是一种与高等法学学历教育相衔接的后续教育和终身教育。作为提高法官职业化水平重要途径，法官教育培训是衡量一个国家法官制度成熟度的重要指标，其发展直接关系法官的素质提高和司法能力的增强。

法院系统一直注重以培训的方式提高法官的专业能力和综合素质，针对院长培训、高级法官晋级培训、预备法官培训等不同班次、不同层次人员的特点和培训需求，制订科学合理的教学计划，精心设计与培训目标相适应的课程体系，因材施教，不断增强法官培训工作的针对性和科学性。1997 年 11 月 10 日，最高人民法院在全国法院干部业余法律大学和中国高级法官培训中心的基础上设立了国家法官学院，该学院的成立，适应了中国社会经济全面发展进步对法治建设和司法审判工作的要求，体现了中国在依法治国进程中致力于建设一支高素质、职业化法官队伍，努力在全社会实现公平与正义之司法目标的坚定信念，标志着法官教育培训事业进一步朝着科学化、制度化、规模化方向发展。[①] 为推进法官教育培训工作科学化、制度化、规范化，建设

---

① 金俊银：《中国法官教育培训工作的回顾和展望》，载《西部法学评论》2010 年第 4 期。

高素质专业化法官队伍，最高人民法院于 2020 年 8 月 21 日出台了《法官教育培训工作条例》，强调要重点开展法律政策运用、庭审驾驭、证据认定、诉讼调解、裁判思维、法律适用、裁判文书说理等审判执行业务培训。

但目前，尚未有关于指导性案例的学习和适用能力提升的专项培训。指导性案例适用现状中的法官隐性援引现象显示，当下规范法官的援引方式已迫在眉睫。组织法官进行系统的指导性案例专项培训，教授法官类案比对司法技艺，引导法官将指导性案例的适用与加强和规范裁判文书释法说理的工作要求结合起来，能够消除法官的顾虑心理，提升法官指导性案例应用能力，有效推动《案例指导规定实施细则》中指导性案例援引规范的贯彻落实。最高人民检察院于 2019 年 5 月 17 日召开"指导性案例"专题业务讲座，此举可为我们法院系统所借鉴。

除召开专题业务讲座外，也要在法官初任培训或全国法院其他业务培训班中设置针对指导性案例的专门课程。此外，为了方便法官深入了解指导性案例的审理背景和裁判理念，可以邀请指导性案例的主审法官或案例编写者进行现场讲解，并录制解读微课程视频，供无法现场参加培训的其他法官或者律师、当事人等社会公众学习使用。

二、细化审判应用程序

《类案检索指导意见》规定，公诉机关、案件当事人及其辩护人、诉讼代理人等提交指导性案例作为控（诉）辩理由的，人民法院应当在裁判文书说理中回应是否参照并说明理由；提交其他类案作为控（诉）辩理由的，人民法院可以通过释明等方式予以回应。《案例指导规定实施细则》也作了类似规定。但由于缺乏程序性保障，是否进行指导性案例检索、是否参照适用指导性案例，当前主要是由法官自主决定，随意性较大。

为保证指导性案例应用机制落实到位，可以将案例适用过程内化进审判程序，发挥诉讼参与各方积极性，形成有效制约，减少适用过程的随意性。

（一）明确参照适用义务

所谓"参照适用义务"是指法官负有在规定的情形下参照适用指导性案例的义务。指导性案例并非实践中部分法官所认为的那种"可有可无"的存在，其效力虽不是来自法律制度的直接规定，但是基于一系列相对于法律制度的"事实因素"的保障所形成的，这种事实性因素包括逻辑、伦理、智识、利益和诉讼制度运作等的综合效应。①

一方面，指导性案例发挥着统一裁判尺度，约束法官自由裁量权的作用，这就要求在处理与指导性案例类似的案件时，法官应当参照指导性案例，使之能够与指导性案例"类案同判"，这也符合"对同类或相似案件应当给予相同的法律评价"的基本理念。② 另一方面，在制定法存在漏洞时，指导性案例发挥着填补漏洞的作用。由于司法机关负有"不得拒绝裁判"的义务，当遭遇制定法、司法解释无法应对案件的情形时，法官需要从其他法源中找寻裁判理由和依据。在这种情形下，指导性案例可以作为参照的对象，此时法官需要参照适用指导性案例，以确保"依法裁判"义务的实现。因此，"应当参照"指导性案例是法官的当然义务，不仅意味着必须参照，而且还要求法官必须以明示的方式进行参照。

1. 参照的前提：关键案情类似

按照司法解释的规定，参照适用的前提是二者为类似案件，这就要求法官应当首先判断指导性案例与待决案例之间是否具有相似性。《案例指导规定实施细则》第 9 条对此进行了规定，即法官需要比对两个案件之间的"基本案情"和"法律适用"是否一致。若二者具有一致性，法官应按照指导性案例的裁判处理待决案件。但实际上"基本案情"和"法律适用"依然给人一种模糊之感。对于比对类似性要素的选择，学界存在不同观点，大致可分为四种：类似性要素是以争议焦点为基础的案件事实；③ 类似要素是裁判理由或实质理由；④ 类似要素是必要事实或关键事实；⑤ 类似要素是综合性要素的

---

① 孙海波：《指导性案例的隐性适用及其矫正》，载《环球法律评论》2018 年第 2 期。

② 陈景辉：《同案同判：法律义务还是道德要求》，载《中国法学》2013 年第 3 期。

③ 冯文生：《审判指导性案例中的"参照"问题研究》，载《清华法学》2011 年第 3 期。

④ 黄泽敏、张继成：《案例指导制度下的法律推理及其规则》，载《法学研究》2013 年第 2 期。

⑤ 谢春晖：《从"个案智慧"到"类案经验"：指导性案例裁判规则的发现及适用研究》，载《中山大学法律评论》2018 年第 2 期。

组合。①

分析上述观点可以看出，学界关于类似性要素的选取主要集中于三个方面：案件裁判理由、案件争议焦点和某些案件事实。首先指导性案例的裁判理由为案件的大前提，但在通常情况下，裁判理由多为"相关法条"和"裁判要点"，由于二者的抽象性特点，只能为待决案件划定大致的范围，因而无法作为比对要素。案件争议焦点是法官总结的指导性案例的争议问题所在，必须结合案情进行理解，单纯参考法律规范和争议焦点也无法得出相似性结论。因此，类似性要素应当为特定的案件事实，即法官应当比对指导性案例和待决案件的案情是否相似。但与此同时，为避免法官陷入对案件细枝末节的比对困境中，需要比对的应当是两案的关键事实。关键事实包括"与案件争议焦点密切相关的事实"和"与裁判结果密切相关的事实"。正如学者所言，"司法先例中的实质事实相当于制定法规则中的'行为模式'，是衡量行为人行为的充分必要条件"②。

2. 参照的外观：公开明示

由于指导性案例正在发挥作用的标志是"指导性案例发布后被后续案件援引"③。为确保指导性案例真正发挥作用，有学者提出这种参照义务应当具有明示公开参照的外观。司法实践中，存在大量隐性参照的情形，有学者曾统计 2018 年度司法裁判中，法官隐性参照指导性案例涉及 1736 例，占总援引指导性案例的 56%。④ 所谓隐性参照，主要是指裁判文书的案件事实比对、论证说理和裁判结果实际上大致参照了指导性案例，但在判决文本中并未出现参照指导性案例的表述。法官实质上按照指导性案例的裁判规则和精神进行了裁判，但在形式上未对指导性案例进行回应。这种隐性参照之所以备受推崇，主要是因为隐性参照适用指导性案例，省去了比对案情的麻烦，提高了裁判效率，规避、避免因错误解读指导性案例带来的风险。实际上，这种

① 王彬：《案例指导制度下的法律论证——以同案判断的证成为中心》，载《法制与社会发展》2017 年第 3 期。

② 张骐：《论类似案件的判断》，载《中外法学》2014 年第 2 期。

③ 刘作翔：《让指导性案例走进司法活动》，载《人民法院报》2016 年 1 月 1 日，第 7 版。

④ 郭叶、孙妹：《最高人民法院指导性案例 2018 年度司法应用报告》，载《中国应用法学》2019 年第 3 期。

隐性参照方式有损指导性案例制度功能的实现。由于指导性案例本身是通过"案例指导"的形式进行的，案情也是指导性案例的重要组成部分，指导性案例的裁判要点并非对司法解释的"零售"，参照指导性案例需要结合案情进行理解，如果不以公开的方式参照，可能会抛开事实而对指导性案例的裁判要点直接引用，忽略案件相似的前提，发生"非类案但同判"的现象。

3. 参照的内容：裁判要点和裁判理由相结合

《案例指导规定实施细则》规定，类似案件的审理应当参照指导性案例的"裁判要点"。所谓裁判要点，是指经由最高人民法院整理、筛选、提炼和总结的，在指导性案例中对某一法律问题的解释。按照这一规定，这些"裁判要点对后续类似案例具有参照的效力"。在《案例指导规定实施细则》发布后，有部分学者对此提出不同看法，认为指导性案例的裁判要点和裁判理由均应成为参照的对象。[①] 指导性案例的裁判要点虽然是最高人民法院经过一定程序提炼的判决精华总结，但这种要点式抽象性的规则如果脱离了案件事实，极易被后续法官误用。并且如果不将裁判要点放入案件事实中理解，单纯参照裁判要点，其几乎与司法解释无差别，体现不出指导性案例制度存在的价值。

此外，由参照适用义务延伸出来的还有类案检索义务，即法官熟练掌握类案检索技能，积极主动查找指导性案例，并判断正在处理的案件与指导性案例是否类似。

（二）强化论证说理义务

所谓"论证说理义务"，是指法官负有对指导性案例用或者不用的理由进行阐释的义务。正所谓"无理由即无判决"。一般认为，司法裁判中，法官负有说理义务，这是防止司法专断、维护司法民主和适用法律一致性的重要手段。一方面，细致充分的说理可以减少当事人和社会对判决的质疑，从而增强判决的可接受程度；另一方面，论证说理是法官同当事人和社会公众的沟通和对话，体现了对相关主体的尊重，提升司法的民主性。[②]

---

① 孙光宁：《反思指导性案例的援引方式——以〈《关于案例指导工作的规定》实施细则〉为分析对象》，载《法制与社会发展》2016 年第 4 期。

② 孙海波：《法官背离判例的法理及说理》，载《浙江社会科学》2022 年第 4 期。

《案例指导规定实施细则》第 10 条规定："各级人民法院审理类似案件参照指导性案例的，应当将指导性案例作为裁判理由引述，但不作为裁判依据引用。"该条对指导性案例的引用方式进行了规定，其中，从"作为裁判理由引述"可以看出，最高人民法院意在使指导性案例成为裁判说理的依据。2016 年 6 月 28 日，《最高人民法院关于印发〈人民法院民事裁判文书制作规范〉〈民事诉讼文书样式〉的通知》中，进一步明确指出："正在审理的案件在基本案情和法律适用方面与最高人民法院颁布的指导性案例相类似的，应当将指导性案例作为裁判理由引述，并写明指导性案例的编号和裁判要点。"由此可见，各级人民法院在引用指导性案例时，应当承担论证说理义务。论证说理义务应当包括"参照说理""不参照说理"。

1. 参照说理

所谓参照说理，是指法官决定参照指导性案例处理案件时，应当明确对指导性案例进行引述并进行充分的说理。实践中的"隐性参照""参照但不说理"都属于不规范的参照说理行为，应予以纠正。实践中法院援引指导性案例进行说理的方式各不相同，大致存在以下几种援引方式：（1）笼统援引，直接表示"根据最高人民法院的指导性案例，本案判决如下"；（2）明确说明指导性案例的编号，但不进一步说明指导性案例的内容；（3）明确标明指导性案例的编号和引述指导性案例的裁判要点，但对其他内容不作处理；（4）援引指导性案例的裁判结果，并在判决书中"套用"结果；（5）援引指导性案例的裁判要点，并结合待决案件的案情和法律问题进行分析，最终决定参照指导性案例。[①] 第 5 种方式无疑最符合援引指导性案例进行说理论证的要求，但这对长期习惯于"三段论"演绎推理的法官来说是一项挑战。除此之外，我国司法实践中的一些制度和非制度因素制约着法官裁判说理。[②] 因此，要真正实现援引指导性案例充分说理的理想状态，需要从人员培训、裁判文书结构内容、奖惩制度构建等方面综合提升法官援引指导性案例说理论证的能力。

[①] 孙海波：《指导性案例的参照难点及克服》，载《国家检察官学院学报》2022 年第 3 期。

[②] 苏力：《判决书的背后》，载《法学研究》2001 年第 3 期。

2. 不参照说理

在不参照指导性案例案件中，存在下列主要理由：第一，有判决书认为我国并非判例法国家，因而指导性案例仅具有参考价值，有学者将其称为对指导性案例的"外在背离"[①]。第二，指导性案例与待决案件不构成类似案件，因而不参照。第三，基于社会公共利益等原因不适用指导性案例。正如前文所言，第一种理由实则是法官对指导性案例效力的误解，应当予以纠正。第二种理由类似于英美法系中的"区分"，即法官通过比对指导性案例与待决案例，若不构成案件类似，则可以顺利得出不参照的结论。第三种理由实际上是基于特定理由"推翻"指导性案例，认为指导性案例在特定情形下已经不再适用，从而得出与指导性案例不同的判决结论。这种"推翻"指导性案例的行为除了存在相关法律或司法解释的依据外，还需要指明指导性案例存在局限性，所需要的理由应当更加充足，法官应当尽到更充分的说理义务。正因如此，在判例法国家，"推翻"先例并不普遍，且限制程序比区分先例更加严格。在大陆法系国家，对司法先例的"背离"也不是任意的，需要满足特定的要求，且法官需要承担说理和论证义务，部分国家还设立了特别的制度，例如德国的"偏离判例的报告制度"[②]。总之，对于当事人提出参照指导性案例的请求，法官应当进行回应，若最终决定不参照指导性案例，应当进行充分说理，而不能置之不理或简单以"我国非判例法国家"为由，否定指导性案例的效力。

（三）审理程序环节设计

从程序维度看，指导性案例的应用需要一套完整的诉讼程序给予支撑，不仅要求技术性操作规范予以保障，还要匹配保障实质性诉讼权利实现的规则，并且贯彻诉讼全流程。将指导性案例的应用纳入案件审理程序的每个环节是保障指导性案例应用效果的必然要求。庭审实质化背景下指导性案例应用的程序设计应当在总体上沿着妥善处理好庭外和庭审关系的进路展开。概括而言，一方面，一方当事人申请参照指导性案例进行审理的，法官应及时

[①] 陆幸福：《论背离指导性案例及其限制》，载《环球法律评论》2022年第3期。

[②] 高尚：《论德国法中偏离判例的报告制度》，载《法律适用》2017年第2期。

告知对方当事人，使其在法庭审理之外充分做好庭审之前的应对准备工作；另一方面，法官则应当根据庭审实质化的要求，将本案是否应参照指导性案例作为法庭审理之重点，充分听取双方当事人的意见，并在最后陈述阶段要求当事人发表是否参照指导性案例的最后意见，以确保审理程序的公正性。庭审结束后，合议庭也应对应否参照指导性案例充分发表意见，以保证裁判结果的公正性。

　　具体程序设计如下：（1）对于审理案件中，当事人申请参照指导性案例进行审理的，法官应一律进行审查，并将是否参照指导性案例列为案件争议焦点。（2）明确诉讼参与人提交指导性案例的形式。诉讼参与人类型多样、认识多样，为确保纳入诉讼程序后，能够在规范、统一的框架下进行辩论、说理，可要求申请参照适用指导性案例的当事人提交类案检索报告，并统一检索报告的形式要求，或者制作报告范本以便当事人填写。（3）明确诉讼参与人提交指导性案例的时限。指导性案例检索报告作为一种辅助法律适用的特殊事实，尽管不能等同于证据，但为满足庭审需要，应当参照证据提交的期限，即应当在法庭指定的举证期限内提交，以便各方充分消化。（4）明确应当就是否适用指导性案例进行辩论。将指导性案例的适用作为争议焦点之一，由诉讼参与人就待决案件与指导性案例的相似点等因素进行辩论，可以推动法官认识深化。对于开庭案件，在法庭辩论阶段，法官应组织双方就是否参照指导性案例进行辩论，在最后陈述阶段要求当事人发表是否参照指导性案例的最后意见。（5）合议庭应当对是否参照指导性案例予以充分讨论，并记录在案；适用独任制审理的，独任法官应当制作工作记录。（6）明确裁判文书应当对诉讼参与人提交的指导性案例进行回应。合议庭如决定适用指导性案例，则应当按指导性案例的援引规范在裁判文书中进行相应说理。合议庭如决定不适用指导性案例的，也应当作出相应回应，并在裁判文书中充分说明不参照适用指导性案例的具体理由。

三、规范文书应用格式

（一）规范识别适用

指导性案例适用的第一步就是运用类比推理，通过案情的比对，找到与当下待决案件案情最为接近的指导性案例，并将该指导性案例适用的规则转用于该待决案件。指导性案例与待决案件类似性的判断标准，《案例指导规定实施细则》规定为基本案情和法律适用具有相似性，《类案检索指导意见》规定为在基本事实、争议焦点、法律适用上具有相似性。尽管上述表述略有不同，但无论是哪一个标准，均非将相关因素分别比对，实质上都是以案件事实和法律适用交织比对为基础。

指导性案例的裁判要点所生成的裁判规则一般采用的是"构成要件＋法律评价"的规范结构，其中"构成要件"就是对"基本案情"中关键事实的类型化归纳，包含了事实判断和法律判断。因而，考查案件的关键事实首先要从"裁判要点"部分出发，同时要以"基本案情"中的叙述作为参考资料来把握案件的关键事实。同时，对待决案件关键事实的理解也需要一个"事实剪裁"或"再加工"的过程，这就要根据案件的裁判要点来精简基本案情中的非关键事实部分，以谋求不同类型案件在事实层面的交集。

综上，识别指导性案例相似性的具体路径如下：第一，从指导性案例的裁判要点中提炼事实要点和法律要点。第二，将待决案件的法律争点与裁判要点的法律要点进行比较。第三，比较待决案件的关键性事实与裁判要点中的事实要点。如果待决案件和指导性案例经过上述比较，在关键事实和法律争点方面都和裁判要点高度相似，那么可以初步判定具有相似性。第四，正确处理好事实、规范与价值之间的关系。为了保证案件裁判的公正性，法官需要根据情势权衡原则，综合运用价值判断、利益衡量、政策考量等方法与思路作出恰当的认定和判断。[①]

（二）规范裁判援引

1. 援引的形式规范

根据《最高人民法院关于印发〈人民法院民事裁判文书制作规范〉〈民事诉讼文书样式〉的通知》规定，判决书分为三个部分：标题、正文和落款，其中标题包括法院名称、文书名称和案号，而落款包括署名和日期。因此，指导性案例只能放在正文部分。正文包括首部、事实、理由、裁判依据、裁

---

① 于同志：《论指导性案例的"参照适用"》，载《人民司法》2013 年第 7 期。

判主文、尾部六个部分。其中首部与尾部撰写的应是当事人的信息、诉讼费用承担等问题，裁判主文是判决结果，无须援引指导性案例说明。余下的部分为事实、理由、裁判依据。

《案例指导规定实施细则》第10条规定："各级人民法院审理类似案件参照指导性案例的，应当将指导性案例作为裁判理由引述，但不作为裁判依据引用。"该规定从正反两方面规定了援引指导性案例的形式规范，即不能在"裁判依据"部分引用，应当在"裁判理由"部分引用。虽然该规定并未明确事实部分是否可以援引指导性案例，但从指导性案例适用的需要出发，事实部分确有援引的必要。法官主动检索并适用指导性案例并非案例运用的唯一途径，当事人及其委托诉讼代理人、被告人及辩护人等也可以提交其检索的指导性案例。指导性案例是当事人、被告人主张的理由的一部分，应当如实记载，并在裁判说理中予以回应。

综上，指导性案例援引可以出现在裁判文书的两个部分：一是当事人及其委托诉讼代理人、被告人及辩护人的主张部分，作为理由支持己方的主张。二是"本院认为"部分。裁判理由部分以"本院认为"作为开头，援引指导性案例进行说理。

2. 援引的内容规范

当前，指导性案例隐性援引的问题比较突出，法官虽未在裁判文书中明确援引指导性案例内容，但是其裁判结果与指导性案例一致，这样不仅使得裁判理由与原因相分离，而且无法掌握指导性案例使用情况，不利于进行对指导性案例进行管理和对案件进行审判监督。为此，应明确指导性案例必须以明示的方式引用相关内容。

最高人民法院设置指导性案例司法援引制度的目的是希望指导性案例的编号和裁判要旨由法官以类比推理的方法写进判决书中。就指导性案例的形成而言，裁判要点是法院对特殊案件进行提炼而成的，是该案件的核心之处，真正体现了指导性案例的比附作用。因此，法官应当在判决书中予以引用。[1]在当前我国法律渊源并未包含指导性案例的情况下，写清引用的指导性案例

---

[1] 陈兴良：《中国案例指导制度研究》，北京大学出版社2014年版，第530页。

的编号可以为当事人和法官提供更为清晰的案件判决依据导向，因此是必要的。除援引指导性案例的编号和裁判要旨之外，是否还应当援引指导性案例的其他部分，如裁判理由、必要事实等，则尚待讨论。

裁判要旨从根本上说只不过是裁判理由的简洁化，必须以案件的基本事实为基础，在适用的过程中必须重新得到理解。① 裁判要点的适用过程并非法律、司法解释适用的演绎推理过程，而是以类比推理作基础。因此，在重点关注指导性案例的"裁判要点"的同时，也不应忽视案例本身在事实认定、判决说理与案例评析等其他方面可能具有的更为丰富的法律信息，通常应当将"裁判要点"与指导性案例的整体结合起来理解与运用。② 可以考虑如下方式进行适用：首先，比照指导性案例的必要事实，梳理并明确当前待决案件的必要事实；其次，必要事实的对比过程中，寻找其相同点和细节差异，并在此基础上按照裁判理由的规范性表述判断其适用程度；最后，依据对适用程度的判定援引指导性案例的裁判要旨进行总结。

综合以上讨论，指导性案例援引的内容需作出如下规范：一是指导性案例必须明示引用，不能隐性引用。二是指导性案例不能仅引用规则，而应当结合关键信息，就适用过程进行说理。

第三节　构建案例应用配套机制

针对司法实践中指导性案例司法适用存在的问题，除完善指导性案例本身的生成机制，增强指导性案例的裁判供给能力外，还需要建立健全适用监督等相关配套制度，从程序设计上减少法官违背指导性案例进行裁判的可能，以保证指导性案例"应当参照"的效果。有了相关的配套制度作为支撑，案例指导制度才能更好地发展，更多地服务于司法实践。

一、建立背离报告制度

一个案件之所以可以被最高人民法院发布成为指导性案例，是因为其在

---

① ［德］卡尔·拉伦茨：《法学方法论》，陈爱娥译，商务印书馆 2003 年版，第 233 页。
② 于同志：《论指导性案例的"参照适用"》，载《人民司法》2013 年第 7 期。

事实认定、法律适用、论证说理等方面，都对此类案件的审理作出了最佳示范。后案法官违背指导性案例裁判，在相当程度上就是违背了指导性案例法官审理案件时所依据的法律。[①] 对于当事人主动要求适用，法官如果意欲作出与指导性案例偏离的判决时，除了要在审理报告中说明不予适用的理由外，还应撰写背离报告，写明待决案件与指导性案例之间在事实和法律上的区别，并详尽阐述本案为何不应当援引指导性案例裁判，提交专业法官会议讨论。必要时，可向审委会报告。建立指导性案例背离报告制度，可从程序上防止法官恣意裁判，同时，详细分析阐述为何不援引指导性案例的理由，能够对当事人产生很大的说服力，有利于息诉服判。此处提及的背离报告，可与上文所述的检索报告衔接，检索报告可以作为背离报告的一部分。

尽管最高人民法院研究室曾在新闻发布会上表示如不参照已经发布的指导性案例，面临被二审、再审改判的风险。但是，这一要求并未落实为文件要求，亦未在审判实践中得到较好落实。为此，有必要建立适用背离制度。在二审或再审程序中将参照适用指导性案例作为法律适用的组成部分，对于应当参照适用指导性案例，没有适用又未制作背离报告的，在二审或再审程序中可以成为改判或发回重审的法定理由。司法实践中，已有再审法院以原审法院未对拒绝当事人参照适用指导性案例请求的原因进行论述说理为由，指令原审法院再审。

为了进一步明确参照而未参照相关指导性案例的情形属于撤销原判（发回重审）或依法改判的法定事由之一，可通过修改司法解释、单独发布司法解释、修改《案例指导规定》或《案例指导规定实施细则》等方式，予以规定。如明确规定对于涉及参照适用指导性案例且存在下列情形的案件，应当依法改判或撤销原判、发回重审：（1）应当参照相关指导性案例而未参照的；（2）当事人或代理人（刑事案件中的被告人、公诉人、辩护人）认为应当参照适用指导性案例，法院在审理过程中未作出回应说明的；（3）参照指导性案例存在明显错误或其他不当情形的。

[①]　胡云腾：《关于案例指导制度的几个问题》，载《光明日报》2014年1月29日，第16版。

二、搭建智能推送系统

信息技术的飞速发展给司法现代化建设带来难得的机遇。在人案矛盾突出的背景下，指导性案例适用是否便捷在一定程度上影响着法官适用的积极性，当然也影响着指导性案例在实践中的运用效果。如何抓住互联网发展和科技创新先机，运用"互联网＋"思维，依靠大数据、云计算等信息化手段，对海量的裁判案例进行识别、分析和整理、归类，进而指导审判实践，促进审判体系和审判能力现代化，是当前智慧法院建设的题中之义。鉴于指导性案例"应当参照"的特殊属性，以及审判实践强制检索的需求，可在办案系统中嵌入指导性案例自动推送系统，同时，设置标准化的检索报告格式，由办案系统根据检索结果自动生成检索报告，以减轻法官的工作负担。

（一）类案检索平台缺陷分析

根据调研情况，目前法官等主体进行类案检索主要使用法信、北大法宝、聚法案例、威科先行、律商联讯以及 Alpha 等智能检索平台。此外，中国裁判文书网因收录了海量生效裁判文书，也在一定程度上具有案例检索功能，成为检索类案的重要途径之一。

指导性案例作为裁判"应当参照"的特殊案例，其权威性和约束力都不同于普通案例，对检索的及时性和精确性要求也不同于普通案例。尽管当前有多种多样的案例检索途径，但仍无法满足指导性案例检索的要求。当前检索系统存在四方面问题。

1. 检索的便利性不够

当前，指导性案例主要发布于最高人民法院的刊物和相关网站，而相关刊物和网站还刊登了大量其他内容，指导性案例往往被淹没在海量信息中。官方检索平台法信、中国裁判文书网及部分非官方平台并未对指导性案例给予特殊对待，未设置专门的指导性案例检索模块，指导性案例信息被混杂在海量其他信息中。

2. 检索的智能性不够

威科先行、Alpha 平台，都有专门的指导性案例搜索选项，但是分类不多，显示的检索结果也不够全面。北大法宝在各检索平台中较为完善，检索体验较好，设置了司法案例栏，对指导性案例作了汇总整理，可以根据案由、发布情况、应用情况、发布主题进行分类检索，并具有关键词搜索、上传文书比对类案等多种搜索方式。但是即便如此，对检索人的关键词设置要求也比较高，模糊条件下检索仍然有局限性。如有人尝试以案情全面比对的方式生成检索结果，但仍然不够精确。检索出的 500 份裁判文书中，有效数据共计 12 份，仅占总检索结果的 2.4%，并且这 12 份裁判文书分散在 500 份裁判文书中，未被优先推送，筛选难度较大。各个平台自动生成的检索报告也较为简单，缺乏智能比对的内容。在指导性案例数量较少的情况下尚且如此，在未来案例数据大大增加后，检索不精确的问题会更加突出。

3. 检索的权威性不够

由于指导性案例必须参照适用，法官进行指导性案例的检索实际上是一项司法活动。一些非官方检索平台虽然优化了检索体验，但因其非官方平台，适用范围和权威性会受到影响，或许只能成为弥补官方平台不足的索引性检索平台。法信平台虽然是具有官方背景的平台，但作为一个综合性法律检索平台，其内容庞杂，无法突出指导性案例检索的特殊司法属性，容易与该平台上其他性质的检索混同。

4. 功能的完备性不够

当前所有检索平台都只具备指导性案例发布功能，且公布内容较为单一，很多平台搜索结果并不包括法律文书。缺乏使用评价、意见征集等互动性功能，没有案例退出的公示功能，对指导性案例工作不能起到有效的支持作用。

由于缺乏权威、便捷、精确的案例查询途径，法官欲了解指导性案例的裁判规则，首先面临的障碍就是案例"收集难"。除部分经媒体广泛报道以及各地法院条线内部统一推广案例外，法官必须花费相当精力才能全面了解案例。在具体办案过程中，要检索、识别分批发布的指导性案例也需花费相当多的时间。如果说，在指导性案例数量较少的情况下，这一问题尚在忍受范围之内，今后案例数量规模扩大后，检索适用将几乎难以进行。

（二）明确平台建设目标功能

法律人工智能可以在指导性案例制度运行中起到辅助作用，以"效率、公正"为价值导向，运用人工智能技术构建指导性案例的"遴选发布系统、类案检索系统、类案推送系统",实现从主要依靠最高人民法院的"行政权威"向重点关注法官审判的"内在需求"转变,有助于突破当前案例指导制度运行中的困境。① 虽然当前指导性案例较少,但系统功能设置、技术要求等一定要着眼长远,充分考虑今后案例数量规模扩大后的情况,确保其检索精确性、便利性能满足审判工作的实际需要。

最高人民法院统一法律适用平台于2023年2月4日上线。平台以最高人民法院裁判资源为数据依托,包括法律法规、指导性案例、类案裁判规则、优秀裁判文书、理论研究及互动交流等板块,旨在为法官依法审理案件提供便利,充分发挥指导性案例示范指引作用,利用类案裁判规则检索功能,为推进法律适用提供平台支持和技术保障。但该平台上线后,并无相应的专项培训及其他宣传推广措施,而且未嵌入办案系统中,与之前的平台相比,并无明显的优势和便利。

为加强案例工作统筹管理,规范人民法院案例的收集、选编、审核和发布机制,最高人民法院建设人民法院案例库并于2024年年初上线。人民法院案例库可以为全国各级人民法院、广大法官依法办理案件提供精准、高效、权威的类案检索系统。结合目前最高人民法院关于全国法院"一张网"和人民法院案例库建设工作,在全国法院办案系统和人民法院案例库高效运行后,可将人民法院案例库嵌入全国法院办案系统,以实现指导性案例等类案的自动推送。

根据使用对象的不同需求,人民法院案例库可分为内部版和社会版两个不同版本,内部版为法官适用指导性案例辅助平台,社会版则为针对社会公众的案例发布检索平台。(1)内部版的功能如下:第一,智能检索功能,即根据检索词或案件信息检索相应指导性案例;第二,类案识别、比对功能,即对指导性案例是否属于类案,进行要素比对判断;第三,类案推送功能,鉴于指导性案例"应当参照"的特殊属性,以及审判实践强制检索的需求,在办案系统中嵌入的自动推送系统中,优先推送指导性案例;第四,指导性案例评价功能,即由使用者对案例指导价值进行评价;第五,意见收集反馈

---

① 刘鲁吉:《案例指导制度中的人工智能运用》,载《法律方法》2000年第6期。

功能，如使用人可反馈当期司法实践中存在哪些问题，希望最高人民法院发布相关指导性案例。内部版的案例库在自动推送相关指导性案例时，还应将对指导性案例争议焦点的分析及原始裁判文书导入其中，此外还可以收录最高人民法院、各界专家对案例的分析解读，以及该案例适用情况的信息，以便于检索者参考。（2）社会版功能如下：第一，指导性案例等的发布功能，即向社会公众发布指导性案例以及其他参考案例；第二，智能检索功能；第三，评估报告公布功能，可在平台内定期公示指导性案例的评估报告；第四，案例退出公示功能，向社会各界公布即将退出的指导性案例；第五，需求收集功能，除了全国四级法院人员外，律师、学者及社会公众也可以在系统内提出意见。

（三）类案推送平台建设路径

1. 完善案例分类

"有多少人工才能有多少智能"[1]，提高类案检索系统的智能化水平进而提高检索的精确度，离不开前期投入大量的人工将浩如烟海的司法案例上传至数据库并按照一定的标准分类。如 Westlaw 是目前在美国使用最为广泛的司法案例数据库，其"钥匙码检索系统（West Key Number System）"一级分类就包含 414 个钥匙码（Key Number），每个钥匙码又按照法律关系的构成要件逐级细分为二级、三级钥匙码，到底层有 10 万多个法律内容。提高类案检索系统的智能化水平进而提高检索的精确度，离不开前期大量的人工投入，应将指导性案例及时上传至数据库，并根据不同案件类型，设置不同的检索要素。如按照民事、刑事、执行等分类，从案件性质、案情特征、关键事实、争议焦点、裁判思路与法律适用等方面细化结构要素，构建多维度的特征体系，再对构成要件要素等进行细分式标签处理，逐级深化案件分类标准，充分体现案例个性化特点，确保通过分级查询可以链接至目标案例，提高类案检索的匹配精准度，避免出现检索无法准确匹配案例的情况。

2. 加强智能化建设

司法智能技术"以人或更抽象的理性的智能为研究对象，其目的是把可

---

① 　左卫民：《如何通过人工智能实现类案类判》，载《中国法律评论》2018 年第 2 期。

用信息转换为知识，进而在知识指导下以具有智能的方式达成目标"①。从设计逻辑上来说，算法要进一步完善匹配方式、拓宽个性化分析手段，提升精确度。特别是在依托类 Chatgpt 技术的基础上，建立学习成长模型，对指导性案例推送的反馈数据进行调整，收集对案例相关度以及有效度的评价，当反馈达到一定数量后，重新对类案的案件要素权重进行更正，让系统越使用越智能，以适应案例检索和司法活动的高度复杂性，这样可以保证法官在指导性案例推送中更容易地获得精准化的结果。

（四）完善检索平台建设配套制度

1. 制定检索指南

指导性案例"应当参照"的特性，决定了其具有强制检索的要求。法官对人民法院案例库的海量案例不可能完全熟悉，不同法官会采用不同的检索关键词，由此必然带来检索结果的千差万别，如何判定检索的有效性就成了难题。同时，为了确保检索结果的有效性，从不同角度进行多次检索也成为必然，从而影响检索效率。法官一方面没有明确的行动指南，另一方面又要面对指导性案例强制检索机制提出的严格要求，以及案多人少的司法现状，不仅其压力必然与日俱增，强制检索的效果也不会好。对此，可以在对指导性案例分类技术、检索技术进行分析的基础上，制作标准化的检索指南，告知案例检索的一般路径、个性化路径等，参照检索指南完成检索，就应当视为满足了指导性案例检索的要求。

2. 智能生成检索报告

为适应将来人民法院案例库扩容后，案例检索常态化、规范化的形势，可设置标准化的检索报告格式，由系统根据检索结果自动生成检索报告。一方面可以避免常态化检索耗费大量精力，另一方面为指导性案例识别、背离分析等创造客观的文献基础，避免主观因素造成的评价差别。当然，在检索报告统一生成的基础上，法官可以进一步补充信息进行完善，该补充信息应区别于自动生成的信息。

---

① 刘奕群、吴玥悦：《信息化与智能化：司法语境下的辨析》，载《中国应用法学》2021 年第 2 期。

三、纳入评查考核范围

（一）纳入案件评查项目

案件评查是加强案件管理、强化内部监督的有效途径，是保证案件质量、提高执法公信力的有力措施，其任务是保证及时、公正地审查每一起案件，杜绝错案发生，实现司法公正，树立司法权威。通过对案件的监督检查，主动发现办案活动中存在的差错，发挥监督功能，防止差错案件的出现，进一步规范司法办案行为，确保法官依法正确行使权力。案件评查一般分为常规评查、专项评查、重点评查等三种方式。在建立健全本院案件评查机制时，应将指导性案例的参照适用情况纳入常规评查范围，作为常规评查必选项。此外，要强化结果运用，注重评查结果的执行落实，确保监督工作取得实效。对于参照适用不规范的案件，如缺少背离报告、对本案与指导性案例是否具有相似性未详细说理等，评查时评定为瑕疵案件，并就存在的瑕疵要求各案件承办人现场接受质询，制订具体的解决方案和措施，并督促改正和完善，从而引起办案部门和办案人员的重视，促进案件质量提升和司法办案规范化。坚持权责相当原则，将评查结果与考核挂钩，将评查结果纳入法官业绩档案。对于整改不到位的，在全院范围内通报，并在承办法官年底绩效考核中予以负面评价。

（二）纳入法官绩效考核指标

绩效考核是通过对工作效率和效果的评估，从中发现管理制度存在的不足并对其进行完善。随着司法责任制改革的全面推开和深入推进，法官绩效考核工作的重要性日渐凸显。《最高人民法院关于完善人民法院司法责任制的若干意见》第 13 条明确：各级人民法院应当成立法官考评委员会，建立法官业绩评价体系和业绩档案。《法官法》第 38 条规定："人民法院设立法官考评委员会，负责对本院法官的考核工作。"第 39 条规定："法官考评委员会的组成人员为五至九人。法官考评委员会主任由本院院长担任。"即审判绩效与管理的主体是法官考评委员会。

通过实地调研及查阅资料，各地法院通常设立绩效考核（法官考评）委员会，在院党组领导下开展全院的审判绩效考核工作。考核委员会主任一般由院长或副院长担任，副主任由政治部门负责人担任，成员包含负责考核指标的部门主要负责人（包括监察室主任、政治部副主任、审管办主任、研究室主任、审判业务部门负责人）。考核委员会一般为完成年度绩效考核任务而临时成立，以顺利完成年度审判绩效考核任务为目标。《法官法》第42条规定："年度考核结果分为优秀、称职、基本称职和不称职四个等次。考核结果作为调整法官等级、工资以及法官奖惩、免职、降职、辞退的依据。"审判绩效考核的结果将运用到奖金发放、职级晋升、员额退出等中。审判绩效考核的结果可起到奖勤罚懒、奖优罚劣的作用，从而进一步规范各类人员的工作，提高审判和法院各项工作的质量和效率，推动建立一支公正廉洁、服务于人民、正规化、专业化、职业化的法院队伍。从个人层面而言，法官可以通过绩效考核结果发现自己的不足，及时发现自己在审判中存在的问题，考核结果对考核对象本身亦是一种激励与鞭策。①

为了进一步提高指导性案例的学习、应用和培育效果，应将指导性案例的推荐、应用工作纳入法官绩效考核范围。各级法院应将指导性案例的编写、采用、获奖等情况纳入部门和个人绩效考评范围，对入选指导性案例的承办人员和编写人员予以记功等奖励。同时，在指导性案例的应用考核方面，为使考核具有客观性和可操作性，应把考核的重点放在以下几类案件上：一是诉讼参与人提交指导性案例请求适用的案件；二是因违背指导性案例被上级法院发回或者改判的案件，包括错误适用或应当适用而未适用的案件。为方便考核，还可以在办案系统中增加是否涉指导性案例的识别选项。对于诉讼参与人请求适用指导性案例未予回应或者因违背指导性案例被发回或改判的，给予相应扣分。对于诉讼参与人未提交指导性案例，法官主动适用指导性案例作出裁判的，给予一定加分。

---

① 伍彬：《政府绩效管理（理论与实践的双重变奏）》，北京大学出版社2017年版，第118页。

第七章　远景规划：健全中国
特色案例指导制度

习近平总书记强调："法治领域改革政治性、政策性强，必须把握原则、坚守底线，决不能把改革变成'对标'西方法治体系、'追捧'西方法治实践。"① 在法律全球化的背景下，各国法律相互传播、借鉴、吸收，共同推动了人类社会法律文明的共同发展。法律全球化不会对法律本土化予以排斥，法治现代化进程中的国际化趋势也不意味着对法律本土化或民族化的消弭。② 法律全球化如果完全忽视本民族的文化传统，未充分汲取本土基因，而盲目接受输出国的法律体制，全球化就有可能成为沿袭西方经验、实施西化的代名词。因此，中国的法治之路必须注重利用中国本土资源，注重中国法律文化的传统与实际，这种利用并非恢复中国的法律传统，而是超越传统，建立与中国现代化相适应的法律制度。坚持在中国特色社会主义法治道路上构建适合我国国情的案例指导制度，是我国案例指导制度发展与完善的基本主线。

第一节　做好案例指导制度与其他制度的衔接

习近平总书记曾指出，推进司法体制改革，"要紧紧牵住司法责任制这个牛鼻子"③。司法体制改革的核心就是推行司法责任制改革，实现"让审理者

---

① 习近平：《坚持走中国特色社会主义法治道路　更好推进中国特色社会主义法治体系建设》，载《求是》2022 年第 4 期。

② 公丕祥：《国际化与本土化：法制现代化的时代挑战》，载《法学研究》1997 年第 1 期。

③ 《习近平：以提高司法公信力为根本尺度 坚定不移深化司法体制改革》，载《人民日报》2015 年 3 月 26 日，第 1 版。

裁判、由裁判者负责"。《2023 年人民法院司法改革工作要点》强调，要加强法律适用问题对下业务指导，"最高人民法院立足自身审级职能定位，积极通过审理重大典型案件、制定出台司法解释和审判业务指导文件、发布指导性案例、解决重大法律适用分歧等举措，做实做细最高人民法院统一全国法院法律适用标准职能作用"。员额制和司法责任制的不断推进，使法官对审理案件需要承担更大的职责，司法责任制背景下，办案人员的独立办案权力并不是绝对的、不受任何监督的权力，而是要接受来自不同方面的监督，其中加强案例指导就是一个重要的方面。可见，完善案例指导制度是司法责任制的内在要求。从我国现有的规范文件和一系列改革举措中寻找、挖掘案例指导制度的独特价值和完善之道，对于破除我国目前案例指导制度的运行困境，具有积极意义。

一、与类案检索机制的衔接

公正是法治的生命线，因此司法责任制改革所要求的"让审理者裁判、由裁判者负责"，不仅要求人民法院依法独立行使审判权，同时也要求人民法院依法公正行使审判权，努力让人民群众在每一个司法案件中感受到公平正义。因成文法具有抽象性、滞后性等特点，不同的审判人员受价值倾向、法律素养、工作经验等影响，对法律条文以及案件基本事实都有着自己独特的理解，这些理解不可能完全一致，"类案不同判"现象在我国司法实践中长期存在。统一法律适用、实现类案同判，是人民群众对公正司法最直接、最朴素的价值追求，也是司法机关办理案件应当遵守的基本原则。

自 2010 年案例指导制度正式确立以来，最高人民法院在通过司法案例统一法律适用并实现"类案同判"的实践中不懈探索。2015 年和 2017 年发布的《最高人民法院关于完善人民法院司法责任制的若干意见》及《最高人民法院司法责任制实施意见（试行）》均提出了建立类案检索制度的规划及其初步方案。2020 年 7 月，最高人民法院发布了《类案检索指导意见》，该指导意见对类案的定义、类型和范围等问题进行了基本界定，对类案检索的情形、检索方法与程序、责任主体等进行了详细的规定。上述一系列文件的发布，标志着具有中国特色的司法类案裁判制度已初具雏形。类案检索制度作为一种解决法律适用不统一的举措，是一项统一法律适用、提升裁判公正性和可预期性的重要工作制度，是全面落实司法责任制改革的重要举措。

根据案例的发布主体和发布程序的不同，从类案检索系统中检索到的案例可分为以下几类：一是最高人民法院公布的指导性案例和公报案例以及其作出的裁判生效的案件；二是各高院发布参考性案例和精选案例以及其作出的裁判生效的案件；三是各级法院普通的生效裁判文书。依案例的类别不同，其在类案参考中的适用效力也有所不同。对此，《类案检索指导意见》第4条第2款明确规定，除指导性案例以外，优先检索近3年的案例或者案件；已经在前一顺位中检索到类案的，可以不再进行检索。突出了指导性案例的特殊地位及其权威性。

类案检索机制在我国还处于探索阶段，还存在以下几方面的问题：一是类案强制检索制度监管缺失。与案例指导制度一样，我国现行制度对类案检索情况的监管还是空白，导致类案检索缺少强制执行的刚性约束力。二是类案检索质量监管缺失。对进行类案检索的案件，是否存在检索不认真、不全面，或者选择性、片面性地适用类案等问题，目前相应的监管缺失。三是类案控辩回应监管缺失。对当事人将类案检索结果作为控辩理由，要求参照类案进行裁判的，如法官在裁判文书中未予回应，对此如何进行监管，当事人如何进行救济，在司法实践中还缺乏相应机制。

当下推动指导性案例的司法适用，当务之急是提高法官的案例适用能力，规范其援引方式。而法官的案例适用能力包含类案检索和指导性案例适用两个部分，可以说，法官类案检索的能力是案例适用能力的基础和关键，要提高法官的指导性案例适用效果，首先就要提升其类案检索能力。

人民法院案例库建设完善后，将为全国各级人民法院、广大法官依法办理案件提供精准、高效、权威的类案检索系统，《类案检索指导意见》可能也会随之修改，类案检索范围将调整为人民法院案例库收集的案例，包括指导性案例和其他参考案例。人民法院案例库建成后，可以进一步借助类案检索机制强化法官适用指导性案例的能力。同时，类案检索机制的发展和完善也能够同步推进案例指导制度的进一步落实。

二、与法律适用分歧解决机制的衔接

类案检索机制的主要目的在于统一法律适用，如果在类案检索中发现法律适用问题存在不一致的，应如何处理？我国是成文法国家，法官应当依照法律而非判例裁判案件，检索到的类案对法官裁判案件仅具有一定的参照或参考作用。对于在类案检索中发现法律适用问题不一致的，法官应当依照自身对法律的理解审慎作出裁判。当然，对检索中发现的法律适用分歧问题，法官也不能视而不见，而是可以通过启动相关机制予以解决。

2019 年 10 月 28 日起，《最高人民法院关于建立法律适用分歧解决机制的实施办法》（以下简称《分歧解决机制实施办法》）正式施行，旨在从审判机制上避免最高人民法院本级生效裁判之间发生法律适用分歧，并及时解决最高人民法院生效裁判之间业已存在的法律适用分歧。《分歧解决机制实施办法》全文共计 12 条，在分歧解决工作组织体系、分歧解决申请、分歧解决工作流程、分歧解决结果的适用等方面作出了具体规定。

《分歧解决机制实施办法》第 1 条主要规定了法律适用分歧解决工作的组织体系，明确指出最高人民法院审判委员会是最高人民法院法律适用分歧解决工作的领导和决策机构。最高人民法院审判管理办公室、最高人民法院各业务部门和中国应用法学研究所根据法律适用分歧解决工作需要，为最高人民法院审判委员会决策提供服务和决策参考，并负责贯彻最高人民法院审判委员会的决定。根据《分歧解决机制实施办法》第 2 条的规定，法律适用分歧解决机制仅仅针对最高人民法院本级生效裁判之间的法律适用分歧。最高人民法院各业务部门作为作出最高人民法院本级裁判的部门，既有发现本级生效裁判之间是否存在法律适用分歧的便利条件，同时也有保证在审案件与生效裁判在法律适用和裁判尺度方面统一的义务。最高人民法院各业务部门、各高级人民法院以及各专门人民法院在案件审理执行过程中可以申请解决两种类型的法律适用分歧。一种类型的法律适用分歧就是最高人民法院现有生效裁判之间已经存在的法律适用分歧；另一种类型的法律适用分歧就是因在审案件作出的裁判结果可能偏离最高人民法院生效裁判确定的法律适用原则或者标准而发生的法律适用分歧。[①] 该办法为下级法院解决法律适用分歧问题

---

① 曹士兵、韩煦：《〈关于建立法律适用分歧解决机制的实施办法〉的理解与适用》，载《人民司法》2020 年第 1 期。

起到了很好的示范指导作用。下一步，各高级法院也可以建立类似的法律适用分歧解决机制，为法官在类案检索中发现的法律适用分歧问题提供解决的途径和方法。

既然最高人民法院以往的生效裁判中包含指导性案例的原生裁判，其他法院在作出与其不同的裁判结果时，可以向最高人民法院提交法律适用分歧解决的申请。而其他指导性案例同样经最高人民法院审核发布，其法律适用的正确性自然不容置疑，因此可以借此契机，推进案件背离报告制度的实施。如前所述，案件背离报告机制规定法官在作出与指导性案例不同的裁判结果时，需层报至高级人民法院备案审核，由高级人民法院审查决定是否构成提请最高人民法院进行法律分歧解决的条件。以法律适用分歧解决机制推动落实案件背离报告制度，不仅能够细化《案例指导规定实施细则》中法官应对当事人援引指导性案例的主张予以回应和说明的规范要求，同时也能推动指导性案例评估淘汰机制的运行。

三、与专业法官会议工作机制的衔接

专业法官会议，是指在法院内部由法官组成，旨在通过集体研究讨论，为合议庭提供疑难复杂案件的参考性结论的审判咨询机构。在 2015 年 9 月发布的《最高人民法院关于完善人民法院司法责任制的若干意见》、2017 年 4 月发布的《最高人民法院关于落实司法责任制完善审判监督管理机制的意见（试行）》以及同年 7 月发布的《最高人民法院司法责任制实施意见（试行）》、2018 年 12 月发布的《最高人民法院关于进一步全面落实司法责任制的实施意见》和 2020 年 7 月《最高人民法院关于深化司法责任制综合配套改革的实施意见》中，一再对专业法官会议进行了重点强调。随着司法体制综合配套改革的统筹推进，作为审判专业化管理的重要一环，专业法官会议的制度价值得到进一步彰显，还承载着推动审判监督管理制度转型、配合审委会制度改革等一系列功能。

专业法官会议作为一个法院内部统一法律适用的机制，其作用主要表现如下：一是为个案提供咨询意见。目前，部分从事审判的人员年龄较小、审判工作年限较短、社会阅历不强，由其处理重大疑难复杂案件，很难达到此

类案件所要求的政治效果、法律效果与社会效果的统一。专业法官会议系由具有某一领域丰富审判经验或理论功底深厚的专业法官组成，不分级别平等发表意见，不同意见的汇聚碰撞，在处理疑难案件时能够提供更加全面的定案思路和视角，对法官、合议庭给予重点指导。虽然专业法官会议为个案判断提供的意见仅为咨询性质，不具有强制约束力，但通过集体智慧可以缓解个体司法知识不足的缺陷，故专业法官会议形成的统一意见对案件具有较强的指导意义。二是统一类案裁判尺度。专业法官会议既可以发挥一定的审判监督功能，更可以在保证法官专业性的基础上，将集体智慧应用于审判实践，总结出类案法律适用的意见，从而统一类案裁判尺度。

专业法官会议讨论的几种案件类型，其中就既包括重大、疑难、复杂、新类型的案件，还包括与既有生效案件的裁判尺度不一致的案件，这些案件类型与指导性案例的类型几乎一致。专业法官会议中诸多资深法官提供的各种意见，能够详细地分析指导性案例与待决案件之间在案件事实与法律适用方面是否具有相似性的问题，使得承办案件的法官能够更透彻地了解类案比对司法技艺，进而通过参照指导性案例，为裁判待决案件奠定坚实的基础。通过对专业法官会议讨论的案例进行定期整理，可形成具有统一法律适用意义的典型案例库，也为指导性案例的筛选积累了优质素材。

第二节　夯实指导性案例共识基础

一、强化指导性案例事实说服力

（一）指导性案例论证的必要性

在制度的发展与稳定阶段，权威因素的作用日趋平稳，共识因素的作用逐渐开始凸显。所谓"共识因素"，是指在制度的发展演化过程中与国家公权力的运作没有直接关系，而是主要依靠市场调节与自发秩序塑造而成的多元主体之间的共同意见。如果说权力因素是推动制度发展演化的"看得见的手"，那么共识因素就是那只"看不见的手"。指导性案例最核心的竞争力来自自身的论理性和说服力，提升指导性案例的说服性可以减少案例对司法资源与司法行政力量的依赖。司法市场调节所催生的共识与自发秩序，为指导性案例实践的繁荣提供了强大的内生动力。共识因素会成为案例指导制度权威的"润滑剂"，让权威这股相对刚性的力量能够以一种更具柔韧性的方式产生作用，从而循序渐进地推进指导性案例实践的发展进步，有效地遏制了司法实践中各种矛盾的激化。从"必须或应该运用指导性案例"到"愿意运用指导性案例"到"习惯且自然而然地运用指导性案例"，是指导性案例运用成为司法习惯的发展脉络。基于我国法治建设对指导性案例资源的特殊需求，我国指导性案例运用的功利取向不应仅仅局限于指导性案例中裁判规则的效力约束功能，而应更多地着眼于指导性案例智识属性和权威属性双重作用下案例运用效用的最大化。[①]

随着经济社会的不断发展与进步，许多新的问题必然出现，而法律的权威性和制定法律程序的严格性使得法律不可能朝令夕改。而且法律存在部分原则性、抽象性的规定，法官需要结合案件情况对法律规则或者条文进行具体释明。不同的法官在审判思维和裁判理念上会存在一定的差异，对法律和司法解释的具体适用会存在不同的理解。司法活动特别是对裁判结论的论证，不能只依靠作为形式理由的权威性实现，而且还需要借助以"正确性""合理性"等为标准的实质理由来说服当事人与社会公众。指导性案例源于社会广泛关注的、疑难复杂以及新类型案例，是对当前社会发展的现实反映，可以其新颖性和灵活性来弥补成文法的局限性。指导性案例要以法官为视角，科学规范地运用多种解释方法，进行科学有效的论证活动。如指导性案例在论证说理方面普遍是否欠缺，说理是否充分，论证是否周延，能否满足审判需求，都要通过司法实践进行检验。作为产品或服务的案例之间也存在竞争，某些指导性案例如果不能满足司法主体的现实需求，其就可能失去共识基础导致在司法实践中未被实际适用，实际上在市场竞争中被淘汰。如果司法活动长期无法满足人们的这种期待，其本身的权威性在事实上也将遭到质疑和削弱，司法裁判在理论层面的法律效果未必能够转化为所预期的现实层面的社会效果。基于此进行的司法经验智慧的竞争，既通过竞争与博弈实现裁判

[①]　顾培东：《效力抑或效用：我国判例运用的功利取向》，载《法商研究》2022 年第 5 期。

理由的优胜劣汰，将优胜的司法经验智慧置入司法市场予以检验；同时，基于司法主体的趋同性，共识性司法经验智慧经过筛选，裁判理由的普遍性得到提升，案件的示范性特征也获得提升。

（二）丰富完善指导性案例论证内容

目前，我国在指导性案例的发布内容方面，类似于以德国为代表的大陆法系风格，注重抽取和概括判决中抽象的案例规则，而省略了案件事实和法律推理过程。其实，裁判要旨如要成为整个判决的内容提要，一般都会包含对该案所经历的法律程序、案件事实的概括描述、法律理由和最主要的法律推理过程，这种立体的、综合的形式和内容，本身就是对高度抽象的案例规则的拒绝。从课题组调研座谈的情况来看，不少法官认为单独地公布裁判要旨，如果不配合公布裁判文书，很难了解案件的整体情况，导致了类案比对的不确定性，很大程度上阻碍了适用指导性案例的积极性。法官的职责是审判案件、解决纠纷，并通过一次次个案的判决阐释法律、发展法律，寻求的是确定和唯一的法律答案，在有多种可供选择的方案时必须作出权威性的选择。作为法官，在适用法律的时候，应该极力探究立法者的意图，作出合乎法律本意的解释。详细的论证能够为指导性案例带来更强的说服力，也能够为后案法官带来更清晰的启示。因此，未来案例指导制度的完善路径应当包括对指导性案例论证内容的丰富和完善，即由指导性案例的发布机关对其作出评析，更加详尽地阐述其中所包含的理论原理和案例精髓，并抽象出明确的法律原则或规则。

指导性案例报告作为指导性案例制度运行的物质性载体，其重要意义在于通过这些记叙性的文字，进一步夯实指导性案例制度的认同基础，以增强裁判说服力，让审判人员从"应当参照适用指导性案例"到"主动参照适用指导性案例"到"习惯性参照适用指导性案例"。在涉及实质论证理由的案件被遴选为指导性案例时，报告中可以考虑通过附件的形式提供更为详细充分的实质论据，比如权威统计数据、调研报告等，以增强裁判的说服力。最高人民法院在发布指导性案例时，根据各类主体的不同需求，可以同时推出"精简版"和"论证版"两种不同版本的文本。其中，"精简版"以标题、编号、关键词、裁判要点和主要裁判理由为组成部分，旨在便于法律人通过互联网数据库或传统文本进行检索与引用。"论证版"则在"精简版"的基础之上，加入对裁判要点、裁判理由更为细致的解释与论证以及关于类似案例、关联案例、实务经验、理论学说等的延伸性探讨。此外，为了进一步丰富指导性案例的论证内容，还可以将案件的审理背景、理论界和实务界的相关观点等，以附件的方式编入指导性案例报告，并组织指导性案例审理或编写人员录制解读微课程视频，供包括法官、法律职业共同体、当事人等在内的读者学习使用，以便于大家在研习时能够更为全面且准确地把握案件全貌与细节。

二、注重与法律职业共同体的良性互动

（一）法律职业共同体的理论解读

如果我们把司法实践比作一个市场，那么指导性案例就可以被视为一种公共产品，指导性案例的生成可以被视为一种生产活动，旨在通过供给一定的资源来满足特定的司法需求。司法主体对指导性案例的适用则可以视为一种消费行为，其对指导性案例的态度则可以被视为一种市场信息的反馈行为。法律职业共同体的成员普遍认同指导性案例作为司法智识性信息承载了司法经验与理性，彰显了针对特定事实与问题的司法态度、司法立场及司法取向与趋势，并且认可运用案例作为一种诉讼或审判手段与方式具有正当性与效用，是司法实践的重要媒介和工具。① 案例指导制度的实际运行效果，取决于指导性案例能否在个案裁判中被妥当适用。指导性案例适用本身也是对指导性案例制度的一种信息反馈，只有通过不断地适用，才能发现指导性案例以及案例指导制度本身存在的问题，才有助于案例指导制度在未来的构建与完善。

法学的精神不在于最后给出的答案，而在于获得答案的过程，而这个过程需要依据法律。学习法条固然重要，但更重要的是培养法官依法断案的能力。学者、法官、检察官、律师、公司法务等共同组成了法律职业共同体，在共同体内部，尤其是学者和法官之间需要形成良性互动，一起对法条进行

---

① 李振贤：《我国成文法体制下判例嵌入司法场域的机理》，载《法学》2022 年第 1 期。

法学理解并形成共识或"通说"，这样才有可能有法律的统一适用，这也是构筑法治的一个非常重要的环节。法院不仅要考虑社会协调、体系一致，而且必须考虑历经时间的法律学说的稳定性。法院所确立和适用的规则，"必须采用可以被法律职业重复的推理过程"。例如，意大利的判例制度在运作上，在很大程度上调动了法律职业共同体各方的参与，通过法律职业共同体参与的"辩论—淘汰—固化"的模式，来控制意大利最高法院判例的生成和发展。①

同理，法律职业共同体成员从法学理论的角度对指导性案例的意见，对于使指导性案例获得建立在共识基础上的说服力，是必不可少的。指导性案例的生成与应用，甚至退出，都需要法律职业共同体的共识和集思广益，法学家的见识、法律职业共同体的参与是指导性案例制度健康发展的必要条件。提高指导性案例与法理之间的互动，能够在保证司法实践沿着公平正义的道路前行的同时，也为法学理论对前沿问题进行深入研究创造条件，推动法治建设稳步前行。

（二）法律职业共同体参与案例汇编

指导性案例并非判决本身，而是蕴藏其中的可以定式化的先例性规范，需要提取、概括。指导性案例评注要融入法律评注、法典评注的工程中被统筹安排，以实现制定法与指导性案例确立规则的协调与互补。指导性案例也必须受体系因素制约，不得有体系上的矛盾，必须能够牢靠地被纳入已经存在之法律体系中，亦即法律体系之内的一致性必须予以保持。而指导性案例汇编与法律评注是一项浩大的工程，不能仅依靠司法机关来实现，需要重视多元主体的参与，要广泛借助律师、学者、各类学术研究机构以及民间文献出版机构的物质与智力资源，以凝聚共识，提高指导性案例在法律职业共同体中的实质认可度。

职业的分工决定了学者群体在指导性案例汇编与法律评注上能够扮演法官群体难以替代的重要角色。法官群体埋头于实务的职业特点限定了其视野和理论深度。较之于法官，学者显然更具有体系化的思维能力，更具有比较法眼光，这种体系思维靠长期的训练和比较法的积淀。由学者来进行指导性

---

① 参见薛军：《意大利的判例制度》，载《华东政法大学学报》2009 年第 1 期。

案例汇编与法律评注的工作，不仅可以担保法律职业共同体形成共识，而且可以担保指导性案例能够满足来自法的外在体系的逻辑要求，以及来自法的内在体系的评价要求。第一，在法官难以构建新的理论，并从正面阐明该理论并由此作出判决的情形下，需要学者跟进，构筑新的法理。第二，有时法律理论深深地隐藏在判决理由当中，需要学说去"发现"并赋予其含义。第三，在若干个判决累积形成一个新的法理的过程中，需要学者作理论上的支撑。

随着指导性案例制度的不断发展，指导性案例的数量必将越来越多，对于要尊重和援引指导性案例的法官而言，指导性案例浩如烟海，依靠个体记忆是办不到的，要避免信息量的过于庞大而导致信息处理的瘫痪。因此，按照指导性案例发布的频度，可考虑每月或每季度出一期《最高人民法院指导性案例集》，满一年合编为一卷，印刷出版后，在法院内部逐级分发；对外则按一般的发行渠道销售。指导性案例集又可以按照案件类型进一步分为刑事、民事、商事、行政、执行、知识产权、环境资源等不同领域的案例集。随着时代的变化发展，指导性案例汇编与法律评注的技术要与时俱进，可借助人工智能、大数据等智慧科技手段，提高指导性案例汇编的效率与效果。

三、扩大指导性案例社会影响力

（一）加强社会公众的监督

正如卢梭说过，一切法律之中最重要的法律，既不是刻在大理石上，也不是刻在铜表上，而是在公民的心里。"指导性案例是社会公众认识法治、评价法治、推进法治和实现全民讲法、尊法的重要抓手和资源。泛在的司法智识性信息在各主体互动与沟通中被广泛运用，其功能溢出个案范畴，影响后案的审判以及相应的社会交往活动。我国的指导性案例运用应当汲取全部案例中所蕴含的司法经验与智慧，通过多种途径使其辐射到司法过程中，从而提高司法的整体水平，同时也使社会各主体在指导性案例所昭示的司法立场中获得对社会事实、社会行为以及与之相关的法律规范更为具体、更为明确的认知。[1]

---

[1] 顾培东：《效力抑或效用：我国判例运用的功利取向》，载《法商研究》2022 年第 5 期。

司法制度的统一，维护司法公正，离不开社会公众的共同参与。律师充分地利用指导性案例作为代理、辩护意见的支撑，可以倒逼法官更加重视指导性案例的学习应用。鼓励律师等外部力量积极参与指导性案例的学习讨论和应用，也有利于加强对各级法院裁判结果的社会监督。

（二）推动社会公众参与法治建设

裁判文书上网后，运用关键词搜索等技术，很容易使类似案件的不同裁判得以显现并处于审视与比较之下。不同的裁判分别秉持并显示不同规则和由此而形成的不同司法立场。毫无疑问，矛盾裁判的存在会损伤以司法整体性为基本伦理、以统一法律适用为重要司法原则的人民法院的公信力，同时对社会成员的是非认知以及社会行为的引导也会带来偏误。正因如此，各级人民法院近些年都把消除矛盾裁判、统一法律适用作为司法管理或司法改革的重要主题。

解决方案的核心则在于指导性案例运用，亦即通过遴选示范性案例，包括在相互矛盾的裁判中比较出相对恰当的裁判，明确更具合法性及合理性的裁判规则，通过优质裁判去除劣质裁判的影响，进而逐步减少以至消除矛盾裁判。由于指导性案例"锚定"了诸多具体的情节或事实，因而在法律适用中可供参照的因素更多，同类或相同案件在法律适用上的统一程度更容易得到辨识，因此，对指导性案例的运用在很大程度上能够消除法律适用中"形式上统一而实质上不统一"的问题。在已经形成的成熟法治宣传制度和机制中，"以案说法"一直是成效显著的举措，通过指导性案例进行普法已经成为法治化进程中的一种路径依赖。这一路径依赖之所以能够形成，关键是因为指导性案例更贴合法律普及的信息传播特点。社会公众接收法律信息的途径主要是大众传媒，其要求法律信息具有简明性、清晰性、具体性、吸引力、可理解以及契合社会经验与大众感受等特质。案例作为普法资源或素材，更能体现法律规范的精神，显示司法的基本立场，增强社会公众对法律具体而特定化的认知。不仅如此，指导性案例中蕴含的情境性司法信息亦有助于社会公众对个人行为的成本与收益作出理性计算和衡量，从而对社会成员的行为形成积极引导。"全民守法"是建设法治国家的重要目标。从实践层面看，公众守法的状态深受意识、能力、条件和环境等多重因素的影响与塑造。① 与司法审判和执行的威慑力相联系，指导性案例在社会生活中的运用无疑能够对公众主动遵守法律的意愿和能力产生重要影响。一方面，指导性案例中蕴含的法理、情理和事理有助于增强公众对法律的认同，强化公众守法的内在义务感；另一方面，指导性案例广泛用于普法宣传与纠纷解决，有助于增强公众运用法律和遵守法律的综合能力，鼓励公众遇到法律问题勇于拿起法律武器维护自身的公平正义，一起为实现法治国家法治社会建设而努力。

第三节　发展案例应用理论与技术

一、加强类案识别经验总结

（一）"类案"的判断标准

无论是检索还是运用案例，首先所要解决的是如何界定"同案"或"类案"的实质含义。对什么是"同案"或"类案"，学术界有过诸多阐释和讨论，但尚未形成对实际运用具有很强指导意义的共识。最高人民法院于2020年7月颁发的《类案检索指导意见》对"类案"作出了专门解释：类案"是指与待决案件在基本事实、争议焦点、法律适用问题等方面具有相似性，且已经人民法院裁判生效的案件"。

从指导性案例运用的角度看，类案之"类"或同案之"同"，是指待决案件与指导性案例在影响或决定裁判结果的关键节点上的相似或相同，而关键节点既可能是事实认定（真实性认定、事实性质认定）问题，亦可能是法律适用（程序法律适用、实体法律适用或法律规定适用、法律原则或理念适用）问题；同时，既可能是案件的基本（主要）事实，也可能是与主要法律关系或案件性质关联不大的细微情节。无论类似或相同点是什么，根本之处在于其整体或部分地决定或影响着裁判结果。把握"是否决定或影响裁判结果"这一根本，才能准确把握"类案"或"同案"的实质含义，才能够在指导性案例运用中更准确地分辨出"形同而实不同""形异而实同"的各种指

---

①　参见李娜：《守法社会的建设：内涵、机理与路径探讨》，载《法学家》2018年第5期。

导性案例，从而更好地发挥指导性案例的引导性作用。在司法实践中，不同类型案件在某些方面也会有一定的相似性，不同类型案件之间的跨类型借鉴参照亦较为普遍。法律适用上的相似性是附随性的，事实层面上的相似性才是决定性的。可见，要找到可供待决案件参考的类案，首先要寻找到案件的比较点，即提炼能够影响判决结论的关键事实。

随着审判监督管理的加强，案件基本事实相同而裁判结果相异的现象将逐步减少，法律适用统一、类案同判方面的压力也会相应减轻。换言之，这类案件处理对指导性案例运用的需求并不突出，而恰恰是同类案件中各自相异或不同类型案件中彼此相同的各种复杂多样且决定或影响裁判结果的细微情节，更有可能成为案件裁判的疑点、难点（自然也会成为争议焦点）；这些疑点和难点的恰当处置，为指导性案例的运用提出了需求并赋予其特有的实用价值。案件"基本事实"应指那些反映或体现主要法律关系以及案件性质的事实，如买卖合同中的买卖关系、建筑工程合同中的承揽关系等。然而，实践中，成为争议焦点的事实往往并不是与主要法律关系或案件性质相关的"基本事实"，而是案件中的某一或某些细微情节，正是这种细微的情节构成了案件的某种特异性，从而决定或影响着裁判的结果。因此，强调"基本事实"相似，很容易把"类案"限缩在同案由案件（同案由案件的"基本事实"才具有相同或相似性）之中，从而仍然在一定程度上背离"类案同判"的实际意旨。

（二）类案的区分技术

普通法中一个重要的技艺就是"区分技术"，法官要在浩瀚的判例海洋中区分出最相近、最相关的判例规则，为此他必须区分一个判例的判决理由和附带意见。只有前者对后来法院才具有法律上的约束力，判例规则也主要是基于判决理由被提炼和表达出来。而附带意见仅仅只具有非正式的说服力，但不排除它被后来的法院当作裁判根据进而转化为判决理由的情形。区分技术使得遵循先例并不是一种对过去判例的僵硬依附，而是允许有比较灵活的操作技术，这种技术能使一个法院从以前的经验和智慧中获益，同时也能避免一些明显的愚蠢和错误。区分技术的这一核心，给普通法体系的变化和发展注入了活力，也让遵循先例原则变得更灵活、机动。区分技术的另一个侧面，是在案件事实方面所作的更为细致的耕耘。为了参照或规避某个先前判例，法院所要处理的一个重要问题就是证明待决案件与某个先前案件之间是相似还是不同。因此，除了区分先例中的判决理由和附带意见之外，还必须在待决案件与先例案件的事实和法律方面继续区分：其一，区分事实问题和法律问题。有的时候这一区分是明显和容易的，事实就摆在那儿。但有时事实问题和法律问题是交织在一起的，法律争点或争议焦点，在很多时候就是一个法律与事实的杂糅，其中既有事实问题又有法律问题。其二，区分关键性事实和不重要事实。这二者对于裁判来说意义不同，关键性事实对于判决的形成具有决定性意义，而不重要事实的忽略或改变并不影响最终的判决。可以说这种区分技术是一种"无言之知"，它是从法律实践中所习得的一种技艺。① 区分技术对案例指导制度运行具有借鉴意义，可在这个方面积累经验。

　　我国属于成文法国家，尽管有多年的案例指导制度的推行经验，但大多数法官裁判时仍主要适用演绎推理，通过大前提对小前提的涵摄处理待决案件。法官的指导性案例应用技能是决定指导性案例应用效果的关键。我们习惯于"规则—事实—结论"的演绎推理模式，而参照适用指导性案例需要运用更多的类比推理和归纳推理技巧。判例法能够一直存在、延续，并保持生命力，一方面在于判例法在适用过程中形成了一整套的技术规则，技术规则随着判例的不断丰富而发展，并日渐完善；另一方面则依赖于日渐完善的判例适用技术规则，因此，判例法作为一种法律制度能不断地向前发展。适用技术包括判例适用的条件、识别的方法、引用的规则以及包括类比推理、归纳推理和演绎推理在内的推理机制。在指导性案例适用中，技术规则体现为适用技术规则和区别排除技术规则。一方面，技术规则的完善关系到案例指导制度到底能走多远；另一方面，完善的技术规则最终的目的是实现"类案同判"或者说法律适用的统一，进而实现司法公正，提高司法公信力，这将是一个长期的过程。司法判决不是在真空中进行，除了法律理由之外，往往还要考虑道德、政治、经济、社会、政策等非法律性要素。尤其在疑难个案中，这种法外因素的考量就会表现得更明显。

---

① 孙海波：《案例指导制度下的类案参照方法论》，载《现代法学》2020 年第 5 期。

我国实践中所贯彻的"政治效果、法律效果和社会效果相统一"的司法政策，就是要求法官在裁判过程中应平衡好这些法律性和非法律性要素。[①] 因此，法官如果对适用指导性案例的心证过程予以释明，将寓于基础案件说理中的司法经验智慧呈现出来，将增强裁判结果的说服力，提升司法公信力。当各地法官不断自发适用指导性案例形成一些共性做法时，由最高人民法院对此加以总结、固定、推广，能够以制度更新的方式推动法官更加积极地应用指导性案例，从而更加充分地彰显案例指导制度的功能和价值。

二、构建案例的评估机制

《最高人民法院关于全面深化人民法院改革的意见——人民法院第四个五年改革纲要（2014 - 2018)》和《最高人民法院关于深化人民法院司法体制综合配套改革的意见——人民法院第五个五年改革纲要（2019—2023)》均提出要完善指导性案例评估机制，但目前还有待进一步落实。指导性案例的评估主要是为了检视指导性案例的运行现状，发现指导性案例文本质量及适用中存在的问题，为完善制度提供支撑。

（一）评估主体多元化

评估主体的确定不仅关乎评价结果的公正性和客观性，而且评估主体的地位、角色不同，其评估结论的效力和评估工作的侧重点、运行的模式等方面也存在差异。[②] 指导性案例的评估主体包括法院内部主体和外部主体。因此，有必要在最高人民法院主持下，建立能够吸纳内外部主体意见的评估专家库。兼顾代表性和专业性两方面要求，评估人员可以包括全国审判业务专家、法律专家学者、人大代表、政协委员、律师等。各类人员应占专家组成员一定比例。

（二）评估标准具体化

1. 文本质量评价

文本质量评价具体包括以下几方面的内容：（1）合法性。根据《案例指

---

① 参见江必新：《司法审判中非法律因素的考量》，载《人民司法》2019 年第 34 期。
② 参见任尔昕等：《地方立法质量跟踪评估制度研究》，北京大学出版社 2011 年版，第 48 页。

导规定实施细则》第 12 条的规定，指导性案例与新的法律、行政法规或者司法解释相冲突时将失去指导作用。随着新的法律、行政法规、司法解释的出台，指导性案例所提炼的裁判规则与其存在冲突的情况不可避免，因而，需要进行合法性评价，具体要从是否与法律、行政法规、司法解释相冲突方面评价。（2）公正性。指导性案例是以原裁判文书为基础进行编辑而成的，因而，原裁判的公正性也是检验指导性案例质量的重要方面。裁判公正包括实体正义和程序正义，在实体方面表现为判决案件事实认定清楚、法律适用正确、纠纷得到解决等；在程序方面表现为判决符合诉讼法的规定。（3）指导性。案例是否具有指导性，是关系指导性案例的质量、价值和发布效果的关键要素。可以从是否反映了普遍性问题、争议性问题等方面进行评价。（4）技术性。主要评估语言表达和说理。首先，要考虑文本的语言，裁判文书就是一个活生生通过语言来还原案件、论证法律的载体。而指导性案例是根据已生效案件的裁判文书编辑、加工而成的，因此，指导性案例文本的语言亦应满足准确、精练的要求。其次，对指导性案例而言，必然应具备充分的说理过程以展示其正当性，才能形成说服力。指导性案例承担着确立司法裁判规则，为日后裁判确立方向的功能。指导性案例的说理要充分、透彻。（5）一致性。主要评估同类指导性案例之间是否重复或者存在冲突，以及指导性案例是否与原裁判文书保持了一致性。

2. 运行效果评价

《案例指导规定实施细则》第 2 条规定，指导性案例应当是法律效果和社会效果良好，对审理类似案件具有普遍指导意义的案例。实效运行评价重在评估指导性案例的法律效果和社会效果，了解应用中存在的问题。具体评价指标如下：（1）援引数量。指导性案例的适用数量能直观地反映指导性案例的指导价值。通过对比援引率较高和较低的案件，以及一定周期援引率的变化，有助于探寻进一步完善指导性案例遴选、适用机制的办法。（2）法律效果。一是评价类案是否统一了裁判尺度，减少了类案裁判分歧，实现了"类案同判"，最大限度地保障公平正义。二是评价是否有助于提升司法效率。评价法官在办理类似案件时，通过参照适用指导性案例，是否降低了法官找法的时间，降低了审判成本、缩短了办案时间。（3）社会效果。社会效果是评价指导性案例应用所产生的社会影响。不同案件类型的社会效果有不同体现，如民事案件为化解社会矛盾、促进社会经济发展等；行政案例为促进法治政府建设、减少行政违法行为、维护公民合法权益等；刑事案例为减少同类违法犯罪行为、人权保护、化解社会矛盾、促进社会和谐稳定等。从直观的角度，可以从适用指导性案例的案件人民检察院是否抗诉、当事人是否申诉及申请再审、是否有负面社会影响等方面来综合评价。

3. 具体评估程序设计

（1）时间性要求。一般来说，指导性案例发布之后，不可能立即被应用，因此应选择发布并应用了一段时间的指导性案例作为评估对象。要合理确定具体应用的时间，这一时间段既不宜过长，也不宜过短，过长则指导性案例运行中存在的问题不能被及时发现，过短则指导性案例应用的效果和问题可能还未显现。（2）必要性要求。即选择的评估对象应具有评估的现实需要。根据指导性案例适用的大数据分析，并结合各类渠道意见反馈情况，确定需要评估的案例对象，如内容存在缺陷、应用效果不好、长时间未被应用的案例。（3）规范启动方式。可以考虑三种启动方式：第一，最高人民法院案例指导办公室认为有必要启动评估；第二，有关法院确有理由认为应启动评估；第三，法律专家、法律工作者、人大代表、政协委员等确有理由认为应启动评估。第四，规范评估阶段。根据评估工作需要，可将评估过程分解为评估准备、评估实施、评估公布三个阶段。评估准备包括抽取专家、确定评估对象、信息收集和整理等工作，评估实施包括撰写和论证评估报告、提交评估报告等工作，评估公布即公布评估结果。

（三）评估结果规范化

指导性案例评估与退出密不可分，实际上是一项工作的不同阶段。评估的重要目的就是清理不合适的指导性案例，而退出则是评估的结果之一。因此，退出实际上是指导性案例评估工作的延续，是评估报告的应用过程。《案例指导规定实施细则》规定，指导性案例具有相应情形之一的，不再具有指导作用。该规定具有自然失效的意味，但是指导性案例在我国为官方权威发布，仅仅依赖于法官识别而自然失效显然不够妥当，应当有公开、明确的规范。

《案例指导规定实施细则》第 12 条规定了两种情形下指导性案例失去指导作用：第一种情形，指导性案例与新的法律、行政法规或者司法解释相冲突。在我国，指导性案例具有一种接近法源的地位，但它仍然与作为正式法源的成文法存在本质性差异。如果指导性案例与新的成文法内容出现冲突，其效力自然无法压倒成文法的规定。第二种情形，是为新的指导性案例所取代。指导性案例之间出现观点冲突或者规范重复的情形难以避免，如果针对同一个法律问题，新的指导性案例改变了或者取代了相应指导性案例的，应当及时清理。《最高人民检察院关于案例指导工作的规定》还规定了一种情形，即第三种情形：案例援引的法律或者司法解释废止。由于指导性案例只是对法律规范的诠释，其确立的裁判规则并无独立的规范意义，因此当其援引法律或者司法解释被废止的，成文法依据丧失了，其继续存在的正当理由也就不复存在了。第四种是较为客观的退出标准，即指导性案例发布以后，在一定期限内，从未被参照适用，则应当考虑该指导性案例本身不具备广泛指导意义，在司法实践中未能起到相应的指导作用，对其进行清理。

对于经评估，指导性案例符合退出标准的，评估报告应当提出清理建议，指导性案例履行一定的程序后正式退出。

1. 征求意见

与司法解释不同，指导性案例并非由最高人民法院单独制定，而是在法院既有生效裁判的基础上提炼生成的。除因符合形式标准而退出的指导性案例，对于退出事由较为复杂的案例，应当征求指导性案例原生效判决所在法院意见，由该法院结合主审法官、案例作者的意见，对相关内容提出进一步分析解释，以确保退出理由的可靠性。

2. 决定是否退出

我国指导性案例遴选由最高人民法院审判委员会最终决定，退出过程也应当类似。最高人民法院案例指导办公室定期提交关于拟退出指导性案例的申请，最高人民法院审判委员会决定是否同意。

3. 发文公布

指导性案例具有普遍约束力，因而其退出结果应该在《公报》《人民法院报》和最高人民法院网站公布予以公示，自公示之日起，指导性案例失去参照适用的效力。需要指出的是，因指导性案例赖以存在的基础为其适用的法律规范，如果指导性案例退出的原因是与新的法律规范内容出现冲突，或者案例援引的法律或者司法解释废止，则根据法律适用的一般规则，该案例自相冲突的法律规范生效或者所依据的法律规范废止之日起，指导性案例自然失效，但该情况仍应当予以公示。

4. 清理案例库

指导性案例的适用高度依赖信息化、智能化平台，当指导性案例失效后，应当及时在人民法院案例库中作出标识，以避免法官和诉讼参与人检索出错误结果。

三、创新和发展案例教学法

（一）案例教学法的特点和优势

案例教学法，是指以司法案例为教学素材，通过对案例的分析、对比、归纳，总结学习案件裁判规则和技巧的法学教学方法。

1. 案例教学法的特点

案例教学法旨在将学生嵌入案件当事人立场，要求以当事人利益最大化为目标对法律应用进行思辨，教学问题并没有唯一答案，鼓励学生根据对方的分析意见临场发挥，课程考核侧重思辨能力和现场辩论技巧，属于开放式思维教学。案例教学法对学生的培养并不止步于知识点的掌握，更包含思辨能力、辩论技巧、逻辑思维等多维能力的培养。案例教学中学生居于核心地位，诱导学生主动研习为主要教学方式，授课教师虽也需要在课前筛选整理案例资料，但一旦进入课堂教学，教师的作用在于引导学生对案例进行分析、辩论和总结，学生属于主动学习，极大地提高学生对课堂学习的参与度。[1]

2. 案例教学法的优势

不同于传统法学课程理论讲授方式，案例教学法以案例为核心着重培养学生的思辨能力、逻辑思维和辩论技巧等法律职业技能，具有补齐成文法教

---

① 魏旭、张艳琼：《法学教学引入判例教学法的必要性证成与应用》，载《宁波教育学院学报》2022年第5期。

学短板、符合发展趋势等明显应用价值。如今法学专业的大学生是未来法律适用的储备人才，在打好法学专业基础理论知识的同时，多学习案例才能更好地服务于社会。教师运用案例教学法，不仅开拓了学生案例分析的模式，而且思维逻辑逐渐紧密。在法律社会中使学生普遍接受某一项法律理念或法律原则，要让受训者去感受获得这些法律知识的过程，去体验法律职业的思维方法和解决实际问题能力的具体运用，这种职业的体验更多地需要学生自己主动探索和主动发现，而不是依靠"填鸭式"的灌输。[①] 以激发学生主动思考和学习为特征的教学手段，能够最大限度调动学生学习的主动性和积极性，在成文法传统教学中融入案例教学思维，扭转被动接受、缺乏自主学习动力的学习模式，有效弥补讲授法模板化、僵硬化的不足。

（二）案例教学法的引入和推广

1. 引入案例教学法的必要性

我国包括法官、律师等在内的法律人，对制定法思维模式存在路径依赖。这与我国的法学传统教育方式有着很大的关系。引入案例教学法一方面是对学生在"知识"层面进行培育，主要包括司法案例的基本原理、指导性案例与待决案件相似性的判断方法、确定指导性案例规则的方法、指导性案例规则与制定法规则的体系化适用方法等方面的学习。指导性案例的不断产生，相应的裁判规则经由研究被整合进法教义学体系，可以形成一个不断迭代的动态体系。研读指导性案例则可以在完整的法律论证中去揭示和积淀妥当的裁判规则，进而融通法教义学、法学方法和价值判断，可以很好地统合规范和事实，熨平成文法的"褶皱"。另一方面是"技术"层面的培养，学习指导性案例也是法学生思维逻辑建立的地基，演绎推理和类比推理并重，可以提高学生的"类案"识别技术，增强案例应用的实操能力，有利于培养应用型法律人才。

2. 案例教学课程的设计

为了避免类比思维所带来的体系性冲击，我国应在高等教育中增设案例尤其是指导性案例的教学课程，强调司法与法学的互动。授课教师可在课前

---

① 邹育理：《从美国的法律教育谈"判例教学法"》，载《现代法学》2000 年第 2 期。

筛选案例材料，对案件事实、当事人意见、法院认定的证据链条、法官的判决意见等内容进行梳理和归纳，总结出案例中事实认定的关键和控辩双方意见焦点，并且设计若干课堂讨论问题，对课堂讨论可能出现的观点进行预判，提前将判例材料和问题发放给学生。在课堂上可以要求学生站在客观角度点评原告、被告双方及法官的意见，引导学生对案件进一步发展作学理探讨，并对我国现有法律制度的合理性、可行性作评析，升华案例教学主旨。此外，在课堂辩论后，授课教师应从学生对案例的理解、辩护的技巧、案件事实归纳能力、辩护思路的选择等方面对各组学生的表现作点评，指出其不足之处，提炼整个案例分析中终审法院的观点，适当拓宽案例学习的延展性。

附录一

江西省高级人民法院
关于进一步加强和规范指导性案例
学习应用培育工作的意见

为进一步提高全省法院指导性案例学习应用工作，充分发挥指导性案例在统一裁判标准、提高审判质效、维护司法公正等方面的重要作用，根据《最高人民法院关于案例指导工作的规定》《最高人民法院〈关于案例指导工作的规定〉实施细则》以及《江西省高级人民法院关于推进案例指导工作高质量发展的若干意见》等文件规定，结合江西法院工作实际，制定本办法。

一、加强指导性案例的学习

1. 本办法所称指导性案例，是指由最高人民法院编选，经最高人民法院审判委员会审议决定后公开发布，对全国法院审判执行工作具有指导作用、法官应当参照适用的案例。

2. 全省各级法院应高度重视对指导性案例的学习研讨，原则上在指导性案例发布后一个月内组织全体干警进行学习，并将学习情况报省法院研究室。

3. 全省各级法院要加强统筹协调，建立本院指导性案例学习制度。院领导要发挥示范引领作用，通过党组会集体学习、专题研讨等多种方式带头学习，推动形成全体干警参与学习研讨的浓厚氛围。各审判业务部门要通过组织专门学习加深对指导性案例的理解和掌握。

4. 学习应从指导性案例的基本案情、裁判理由、裁判结果着手，重点掌握裁判要点的理解与适用，领会指导性案例在法律适用、政策把握等方面的经验做法和蕴含其中的理念方法。

5. 对于本省入选的指导性案例，省法院研究室可组织指导性案例审理或编写人员录制解读微课程视频，供全省法院学习使用。根据工作需要，也可邀请其在学习活动中进行现场讲解。

6. 全省各级法院应建立指导性案例培训制度，通过定期组织专题培训或在业务培训中设置专门课程等方式加大培训力度，提高审判人员正确理解和适用指导性案例的能力和水平。

7. 培训课程应坚持实战、实用、实效导向。对重要班次，可通过线上、线下相结合的方式，将教学延伸到中基层法院，集约利用培训资源，提高培训工作成效。

8. 省法院要注重指导性案例教学人才的发掘与培养，加强专门人才队伍建设。对于在教学活动中表现突出的个人，授予"全省法院优秀师资人才"称号。

二、加强指导性案例的应用

1. 在审案件中，公诉人、当事人、辩护人或诉讼代理人援引指导性案例作为控（诉）辩理由的，合议庭或独任法官应当进行审查。

2. 在审案件与指导性案例具有相似性的，应当参照指导性案例的裁判要点作出裁判，但以下情形除外：

（一）公诉人、当事人及其辩护人、诉讼代理人申请参照适用的指导性案例，最高人民法院已明确不再参照适用的；

（二）参照适用该指导性案例会导致裁判结果与现行法律、法规或司法解释相冲突的；

（三）其他不宜适用指导性案例的情形。

除第一项情形外，法官未参照适用指导性案例的，应在审理报告中予以说明。

3. 待决案件与指导性案例是否具有相似性，可从核心诉讼请求、基本事实、基本法律关系、证据采信、争议焦点和法律适用问题等方面进行综合认定。

民商事案件应当坚持穿透式法律思维，以当事人之间真正的法律关系作为对照的基础。

4. 公诉人、当事人、辩护人或诉讼代理人援引指导性案例作为控（诉）辩理由的，合议庭或独任法官应当及时告知对方当事人，并充分听取其意见。

对于开庭审理的案件，合议庭或独任法官可以在法庭调查阶段询问申请援引指导性案例的相关情况，在法庭辩论阶段组织双方就援引指导性案例的裁判要点、事实证明与法律适用等对在审案件裁判思路的影响进行辩论，在最后陈述阶段听取双方发表关于是否参照指导性案例的最后意见。

5. 合议庭应当对援引指导性案例的情况予以充分讨论，由承办法官就是否参照指导性案例进行说明，提出待决案件的裁判意见。

适用独任制审理的，独任法官应当制作工作记录。

6. 具有下列情形之一的，可报请专业法官会议进一步讨论：

（一）类案比对有难度；

（二）案件类型新颖、需要明确新的裁判规则；

（三）对是否参照指导性案例，合议庭无法达成一致意见的。

必要时，可提交审判委员会讨论决定。

7. 公诉人、当事人、辩护人或诉讼代理人引述指导性案例作为控（诉）辩理由的，合议庭或独任法官应当在裁判文书中明确回应是否参照适用并说明理由。

参照指导性案例裁判的，应在裁判文书说理部分引述指导性案例的编号和裁判要点进行释法说理，但不作为裁判依据引用。

不予参照适用的，应说明在审案件与类案的实质差异等具体理由。

8. 案件判决后，当事人不认同法院关于是否参照指导性案例观点的，合议庭或独任法官应予以解答。

9. 二审、再审法院应当审查原审法院不适用指导性案例的理由是否成立。不适用理由不成立的，二审、再审法院应主动援引指导性案例进行裁判。

10. 院庭长应当充分行使审判监督权，督促法官按照要求开展指导性案例审查、处理、回应及判后答疑等工作。

11. 将是否遵照本办法对参照指导性案例审理申请进行审查、处理或回应的相关情况，纳入案件评查范围。对于不符合要求的，评定为程序瑕疵案件。

12. 在适用指导性案例过程中，发现指导性案例与新颁布或者修改的法律、法规、司法解释及其他指导性案例相抵触的，应及时层报省法院研究室，由省法院研究室上报最高法院研究室。

三、加强指导性案例的培育

1. 全省各级法院要增强指导性案例的发掘培育意识，在分案环节加强研判，将有潜质的案件分配给专业化办案团队或业务骨干；审慎把握办案标准，按照指导性案例标准规范办案流程。

2. 备选指导性案例可从以下方面进行识别：

（一）在案件法律适用、事实认定、证据采信、诉讼程序方面疑难复杂，有不同认识和争议；

（二）法律规定比较原则、没有明确具体规定或者法律规定之间不协调，能够正确适用法律规定或弥补司法解释不足；

（三）新类型案件或者适用新颁布、修改的法律、行政法规或司法解释；

（四）在司法理念、裁判方法和规则完善等方面具有典型性、代表性；

（五）解决社会广泛关注的法律问题，回应人民群众关切和期待，弘扬法治精神，引领经济文化发展与进步；

（六）其他对统一法律适用、维护司法公正具有指导作用的。

3. 上级法院发现下级法院在审案件具有培育指导性案例价值的，应及时跟进指导。

中基层法院发现在审案件具有培育指导性案例价值的，应层报省法院相应业务部门及研究室进行指导。

4. 全省各级法院应建立案例储备制度，主动搜集筛选备选指导性案例，常态化有针对性地开展案例编写工作，便于指导性案例征集时快速选报。

5. 省法院各审判业务部门应积极推荐备选指导性案例，经部门负责人、分管院领导审核同意后，及时报研究室。每半年至少报送一篇。

中级法院对本辖区的备选指导性案例，经本院分管院领导审核同意后，报送省法院研究室。每季度末至少报送三篇。

6. 全省各级法院应将备选指导性案例的编写、采用、获奖等情况纳入部门和个人绩效考评范围，对入选指导性案例的承办人员和编写人员予以记功等奖励。

7. 省法院研究室定期检查中基层法院学习、运用指导性案例履职情况，适时派员进行实地调研，对存在的问题以及履职不到位的单位督促整改。

四、附则

本办法自印发之日起执行。最高人民法院对指导性案例学习、应用有新要求的，从其规定。

引用指导性案例文书样式

××××人民法院
民事判决书

（××××）……民初……号

原告：×××，男/女，××××年××月××日出生，×族，……（工作单位和职务或者职业），住……。

法定代理人/指定代理人：×××，……。

委托诉讼代理人：×××，……。

被告：×××，住所地……。

法定代表人/主要负责人：×××，……。

委托诉讼代理人：×××，……。

第三人：×××，……。

法定代理人/指定代理人/法定代表人/主要负责人：×××，……。

委托诉讼代理人：×××，……。

原告×××与被告×××、第三人×××……（写明案由）一案，本院于××××年××月××日立案后，依法适用普通程序，公开/因涉及……（写明不公开开庭的理由）不公开开庭进行了审理。原告×××、被告×××、第三人×××（写明当事人和其他诉讼参加人的诉讼地位和姓名或者名称）到庭参加诉讼。本案现已审理终结。

×××向本院提出诉讼请求：（1）……；（2）……（明确原告的诉讼请求）。事实和理由：（1）最高人民法院×××年××月××日发布的第×××号指导性案例——××××案，与本案为类案，本案应当适用……；（2）……。

×××辩称，（1）原告提出的指导性案例与本案不具有类似性，本案不应适用……（概述被告答辩意见）（2）……。

×××陈述：……（概述第三人陈述意见）。

当事人围绕诉讼请求依法提交了证据，本院组织当事人进行了证据交换和质证。对当事人无异议的证据，本院予以确认并在卷佐证。对有争议的证据和事实，本院认定如下：（1）……；（2）……。

本院认为：根据当事人诉辩意见，本案争议焦点如下：（1）本案是否应当适用第×××号指导性案例；（2）……。

一、本案是否应当适用第×××号指导性案例的问题

最高人民法院×××年××月××日发布的第×××号指导性案例——××××案，其裁判要点如下：（1）……；（2）……（公布的裁判要点）。其基本事实如下：（1）……；（2）……（主要事实构成）。

本案基本事实为（3）……；（4）……（对应的事实构成）。

（如适用）

本案基本事实与第×××号指导性案例的基本事实相对照，（1）与（3）在××××等方面具有类似性，（2）与（4）在××××等方面具有类似性，两案为类案，本案应当适用第×××号指导性案例的裁判要点：（1）……；（2）……。

……

（如不适用）

本案基本事实与第×××号指导性案例的基本事实相对照，存在明显差别：（1）与（3）在×××等方面有差别，（2）与（4）在×××等方面有差别，因此本案不应当适用第×××号指导性案例的裁判要点。

二、……

综上所述，……（对当事人的诉讼请求是否支持进行总结评述）。依照

《中华人民共和国……法》第×条、……（写明法律文件名称及其条款项序号）规定，判决如下：

一、……；

二、……。

如果未按本判决指定的期间履行给付金钱义务，应当依照《中华人民共和国民事诉讼法》第二百五十三条规定，加倍支付迟延履行期间的债务利息（没有给付金钱义务的，不写）。

案件受理费……元，由……负担（写明当事人姓名或者名称、负担金额）。

如不服本判决，可以在判决书送达之日起十五日内，向本院递交上诉状，并按照对方当事人或者代表人的人数提出副本，上诉于××××人民法院。

审判长 ×××

审判员 ×××

审判员 ×××

××××年××月××日

（院印）

书记员 ×××

后 记

　　本书是最高人民法院 2022 年度司法研究重大课题——《案例指导制度实证研究》的最终研究成果，在正式出版时进行了部分修订和完善。该课题由江西省高级人民法院党组书记、院长傅信平和中南财经政法大学原校长吴汉东教授担任联合主持人，中南财经政法大学教授黄玉烨、彭学龙，江西省高级人民法院原副院长胡淑珠，研究室主任王慧军和副主任颜凌云、付涵，邹湘林、魏巍、张满洋三位副庭长，以及调研骨干杨云欣、李婷、九江市濂溪区人民法院威家法庭负责人崔芳等同志共同参与。

　　2022 年 8 月 25 日，课题组邀请了最高人民法院研究室相关领导对课题进行了指导，并在此基础上形成了《课题调研实施计划》：一是高位推动、集体作战。将课题作为江西高院的重点工作，由傅信平院长直接组织调研开展，审定课题成果；胡淑珠副院长负责该课题研究过程中的统筹协调、框架确定、修改完善课题成果；研究室负责人及调研骨干担任课题组成员，负责实施课题计划与撰写调研报告。二是借势聚能、取长补短。吸纳高校学者积极参与，提升课题的理论厚度；吸收江西高院业务部门负责人及基层法院骨干力量共同参与，发挥其审判资源和专业优势，提升课题的实践广度。三是丰富形式、激发活力。通过书面调研、现场座谈、网上问卷调查等方式，充分吸收一线办案人员、法律职业共同体以及当事人的意见建议，为课题研究拓宽视野，力求将课题做大、做深、做透。

　　开题后，课题组成员开始查阅与案例指导制度相关的期刊论文、著作以及借助网络资源等方式，归纳整理相关的文献资料，对案例指导制度进行了全面系统的了解。此外，还搜集了江西法院及其他省市地方关于推进案例指导工作的制度文件和经验做法。同时，按照指导性案例应用主体的身份进行分类，设计法官、法律职业共同体、当事人等三类电子问卷，开展网上问卷调查。3～4 月份，课题组按照"纵向调研拓思路、横向协作取真经"的思路分组赴省内外进行调研，除了到江西省人民检察院及部分中基层法院进行调研座谈外，还前往北京高院、江苏高院、苏州中院学习取经。在调研座谈时，广泛邀请民商事、刑事、行政、知产、环境资源、执行、破产等业务条线的法官，以及检察官、律师、高校学者等法律职业共同体共同参与研讨。此外，还前往北京北大英华科技有限公司，学习"北大法宝"在指导性案例司法应用研究方面的经验及做法。调研过程中，最高人民法院相关业务庭室负责人以及专家学者给予了精心指导，并提出了宝贵意见。经过实地调研走访，课题组最终形成调研报告共计 19 万余字，并形成制度成果 4 项，理论成果 4 项，实践成果 3 项。2023 年 12 月，该课题顺利通过最高人民法院结项验收，并获评优秀课题研究成果。在此对本书提供了帮助的单位及个人一并表示感谢。

随着人民法院案例库的正式开放，案例指导制度的影响得到进一步扩展，理论界和实务界关于案例的研究更加欣欣向荣。本书的编写只是一个阶段性的成果，难免有遗漏和不足之处，期盼能得到广大专家学者和读者的指津，以求该研究成果能对我国案例指导制度的理论与实践有所裨益。

本书编辑委员会

2024 年 9 月